BKC 강해 주석 15
에스겔

The Bible Knowledge Commentary

Copyright © 1985 by SP Publications, Inc.
Originally published in English under the title: *Bible Knowledge Commentary OT and NT*
David C. Cook, 4050 Lee Vance View, Colorado Springs, Colorado 80918 U.S.A.
All rights reserved.

This Korean edition copyright © 1988, 2016 by Duranno Ministry
38, Seobinggo-ro 65-gil, Yongsan-gu, Seoul, Republic of Korea

This edition is published by arrangement with David C. Cook.

본 저작물의 한국어판 저작권은 David C. Cook과 독점 계약한 두란노서원이 소유합니다.
신 저작권법에 의거하여 한국 내에서 보호받는 저작물이므로 무단 전재와 무단 복제를 금합니다.

BKC 강해 주석 15

에스겔

지은이 | 찰스 디어　옮긴이 | 김정님
개정2판 1쇄 발행 | 2017. 1. 20

등록번호 | 제1988-000080호
등록된 곳 | 서울특별시 용산구 서빙고로65길 38
발행처 | 사단법인 두란노서원
영업부 | 2078-3333　FAX 080-749-3705
출판부 | 2078-3332

▌책값은 뒤표지에 있습니다.
ISBN 978-89-531-2752-4 04230
(set) 978-89-531-2540-7 04230

▌독자의 의견을 기다립니다.
tpress@duranno.com　http://www.Duranno.com

▌이 책의 성경 본문은 개역개정판을 사용했습니다.

> 두란노서원은 바울 사도가 3차 전도여행 때 에베소에서 성령 받은 제자들을 따로 세워 하나님의 말씀으로 양육하던 장소입니다. 사도행전 19장 8~20절의 정신에 따라 첫째 목회자를 돕는 사역과 평신도를 훈련시키는 사역, 둘째 세계선교(TIM)와 문서선교(단행본·잡지) 사역, 셋째 예수문화 및 경배와 찬양 사역, 그리고 가정·상담 사역 등을 감당하고 있습니다. 1980년 12월 22일에 창립된 두란노서원은 주님 오실 때까지 이 사역들을 계속할 것입니다.

BKC 강해 주석 15

에스겔

찰스 디어 지음 | 김정님 옮김

두란노

CONTENTS

에스겔

서론 ·· 8
개요 ·· 13
주해 ·· 16

I. 유다에 대한 심판 (1~24장) ···································· 18

A. 에스겔의 준비 (1~3장) ···································· 18
B. 유다와 예루살렘에 대한 에스겔의 예언 (4~24장) ········· 39

II. 이방 나라에 대한 심판 (25~32장) ···························· 155

A. 암몬에 대한 심판 (25:1~7) ································ 156
B. 모압에 대한 심판 (25:8~11) ······························ 157
C. 에돔에 대한 심판 (25:12~14) ····························· 159
D. 블레셋에 대한 심판 (25:15~17) ·························· 161
E. 두로에 대한 심판 (26:1~28:19) ·························· 163
F. 시돈에 대한 심판 (28:20~26) ····························· 179
G. 애굽에 대한 심판 (29~32장) ······························ 181

Ⅲ. 이스라엘에 대한 축복들 (33~48장) ·············· 203

    A. 이스라엘의 새 생활 (33~39장) ·············· 203
    B. 이스라엘을 위한 새 질서 (40~48장) ·············· 232

성경에 예언된 말세의 사건 ·············· 267

    참고문헌 ······ 275

בַּחֲמִשָּׁה לַחֹדֶשׁ הִיא הַשָּׁנָה הַחֲמִישִׁית לְגָלוּת הַמֶּלֶךְ יוֹיָכִין הַכֹּהֵן בְּאֶרֶץ כַּשְׂדִּים עַל־נְהַר־כְּבָר וַתְּהִי עָלָיו שָׁם יַד־יְהוָה מִתּוֹךְ הָאֵשׁ הָיֹה הָיָה דְבַר־יְהוָה אֶל־יְחֶזְקֵאל בֶּן־בּוּזִי וְאֵשׁ מִתְלַקַּחַת וְנֹגַהּ לוֹ סָבִיב וּמִתּוֹכָהּ כְּעֵין הַחַשְׁמַל וָאֵרֶא וְהִנֵּה רוּחַ סְעָרָה בָּאָה מִן־הַצָּפוֹן עָנָן גָּדוֹל וּמִתּוֹכָהּ דְּמוּת אַרְבַּע חַיּוֹת וְזֶה מַרְאֵיהֶן דְּמוּת אָדָם לָהֵנָּה

The Bible Knowledge
Commentary 15

Ezekiel
서론

서론

서론

일반적인 성경 독자들에게 에스겔서는 대개 앞뒤가 맞지 않는 환상들, 즉 빙빙 도는 바퀴들과 마른 뼈들의 만화경같이 해석하기 어려운 환상들로 당황하게 한다. 이런 인상이 종종 독자들에게 이 책을 공부하는 데 겁을 먹게 하여 위대한 문학이자 구약의 영적인 성경 중 하나를 놓치게 한다.

저자와 기록연대

이 책의 저자는 '부시의 아들 제사장 에스겔'(1:3)이다. 에스겔이라는 이름은 '하나님이 강하게 하신다', '하나님이 단련시킨다'라는 뜻이다.

예레미야(렘 1:1)와 스가랴(슥 1:1. 참조, 느 12:4, 16)처럼 에스겔은 제사장이었다(1:3). 에스겔의 아버지 부시는 1장 3절에만 한 번 언급되었다. 예레미야, 스가랴 그리고 에스겔만이 선지자 겸 제사장이었다. 그리고 이들은 모두 바벨론 포로 기간이나 혹은 포로 후에 예언했다. 에스겔의 제사장적 배경은 그가 예루살렘의 성전, 하나님의 영광, 예루살렘 제사장들의 행동, 그리고 하나님의 미래의 성전을 강조하는 것 등

을 통해서 잘 설명된다.

　에스겔의 사역 연대는 에스겔서의 연대기적 기록(1:2; 8:1; 20:1; 24:1; 29:1, 17; 30:20; 31:1; 32:1, 17; 33:21; 40:1)을 알아봄으로써 결정할 수 있다.

　에스겔의 모든 예언은 연대순으로 배열되어 있다(1:2의 '사로잡힌 지 5년'에서 시작하여, 40:1의 '사로잡힌 지 스물다섯째 해'로 끝난다. 단, 29장 1절과 17절에 나오는 예언은 제외). 이 두 가지 변이(29:1, 17)는 29~32장에서 애굽에 대한 예언의 일부로서 주제별로 모아져 있는 예언이기 때문에 예외로 분류된다.

　에스겔의 사역은 '여호야긴 왕이 사로잡힌 지 5년'의 '넷째 달 초닷새'에 시작되었다(1:1~2). 여호야긴은 여호야김이 죽은 후(왕하 24:1~12) BC 597년 12월에 즉위했다. 즉위한 지 세 달만에 여호야긴은 느부갓네살에게 사로잡혀 바벨론으로 추방되었다. 여호야긴 왕이 사로잡힌 지 5년은 BC 593년 4월, 즉 탐무즈(Tammuz)의 달이었다. 리처드 파커(Richard A. Parker)와 듀베르스타인(Waldo H. Dubberstein)에 의하면(*Babylonian Chronology*: 626 B.C. ~ A.D. 75. Providence, R.I: Brown

University Press, 1956), 탐무즈 달은 BC 593년 7월 27일에 시작되었다. 그러므로 에스겔은 그의 사역을 BC 593년 7월 31일에 시작했다('초닷새'에는 7월 27일과 31일 모두가 계산에 포함된다).

에스겔은 또한 그의 사역이 '서른째 해'에 시작되었다고 했다(1:1). 학자들은 이 말의 정확한 뜻에 대해 논의했으나, 많은 사람들은 에스겔의 나이를 뜻할 것이라고 주장한다. 만약 그렇다면 그는 제사장으로 직분을 받을 수 있는 나이(참조, 민 4:3)에 선지자로 부름을 받은 것이다.

에스겔이 환상을 본 마지막 날은 '스물일곱째 해 첫째 달 초하루'(29:17)였다. 에스겔이 예언을 시작한 BC 593년(여호야긴이 사로잡힌 지 오년. 1:2) 이후로 마지막 예언은 BC 571년(3월 26일)에 했다. 그래서 에스겔의 선지자로서 활동 기간은 30세부터 52세까지 적어도 22년간(BC 593~571)이었다.

최근까지 통일성, 저자, 에스겔의 추방 연대에 대해 의심하는 학자는 거의 없다. 이런 내용에 관한 논쟁들의 해답은 보수주의자들에 의해 만족할 만한 대답이 제시되었다(참조, Gleason L. Archer, Jr., *A Survey of Old Testament Introduction*. Rev. ed. Chicago: Moody Press, 1974, pp. 368-76; John B. Taylor, *Ezekiel: An Introduction and Commentary*, pp. 13~20).

역사적 배경

에스겔 시대의 유다 역사에 대해서는 예레미야 서론의 '역사적 배경'을 보라.

에스겔서는 바벨론 느부갓네살의 통치를 받은 유다의 바벨론 포로 시대에 씌였다. 에스겔은 바벨론의 그발 강 가(3:15)에 위치한 델아빕(현대 이스라엘에 있는 도시 이름이 아님)에서 포로들과 같이 살았다.

이 거류지의 정확한 장소는 알려지지 않았으나, 그발 강은 바벨론의 그랜드 운하와 동일시 되어 왔다. 이 운하는 바벨론의 바로 위쪽 유브라데 강에서 흘러나와 그 도시의 동쪽으로 흘러 들어갔다. 고대의 니플을 거쳐 우륵(성경에는 에렉) 근처의 유브라데 강으로 다시 흘러 들어갔다.

이 포로기간 동안 에스겔은 다가오는 예루살렘의 멸망을 예언하면서 바벨론에서 사역했다. 예루살렘의 멸망이란 말이 바벨론에 의해서 성취되었을 때에야 비로소 그의 메시지는 귀먹은 자들의 귀에 떨어졌다. 예루살렘의 멸망은 에스겔 선지자의 메시지에 변화를 가져왔다. 예루살렘 몰락 전의 에스겔의 메시지는 죄로 인해 다가오는 유다의 멸망에 초점을 맞추었다. 예루살렘 몰락 후의 그의 메시지는 유다의 미래 회복에 중점을 두었다.

구조와 문체

에스겔서의 구조와 문체에는 적어도 네 가지 중요한 특징이 있다.

1. '저자와 연대'에서 이미 언급한대로 정확한 연대기적 흐름이 뚜렷이 나타난다. 에스겔서는 이와 비슷하게 배열된 학개와 스가랴를 제외하고 정확한 연대기로 배열된 유일한 대예언서이다.

2. 연대기적 배열뿐 아니라 구조적인 질서와 조화가 잘 이루어져 있다. 처음 24장은 유다의 심판에 초점이 맞추어지고 33~48장은 유다의 회복에 초점을 맞추었다. 이러한 양 극단은 이방 나라에 대한 하나님의 심판을 다룬 25~32장을 통해 균형을 이룬다. 하나님의 영광이 심판으로 인해 성전에서 떠나고(9:3; 10:4, 18~19; 11:22~25) 하나님의 축복으로 인해 성전에 다시 나타난다(43:1~5). 에스겔은 심판의 메시지를 전할 소명을 받았고(2~3장) 후에는 구원의 메시지를 전하기 위해 다시

부름 받았다(33장).

3. 하나님의 영광과 성품에 초점을 맞추었다. 그가 사역하기 전에 하나님의 영광의 환상을 보았기 때문에 이 책 전체를 통하여 하나님의 영광을 계속 언급하고 있다(1:28; 3:12, 23; 8:4; 9:3; 10:4, 18~19; 11:22~23; 39:11, 21; 43:2~5; 44:4).

하나님의 성품이 이 책 전체에서의 하나님의 사역을 결정한다. 하나님은 그의 이름이 더럽혀지지 않도록 역사하신다는 사실을 열다섯 번이나 선언하셨다(20:9, 14, 22, 39, 44; 36:20~23[23절에서 두 번]; 39:7[두 번], 25; 43:7~8). 60번 이상이나 하나님은 그 백성에게 '내가 여호와인 줄 알게 하기 위하여' 역사하신다고 말씀하셨다(참조, 6:7, 10, 13~14).

4. '이마가 굳고 마음이 굳은' 백성들에게 그의 메시지를 철저히 인식시키기 위해 독특한 문학적 표현법을 사용했다. 여기에는 속담(12:22~23; 16:44; 18:2~3), 환상(1~3장; 8~11장; 37장; 40~48장), 비유(17장; 24:1~14), 상징적인 행동(4~5장; 12장; 24:15~27), 그리고 우화(16~17장)가 포함되어 있다. 에스겔은 이런 표현법들을 사용하여 극적이고 강력하게 메시지를 전달함으로써 사람들의 주위를 끌어 그 반응을 얻어내고 있다.

개요

I. 유다에 대한 심판 (1~24장)

    A. 에스겔의 준비 (1~3장)
        1. 소개 (1:1~3)
        2. 사역을 위한 환상 (1:4~2:7)
        3. 사역을 위한 말씀 (2:8~3:11)
        4. 사역을 위한 동기부여 (3:12~27)

    B. 유다와 예루살렘에 대한 에스겔의 예언 (4~24장)
        1. 불순종으로 인한 심판의 필요성 (4~11장)
        2. 그릇된 낙관주의의 팽배 (12~19장)
        3. 유다 패역의 역사 (20~24장)

II. 이방 나라에 대한 심판 (25~32장)

    A. 암몬에 대한 심판 (25:1~7)
    B. 모압에 대한 심판 (25:8~11)
    C. 에돔에 대한 심판 (25:12~14)
    D. 블레셋에 대한 심판 (25:15~17)
    E. 두로에 대한 심판 (26:1~28:19)

      1. 두로의 멸망 (26장)
      2. 두로에 대한 애가 (27장)
      3. 두로 왕의 몰락 (28:1~19)
  F. 시돈에 대한 심판 (28:20~26)
  G. 애굽에 대한 심판 (29~32장)
      1. 애굽의 죄 (29:1~16)
      2. 바벨론에 의한 애굽의 패배 (29:17~21)
      3. 애굽과 그 동맹국들의 멸망 (30:1~19)
      4. 애굽이 흩어짐 (30:20~26)
      5. 애굽과 앗수르의 유사점 (31장)
      6. 바로를 위한 애가 (32:1~16)
      7. 애굽이 구덩이로 내려감 (32:17~32)

III. 이스라엘에 대한 축복들 (33~48장)

  A. 이스라엘의 새 생활 (33~39장)
      1. 재임명 받은 파수꾼 에스겔 (33장)
      2. 현재의 거짓 목자와 미래의 참 목자와의 대조 (34장)
      3. 적(에돔)의 멸망 (35장)

    4. 축복받은 민족 (36장)
    5. 회복된 나라 (37장)
    6. 곡의 공격을 격퇴함 (38~39장)

B. 이스라엘을 위한 새 질서 (40~48장)
    1. 새 성전 (40~43장)
    2. 새 예배 (44~46장)
    3. 새 땅 (47~48장)

בַּחֲמִשָּׁה לַחֹדֶשׁ הִיא הַשָּׁנָה הַחֲמִישִׁית לְגָלוּת הַמֶּלֶךְ יוֹיָכִין
הָיֹה הָיָה דְבַר־יְהוָה אֶל־יְחֶזְקֵאל בֶּן־בּוּזִי
הַכֹּהֵן בְּאֶרֶץ כַּשְׂדִּים עַל־נְהַר־כְּבָר וַתְּהִי עָלָיו שָׁם יַד־יְהוָה
מִתּוֹךְ הָאֵשׁ
וָאֵרֶא וְהִנֵּה רוּחַ סְעָרָה בָּאָה מִן־הַצָּפוֹן עָנָן גָּדוֹל
וְאֵשׁ מִתְלַקַּחַת וְנֹגַהּ לוֹ סָבִיב וּמִתּוֹכָהּ כְּעֵין הַחַשְׁמַל
וּמִתּוֹכָהּ דְּמוּת אַרְבַּע חַיּוֹת וְזֶה מַרְאֵיהֶן דְּמוּת אָדָם לָהֵנָּה

| The Bible Knowledge
Commentary 15 |

Ezekiel
주해

The Bible Knowledge Commentary

주해

Ⅰ. 유다에 대한 심판 (1~24장)

에스겔서의 처음 절반 부분은 유다에 다가오는 하나님의 심판에 초점을 맞춘다. 하나님의 칼은 찌를 준비가 되어 있었고, 에스겔은 이미 포로로 잡혀 있는 사람들에게 하나님의 심판이 어떤 것이며 그 심판의 이유가 무엇인지를 설명할 임무를 부여받았다.

A. 에스겔의 준비(1~3장)

하나님이 에스겔을 불러 사역을 위임하는 기록은 성경에서 가장 긴 예언적 부름이다(참조, 사 6장; 렘 1장). 이사야와 예레미야처럼 에스겔의 사역은 하나님을 섬기도록 부름받기 전 하나님의 영광과 위엄의 환상을 봄으로써 준비되었다.

1. 소개(1:1~3)

1:1~2 하나님께서 에스겔에게 선지자의 사역을 시작시키기 위해 그에게 나타났을 때는 '서른째 해 넷째 달 초닷새'였다. 그때는 또한 '여호야긴 왕이 사로잡힌 지 5년'이었다. 서론의 '저자와 기록 연대'에서 서술한대로 이때는 BC 593년 7월 31일이었다. '서른째 해'는 아마 에스겔의 나이를 언급할 것이다. 제사장으로서 그가 공식적으로 주의 성소에 들어간 때가 바로 이 나이였다.

에스겔은 BC 597년 3월에 여호야긴 왕과 함께 포로로 잡혀갔다. 그는 그발 강 가, 곧 바벨론의 동쪽으로 흐르는 유브라데 강의 운하(서론의 '역사적 배경'을 보라)에 거주했던 포로들 가운데 한 사람이었다.

하나님의 이상을 내가 보았다는 것은 1장 4절에서 2장 7절에 상세히 묘사된 에스겔의 환상을 요약한 것이다. 이와 같은 하나님의 영광을 본 것이 그에게 대단한 영향을 미쳤다.

1:3 여호와의 말씀은 에스겔의 메시지의 근원이 되고 있다. 에스겔은

하나님이 전하고자 하시는 메시지를 받았다. 그가 하나님의 말씀을 받은 것이 아주 상세히 묘사되어 있다(2:8~3:11). 여호와의 손(권능)은 에스겔의 사역을 위해 그가 임명받는 것을 뜻한다. 그의 사역은 자진한 것이 아니라 하나님의 강권에 의한 것이었다. 이에 대한 상세한 내용은 다음에 다룬다(3:12~27).

2. 사역을 위한 환상 (1:4~2:7)

이 부분에서 에스겔은 그가 1장 1절에서 짧게 언급했던 환상을 상세히 묘사했다. 선지자는 환상을 묘사한 다음(1:4~28) 그 환상들의 목적을 설명했다(2:1~7).

a. 네 생물(1:4~14)

1:4 에스겔이 북방을 주시했을 때 다가오는 폭풍을 보았다. 폭풍 속에는 큰 구름과 강한 바람과 번쩍이는 빛이 있었다. 그 구름이 다가왔을 때 에스겔은 폭풍의 어둠의 중앙에서 발하는 빛으로 시선을 옮겼다. 이 빛은 단 쇠(하쉬말[חַשְׁמַל]) 같아 보였다. 이 단어는 구약 성경 중에서 에스겔서에만 나오는 말이다(여기에서와 27절; 8:2). 이 단어는 무엇인가 빛나는 존재를 말하는 것 같다. 다른 두 구절에서는 하나님의 빛나는 광채로 묘사된다.

1:5~8상 에스겔은 불 가운데서 네 생물을 보았다. 이 존재들은 천사적 존재의 특별한 계급인 그룹들로서 10장에 있는 것과 동일시된다. 그들은 하나님과 특별히 대면하며(참조, 28:14, 16) 하나님의 보좌를 호위

한다. 성막의 언약궤 위에서는 날개를 편 그룹들의 금 형상이 하나님의 영광이 임하는 속죄소를 호위했다(출 25:17~22; 민 7:89). 하나님은 언약궤의 '그룹들 사이에' 임하셨다(삼상 4:4; 삼하 6:2; 시 80:1; 99:1; 사 37:16). 하나님이 임하시는 이곳을 '수레'로 불렀다(대상 28:18). 지상의 성막과 성전은 하늘의 실체의 모형이었으므로(히 8:5), 에스겔의 이상은 그룹들이 호위하는 하나님의 실제 보좌였다.

그 생물의 일반적인 형상은 얼마간 사람 같았다. 그러나 그들이 사람으로 보이진 않았다. 그들은 각각 네 얼굴과 네 다리가 있었다(선지자는 이 형상들을 에스겔 1:10~11에서 상세히 설명한다). 그룹들의 다리는 곧았는데, 이것은 그들이 똑바로 서있음을 뜻한다. 그러나 그들의 발은 사람이기보다 송아지 같았고 광낸(매우 반짝이는) 구리 같았다. 에스겔은 또한 그 네 그룹들은 사람의 손을 가졌다고 했다.

1:8하~9 그리고 에스겔은 그 네 생물이 어떻게 하나처럼 행동하는가를 설명했다. 각 생물의 네 날개 중 두 개를 펴서 그들의 날개가 서로 연결되어 사각형의 형태를 이루었다. 그들 머리의 네 방향에 네 개의 얼굴을 가지고 있으며 사각형으로 연결되었다. 때문에 그들은 어떤 방향이든지 곧게 움직일 수 있고 돌지 않고 방향을 바꿀 수 있었다. 그래서 그들은 '갈 때에는 돌이키지 아니했다.'

1:10 그룹들을 좀 더 자세히 기록하면서(10~14절), 먼저 에스겔은 그들의 얼굴을 묘사했다. 각 그룹의 앞은 사람의 얼굴이고, 우편은 사자의 얼굴이며 좌편은 소의 얼굴이고, 뒤는 독수리의 얼굴이었다. 어떤 해석자들은 이들이 지혜(사람), 힘(사자), 충성(소), 그리고 민첩함(독

수리)을 나타낸다고 한다. 하지만 얼굴은 하나님이 창조하신 것 중에서 가장 고상한 생물의 형상을 대표하는 것으로 보는 것이 더 나을 것 같다. 사람이 맨 처음 언급된 것은 하나님의 창조물 중에서 으뜸이기 때문이었다. 그 다음에 야생동물 가운데 '왕'인 사자가 나오고, 가축 중에 가장 강한 소, 그리고 새들의 '군주'인 독수리가 나왔다.

1:11 에스겔은 그 다음으로 그룹들의 날개를 묘사했다. 각 그룹의 네 날개 중 둘은 들어 펴서, 혹은 그룹의 위로 펴서 각기 양 옆의 그룹의 날개와 서로 연하였다. 그 결과 각 모퉁이의 그룹들로 커다란 '상자' 모양이 되었다. 각 그룹들의 두 날개는 자신의 몸을 가렸다. 이 생물들은 하나님의 거룩한 현존 앞에서 섬기고 있었기 때문에 경외함으로 그들의 몸을 가렸다(참조, 사 6:1~3).

1:12~14 그룹들의 동작은 항상 곧게 행하였다. 그들은 자신의 얼굴을 돌리지 않고 어떤 방향이든지 갈 수 있었다. 그들은 신(분명 하나님의 신)에 의해 동작을 지시받았다.

이 생물들은 '번쩍이는 빛 … 단 쇠 … 광낸 구리'로 이미 묘사되었는데(4, 7절) 또한 숯불과 횃불 모양 같이 보인다고 말하고 있다. 그 타오르는 불꽃은 생물들 사이를 오르락내리락 하는 불로 들어차 있었다. 이것은 유다에 대한 하나님의 타오르는 심판의 전조라고 볼 수 있다.

b. 네 바퀴들(1:15~21)

그룹들 아래를 내려다보면서, 에스겔은 몇 개의 바퀴들을 보았다.

그는 대략 바퀴들을 묘사한 다음(15~18절) 그 바퀴와 그룹들이 어떤 관계가 있는가를 말했다(19~21절).

1:15~18 각 그룹들 곁 땅 위에 바퀴가 있었다. 각 바퀴는 황옥(타르쉬스[תַרְשִׁישׁ])처럼 빛났다. 이 보석은 아마 황색의 벽옥이거나, 어떤 다른 황금의 돌, 녹주석의 에메랄드, 투명한 황색이나 녹색의 감람석일 것이다. 즉, 황록색의 빛으로 번쩍이는 바퀴들이다.

각 그룹에 따른 두 개의 바퀴는 형태가 이상했다. 한 바퀴는 다른 바퀴와 직각으로 교차되어 있었다. 그래서 그들은 돌지 않고 사방으로 굴러갈 수 있었고 그룹들과 함께 움직일 수도 있었다. 그들은 매우 무서운 높이(참조, 22절) 때문에 그 두려움이 더해졌다. 이 두려움은 그 바퀴들의 네 둘레로 돌아가면서 눈이 가득했기에 더해졌다. 그 눈들은 이 보좌를 타고 다니시는 하나님이 모든 만물을 감찰하신다는 것을 나타낸다. 이 이상한 형상은 아마 전지(全知)하신 신을 묘사했을 것이다(참조, 대하 16:9; 잠 15:3).

1:19~21 생물의 신이 바퀴 안에 있다는 말은 하나님의 보좌에 있는 그룹들이 바퀴들에까지 확대된 것과 같다는 의미일 것이다. 에스겔은 움직이는 단 위에 계시는 우주의 하나님을 상상했다. 하나님이 그룹들에게 지시하면 바퀴들이 이에 응하여 지시한 방향대로 나아갔다.

c. 궁창(1:22~24)

1:22~24 그룹들의 펼친 날개는 서로 연결되어 있었다. 그들의 날개

위에는 에스겔이 궁창(라키아[רקיע])같이 보인다고 말한 영역이 있었다. 이것은 빈 공간이 아니었다. 이 단어는 창조 둘째 날, 하나님에 의해 창조된 궁창(창 1:6~7)을 말할 때 사용된 단어이다. 그 '궁창'은 거기에서 궁창 위의 물을 지탱하는 무엇인가 단단한 것(라키아는 라카[רקע], 즉 '두드리다', '누르다', '때리다', '펴다'에서 유래함)을 묘사했다.

그룹들 위의 궁창의 빛나는 광휘는 에스겔에게 햇빛 속에 빛나는 수정을 생각나게 했다. 흥미로운 사실은, 사도 요한도 하나님의 보좌 주위의 궁창이 '수정처럼 맑다'고 말했다(계 4:6).

그룹들의 날개가 움직일 때, 그 소리는 산 계곡에서 쏟아져 내리는 물소리 같았고 하나님의 음성처럼 강렬했다(아마 때때로 하나님의 음성으로 묘사되는 천둥소리를 가리킬 것이다. 욥 37:4~5; 40:9; 시 18:13; 104:7). 이 소음은 에스겔에게 전장의 군대 소리를 생각나게 했다. 그룹들이 설 때에는 그들의 날개를 드리웠다.

d. 보좌(1:25~28)

1:25~28 그룹들이 정지하여 그들의 날개 소리가 멈추었을 때 에스겔은 또 다른 소리에 놀라게 되었다. 그것은 머리 위, 궁창 위에서 나는 음성이었다. 이것은 보좌에 앉으신 하나님의 음성이었다. 에스겔이 본능적으로 소리 나는 방향으로 위를 쳐다보았을 때, 그는 궁창 위에 모양이 남보석 같은 보좌의 형상을 보았다. '남보석'(에벤-사피르[אבן-ספיר]) 혹은 청금석(라피스 라쥴리, NIV 난외주)은 고대로부터 중히 여겨진 남청색 보석이다. 이것을 자르고 갈아서 장식용으로 사용했다.

빛나는 푸른 보좌 위에 앉은 이는 사람처럼 보이는 형상이었다. 에스겔의 시선이 처음에는 그 형상의 윗부분에 끌렸고 그 다음에는 아랫부분이었다. 에스겔이 그룹들에 대해서는 자세히 묘사할 수 있었지만, 그가 하나님에 대해 말할 수 있는 모든 것은 단 쇠 같고 불같이 보인다는 것이었다. 그 영광의 광채가 너무 밝아 그는 어쩔 수 없이 엎드렸다. 그전에 그는 단지 그분의 형상만을 볼 수 있었다. 에스겔은 그때 그 이상 사면에 광채가 나는 것을 보았다. 그것은 무지개 같았다. 그 무지개 색의 광휘는 하나님의 영광에서 발하는 빛이 반사된 것이었다. 사도 요한은 하늘의 하나님의 보좌에 대한 환상에서 이와 같은 아름다움을 묘사했다(계 4:3).

어느 누구도 에스겔이 본 것을 의심하지 않도록 그는 그것이 여호와의 영광의 형상의 모양이라고 분명하게 말했다. 여호와의 영광은 에스겔서에서 16번 언급되고 있다(1:28; 3:12, 23; 8:4; 9:3; 10:4, 18~19; 11:22~23; 39:21; 43:2[두 번], 4~5, 44:4. 서론의 '구조와 문제' 부분을 보라). 하나님이 환상적인 형상으로 그에게 나타났을 때 에스겔은 신의 출현을 보았다. '형상'과 '같아서'라는 용어를 사용한 것으로 보아 에스겔은 직접 하나님을 보지 못한 것 같다. 하나님의 형상을 직접 보게 되면 즉시 죽게 된다(참조, 출 33:18~23; 요 1:18).

에스겔은 겸손하게 순종하는 태도로 엎드렸다(참조, 3:23). 그가 하나님의 위엄 앞에 두려워서 엎드렸을 때, 그는 하나님의 음성을 들었다. 이것은 아마 1장 25절에서 언급한 동일한 음성이었을 것이다.

e. 에스겔의 사명(2:1~7)

하나님이 말씀하실 때(1:28) 먼저 에스겔에게 힘을 주시고(2:1~2), 그의 임무를 에스겔에게 말씀하시고(3~5절), 그가 충성할 것을 요구하셨다(6~7절).

2:1~2 하나님은 에스겔에게 일어나 그의 말씀을 받으라고 했다. 인자(벤-아담[בֶּן־אָדָם])는 이 선지자를 말하는 것으로 에스겔서에서 93번 나온다. 이것은 하나님 앞에서 그의 인간성을 강조하는 것이며 하나님과 인간을 구별하는 차이에 역점을 둔 것 같다. '아들'이라는 단어는 가족과 유전적인 관계를 나타낸다. 그러나 때로는 인간 혹은 동물이 어떤 부류에 속해 있거나 동일시되는 것을 나타내는 단순한 생물학적인 의미를 넘어선다(참조, '하나님의 아들', 창 6:2, 4; '새벽의 아들', 사 14:12). 이 호칭을 사용함으로써 하나님은 에스겔이 인간에 속해 있다는 것을 강조하고 있다.

하나님이 에스겔에게 서라고 말씀하셨을 때, 하나님은 또한 그가 성령에 의해 일어설 수 있도록 하셨다. 구약 시대에 성령은 모든 믿는 자들 안에 거하지 않았으나 하나님을 섬기도록 구별된 사람들에게 일시적으로 임하였다(참조, 출 31:1~11; 삼상 10:9~11; 시 51:11; 겔 3:24).

2:3~5 에스겔의 사명은 어려웠다. 패역한 백성('패역한'이란 말은 2장과 3장에서 8번 나오고, 에스겔서 다른 부분에서 8번 나온다)에게 가서 주의 말씀을 전해야 했다. 그 백성은 얼굴이 뻔뻔하고(참조, 3:7) 마음이 강퍅한 자들이었다. 하나님의 심판을 깨닫고 그들의 죄를 자백하기보다도, 바벨론에 있는 그들의 시간을 곧 예루살렘으로 되돌아가 그들

의 고통을 완화해줄 일시적인 퇴보로 여겼다. 그들은 자신의 죄를 인정하거나 불순종한 나라에 임박한 심판의 징조를 인식하려 하지 않았다.

에스겔의 사명은 하나님의 말씀을 선포하는 것이었다. 그들이 듣든지 아니 듣든지 그것은 그 백성 자신의 책임이었다. 그러나 마지막에는 (그 사건이 일어나는 때) 그들은(패역한 족속. 참조, 3:9 주해) 선지자가 그들 가운데 있는 줄을 알 것이다.

에스겔은 선지자로서 주 여호와(아도나이 야훼[יהוה אֲדֹנָי])께로 향하는 통로였다. 에스겔은 하나님에 대한 이 호칭을 217번 사용했다. 구약성경 다른 부분에는 단지 103번만 나올 뿐이다(*Theological Dictionary of the Old Testament*. Grand Rapids: Wm. B. Eerdmans Publishing Co., s.v. יהוה אֲדֹנָי 1:62~3). 이 이름은 하나님의 주권적 권위와 언약을 지키시는 성실함 모두를 강조한다.

2:6~7 하나님은 세 번 에스겔에게 두려워 말라고 하셨다. 그의 사명은 어렵고(가시와 찔레가 함께 있으며) 위험하기까지(전갈 가운데에 거할지라도) 했다. 때문에 그는 격려를 받을 필요가 있었다. 에스겔은 그의 사명을 잘 감당했다. 그가 두려워서 위축되거나 하나님의 말씀을 선포하기를 망설인 흔적은 이 책 어디에서도 찾아볼 수 없다.

하나님은 에스겔에게 하나님의 말로 고하라고 하셨다. 7~8절은 두 개의 중요한 부분 사이에서 다리 역할을 한다. 첫째 부분은(1:4~2:7) 사역을 위한 환상이며, 둘째 부분(2:8~3:11)은 사역을 위한 말씀이다. 에스겔에게 말씀을 준 분은 바로 전에 에스겔이 환상에서 본 여호와 하나님이셨다.

3. 사역을 위한 말씀(2:8~3:11)

하나님의 영광에 대해 에스겔이 본 환상은 그의 임무에 대한 통찰력과 동기를 부여해 주었다. 그러나 그에게는 또한 말씀, 즉 하나님으로부터 온 말씀이 필요했다(참조, '여호와의 말씀', 1:3). 선지자는 하나님의 말씀을 받아(2:8~3:3) 그것을 전하라고(3:4~11) 들었다.

a. 하나님의 말씀을 받음(2:8~3:3)

2:8 이스라엘은 신의 가르침을 인내로 따르지 않고 하나님과 그의 말씀을 배반했다(3절). 그러나 에스겔은 입을 벌려 하나님이 주시는 것을 먹었다. 그는 하나님의 말씀을 받아들이고 순종해야 했다.

2:9~10 그때 특별한 말씀이 에스겔에게 임했다. 보좌에서부터 (아마 하나님의)한 손이 그를 향해 펴지고 그 손에 두루마리 책이 있었다. 이것은 말씀하신 분, 즉 역시나 하나님께서 에스겔에게 두루마리를 주셨다(3:2)는 사실로 알 수 있다.

그 두루마리 책은 안팎에 글이 있었다. 이스라엘에서 보통 두루마리 책은 하나님의 말씀을 기록하여 보존한다는 뜻으로 쓰인다. 가죽이나 파피루스나 양피지로 길게 말아져 있다. 글씨는 세로줄로 쓰였고, 두루마리 양편에 모두 쓰인 것은 거의 드물다(참조, 계 5:1의 예외적인 경우도 있다). 많은 해석자들은 왜 안팎으로 쓰인 두루마리 책이 주어졌는지를 논의했다. 이에 대한 결론으로, 에스겔이 이스라엘에게 전하기를 원하는 것을 하나님께서 많이 갖고 있었다는 해석이 가장 좋은 것 같다.

그 말씀은 애가와 애곡과 재앙의 말로 이루어졌다. 사실 이것은 에스겔 4~32장의 내용을 요약한 것이다. 하지만 이 책의 뒷부분에 대해서는 나와 있지 않다. 이 부분에서 선지자는 이스라엘의 회복에 대해 말했다. 이것은 에스겔이 다시 부름 받는 이유(33장)를 부분적으로 설명한다. 그의 비통의 메시지가 성취된 이후에 그 메시지 내용은 근본적으로 바뀌었다.

3:1~3 하나님은 그에게 준 것을 먹으라고 이미 그 선지자에게 말씀하셨다(2:8). 이제 하나님은 그가 방금 받은 두루마리를 먹으라고 그에게 특별히 말씀하시며 그 명령을 반복했다. 그 목적은 그가 가서 이스라엘 족속에게 고할 수 있도록 하기 위함이다(참조, 3:4 '이스라엘'에 관한 주해). 선지자로서 그의 사명은 하나님의 말씀을 그 백성에게 전하는 것이었다.

에스겔이 그 두루마리를 먹었을 때 그 맛이 꿀처럼 달았다. 그것은 심판의 말씀이었지만 여전히 하나님의 말씀이었다. 그 단맛은 말씀의 내용(심판)이라기보다는 말씀의 근원(하나님)에서 나왔다. 이와 똑같은 생각이 다윗(시 19:10), 예레미야(렘 15:16), 그리고 사도 요한(계 10:9~11)에 의해 표현되었다.

b. 하나님의 말씀을 전함(3:4~11)

3:4 하나님의 말씀을 받은 에스겔에게 하나님께서는 그것을 선포하라고 명령하셨다. 그의 말을 들을 사람은 이스라엘 족속이었다. 이 말은 모든 이스라엘 사람들(여전히 팔레스타인에 살고 있는 사람들을 포함)일까, 바벨론에 포로로 잡힌 자들만을 말하는가? 11절과 비교해보

면 '사로잡힌' 이스라엘 백성들만을 의미한다. 그러나 '이스라엘 족속'을 그들로만 제한할 수 없다. 이스라엘 족속이라는 표현(약간 다른 표현도 포함됨)은 에스겔서에서 101번 나오는데, 그중 많은 부분이 포로로 잡힌 이스라엘 사람들만을 포함하고 있지 않다(참조, 6:11; 8:11~12). 그 당시에는 포로로 잡힌 가정 중에서 소수에게만 특별히 선포했다 할지라도, 에스겔의 메시지는 이스라엘의 전 '족속'(예를 들면, 백성들)을 위한 것이었다.

하나님이 에스겔에게 주신 특별한 사명은 하나님의 말씀을 그들(이스라엘)에게 고하는 것이었다. 처음에 이 구절은 2장 3~7절을 반복하는 것처럼 보이지만 이 구절의 핵심은 다르다. 2장 3~7절에서 에스겔은 선지자로서 부름을 받았고, 3장 4~9절에서 그는 사명을 위해 무장되었다.

3:5~6 에스겔의 사명에는 언어적 장애가 포함되어 있지 않았다. 그는 다른 방언을 사용하거나 언어가 어려운 백성에게 보냄을 받지 않았다. 어려운(문자 그대로, 난해한) 말이란 이해하기 곤란하고 까다로운 말을 뜻한다(예를 들면, 앗수르 언어. 사 33:19). 어려운 말이란(문자 그대로 '둔한 혀') 딱딱하고 느린 말을 가리킬 수 있다. 모세는 그가 유창하지 못한 것을 묘사할 때 이런 표현을 썼다(출 4:10). 5절에서의 이러한 표현들은 아마 언어적인 장벽 때문에 이해하기 어려운 말(6절)을 뜻할 것이다. 그러나 에스겔에게 그런 장애는 없었다. 에스겔의 메시지는 외국어를 쓰는 어떤 먼 나라를 위한 것이 아니라 이스라엘을 위한 것이었다. 다른 문화와 나라에 가면 언어 문제 때문에 어려웠을지라도 훨씬 보람이 있었을 것이다. 만약 에스겔이 다른 나라에 갔었다면 그들은 그

의 말을 들었을 것이다. 놀랍게도 우주의 진정한 신이신 하나님에 대해 아무것도 모르는 사람들이 그분의 이름을 부르는 사람들보다 훨씬 더 적극적인 반응을 보였을 것이다.

3:7 처음부터 하나님은 그의 사역에서 극적인 결과를 기대하지 말라고 경고하셨다(참조, 사 6:8~13; 렘 1:11~19). 다른 나라에서는 에스겔이 환영을 받겠지만 이와 대조적으로 이스라엘은 그의 말을 듣고자 아니하였다. 이스라엘은 하나님을 거역했으므로 그도 거역할 것이다. 이스라엘 백성은 하나님의 말씀을 듣고자 아니하였기 때문에, 에스겔의 말을 '듣거나' 반응을 보일 준비가 되어있지 않았다. 그들이 영적 귀머거리가 된 것은 수년 동안 선지자를 통해서 선포된 하나님의 말씀을 거부한 대가였다. 과거에 하나님께 대한 이스라엘의 태도로 보아 에스겔은 자신이 겪어야 하는 이스라엘의 태도를 예상할 수 있었다.

그 나라의 병폐는 이스라엘의 전 족속에게 확대되었다. 이것은 모든 이스라엘 사람이 하나님을 거역한 것을 뜻하지는 않는다. 하박국, 예레미야, 에스겔, 다니엘은 모두 충실하게 하나님을 섬겼다. 반역은 궁정, 성전, 정의의 법정, 그리고 그 나라의 모든 도시와 시골로 빠르게 번져갔다. 여기저기에서 여전히 하나님께 순종하는 사람들이 있었지만 전체적으로 그 나라는 하나님에게서 뒤돌아섰다.

3:8 완고한 백성들에게 하나님의 심판의 메시지를 전하는 것은 힘든 일이었다. 그래서 하나님께서는 에스겔에게 필요한 힘을 주시고 그를 격려했다. 그 선지자는 그의 사명의 짐에 대해 걱정할 필요가 없었다. 하나님은 그들의 얼굴을 대하도록 그의 얼굴을 굳게 하고, 그들의 이마

를 대하도록 그의 이마를 굳게 하겠다고 약속하셨다. '굳게 한다'(하자크[חָזַק])라는 말은 에스겔의 이름[יְחֶזְקֵאל: '하나님이 강하게 하시다', '하나님이 굳게 하시다'] 중에서 일부를 이루는 단어이다. 그가 그의 이름을 들을 때 하나님이 강하게 하신다는 약속이 생각났을 것이다.

3:9 하나님은 또한 에스겔의 이마를 화석보다 굳은 금강석같이 하겠다고 하셨다. 상징적으로 '이마'는 결심이나 도전을 뜻한다(참조, 사 48:4; 50:7. '얼굴'은 문자 그대로 '이마'이다; 렘 3:3 '창녀의 낯'은 문자 그대로 '창녀의 이마'이다; 48:45). 에스겔의 결심은 반대가 닥쳐와도 흔들리지 않았을 것이다. 팔레스타인 사람들은 가장 단단한 돌 '화석'을 칼이나(참조, 수 5:2~3) 다른 도구로 사용했다. 하나님이 주신 에스겔의 힘과 결심은 어떤 반대에도 견뎌냈을 것이다(참조, 렘 1:18)

하나님이 에스겔에게 힘을 주셨으므로 하나님은 그에게 그들을 두려워 말며 그들을 무서워 말라(참조, 렘 1:17)고 하셨다. 분명 반대 세력에 부딪치겠지만 에스겔은 전혀 두려울 것이 없었다. 왜냐하면 하나님의 능력으로 다가올 저항을 충분히 극복할 수 있기 때문이다. 패역한 족속이란 이스라엘을 칭하는 말이다. 에스겔은 이 용어를 12번 사용했는데(겔 2:5~6, 8; 3:9, 26~27; 12:3, 9, 25; 17:12; 24:3; 44:6), 이러한 표현은 분명히 하나님에 대한 이스라엘 민족의 반역을 강조하기 위해서였다.

3:10~11 에스겔은 하나님의 계시의 정확한 통로가 되기 위하여 하나님의 말씀을 마음으로 받고 귀로 들어야 했다. 그의 선포의 범위는 모든 이스라엘을 포함한 그 이상이었지만 그의 메시지를 듣는 사람들은

사로잡힌 그의 민족이었다.

에스겔은 이들에게 '사로잡힌 주 여호와의 말씀은 이러하시다'라고 선포해야 했다. 에스겔은 이미 들었던 말씀(2:4~5)에서 다시 그의 사명을 생각했다. 그는 듣는 자들의 반응에 상관없이 하나님의 말씀을 정확히 선포해야 할 책임이 있었다. 어떤 사람들은 듣고 순종하고, 다른 사람들은 듣지 않을 것이다. 즉 불순종할 것이다(참조, 2:5)

4. 사역을 위한 동기부여(3:12~27)

하나님의 영광에 대한 에스겔의 이상(vision)은 그의 사역에 필요한 통찰력을 제공해 주었다(1:4~2:7). 그가 전해야 될 메시지는 하나님에게 받은 것이었다(2:8~3:11). 그런데 그에게는 사역 중에 그를 인도할 자극이 필요했다. 그 자극은 '여호와의 손(권능)'(참조, 1:3)에 의해 주어졌다. 에스겔은 처음에 성령에 의해 사역의 장소로 인도되었다(3:12~15). 거기서 그는 공식적으로 이스라엘을 위한 하나님의 파수꾼으로 세움 받았다(16~21절). 그리고 하나님이 에스겔에게 몇 가지 육체적 속박을 주셨다(22~27절).

a. 성령의 인도하심(3:12~15)

3:12~14상 주의 이상을 본 후에 에스겔은 주의 신에 의해 델아빕(15절)으로 이동했다(참조, 서론 중 '역사적 배경'에서 델아빕에 대한 주해). 이것은 주의 신에 의해 그가 들어 올려졌을 때 이루어졌다. 에스겔을 데려간 '영'은 그에게 임했던(2:2) 동일한 영이었다. 이것은 바로 구약시대에

하나님의 종들에게 영적 능력을 주었던 성령이었다. 몇 번 그 성령은 에스겔에게 계시를 주기 위해 여러 곳으로 그를 데려갔다(육체적이라기보다는 영적으로. 참조, 8:3; 11:1, 24; 37:1; 43:5).

에스겔은 주의 영에 의해 들려진 것을 묘사하기 시작했으나(3:12), 나중까지(14절) 이것에 대해 다시 언급하지 않았다. 왜냐하면 그는 크게 울리는 소리로 혼란을 느꼈기 때문이다. 먼저 주께 영광을 돌린 후(12절하), 에스겔은 크게 울린 소리가 그룹들의 날개가 서로 부딪히는 것과 바퀴들에서 나는 소리라고 설명했다. 에스겔은 주의 영에 의해 하나님의 보좌로 들어 올려졌으며, 그 소리는 그를 놀라게 했던 그 움직임에서 나온 것이었다(참조, 1:24).

주의 영에 의해 들어 올려진 것을 설명하다가, 에스겔은 갑자기 "찬송할지어다 여호와의 영광이 그의 처소로부터 나오는도다"(참조, 1:28 주해)라고 찬양을 드렸다. 그가 찬양을 드리기 전 '크게 울린 소리'는 그룹들의 날개와 바퀴들에서 나온 것이었다. 하나님의 영광의 광채와 소리에 압도당해, 에스겔은 즉흥적으로 하나님께 이런 찬양을 드렸다.

3:14하~15 에스겔이 주의 영에 의해 데려가졌을 때, 그의 마음은 몹시 동요했다. 그는 "내가 근심하고 분한 마음으로 가니"라고 말했다. '근심'(마르[מַר])이란 말은 고뇌(창 27:34), 불만(삼상 22:2), 그리고 맹렬한 분노(삼하 17:8)의 느낌을 뜻한다. '분한(헤마[חֵמָה: 열, 분노]) 마음'과 어감의 차이는 있으나, 비슷한 이 말은 에스겔의 감정이 매우 분노하고 있음을 나타낸다. 그가 하나님과 만났을 때 하나님께서 이스라엘의 죄에 대해 가졌던 동일한 감정을 느꼈다.

에스겔은 여호와의 강한 손에 의해 그의 사역을 인도받았다. '여호와의 손(권능)'은 또한 에스겔서 1:3; 3:22; 8:1; 33:22; 37:1에서 언급되었다. '여호와(혹은, 하나님)의 손'이란 뜻은 구약성경에서 거의 190번 정도 나오는데, 하나님의 능력이나 권위를 말한다.

에스겔은 그발 강 가 델아빕에 이르러 그 사로잡힌 자들에게 돌아왔다(참조, 1:3과 서론의 '역사적 배경'). 그는 그들 중에서 두려워 떨며 칠 일을 지냈다. 그가 방금 본 이상의 성질과 그 앞에 놓인 사명에 대한 두려움이 그를 놀라게 했다. 에스겔은 그의 생각을 정리하고 사역을 위해 준비할 필요가 있었다.

b. 파수꾼으로 세움받음(3:16~21)

3:16~19 칠일 동안의 침묵 후에 에스겔의 고립은 하나님의 말씀에 의해 깨어졌다. 하나님은 그를 이스라엘 족속의 파수꾼으로 세웠다. '파수꾼'이란 말은 선지자에게 몇 번 쓰였다(참조, 사 56:10; 렘 6:17; 호 9:8). 파수꾼은 성벽 위나, 산꼭대기, 혹은 특별히 고안된 망대 위에 배치되었다. 파수꾼은 적이 다가오는가를 살피기 위해서 방심하지 말아야 되고 어떤 임박한 공격을 그 성 사람들에게 알려야 했다. 이러한 일은 성벽 밖에 거주하는 백성들에게 보호받을 기회를 주고 사람들이 성문을 보호하고 수비할 시간을 준다.

이와 같이, 하나님의 파수꾼으로서 에스겔은 이스라엘에 임박한 심판에 대해 깨우치는 소리를 낼 책임이 있었다. 그는 악인(3:18~19)과 의인(20~21절) 모두에게 경고해야 했다. 악인에 대해서는 악한 길을 떠나 생명을 구하도록 깨우쳐야 했다. 구약과 신약에서는 모두 죄의 영적 결과에 대해 분명히 지적하고 있지만, 여기에서는 육체적인 결과에 초점을 맞추고 있다. 하나님의 경고에 주의하지 않은 사람은 죄악 중에 죽을 것이다. 태어날 때부터 모든 사람은 영적으로 죽어있기 때문에, 여기서의 죽음은 분명히 육체적인 죽음을 말한다. 느부갓네살 군대가 쳐들어 왔을 때 악인들은 적의 손에 죽었을 것이다.

3:20~21 의인도 그의 의에서 돌이켜 악을 행하지 않도록 깨우칠 필요가 있었다. 만약 의인이 의의 길에서 떠나면 그도 역시 죽을 위험이 있었다. 여기서는 개인이 그의 구원을 잃는다는 말은 아니다. 여기서 말한 '의인'은 표면상 하나님의 율법에 순종하는 사람들이고, 여기서 말한 '죽음'이란 육체적 죽음을 말한다(참조, 18~19절 주해). 하나님의 율법에 순종한 사람은 임박한 심판 때에 보호받을 것이고, 하나님의 율법을 어긴 사람은 죽음이 기다릴 것이다.

만약 에스겔이 다가오는 위험을 깨우치지 않는다면 하나님은 그 백성의 핏값을 에스겔에게 찾을 것이다. 피의 원리에 대해서 창세기 9장 5~6절에 설명되어 있다. 만약 에스겔이 그 사람들을 깨우치지 않는다면, 마치 그가 그들을 죽인 것처럼 그들의 살인에 대한 책임자로 세워질 것이다. 하지만 만일 에스겔이 그의 책임을 완수하면, 그는 그의 영혼을 보존할 것이다(3:19, 21). '보존하다'(saved. 나찰[נצל]: 구원하다, 붙잡다, 구하다])는 말은 영원한 구원(salvation)을 말하지 않기 때문에, 여기에서는 '구원받다'(delivered)로 번역해야 할 것이다. 오히려 깨우침을 줌으로써 에스겔은 다가올 재난에 대한 어떤 책임에서도 자신을 구할 것이다. 그의 경고에 주의하지 않은 사람은 단지 자기 자신에게 책임이 있을 뿐이었다.

c. 하나님의 육체적인 속박(3:22~27)

3:22~23 에스겔은 하나님과 만나기 위해 들로 나가라는 지시를 받았다. '들'(빅카[הַבִּקְעָה])이란 37장 1절에 번역된 것같이 '골짜기'라는 뜻이다. 여기는 메소포타미아 분지 지역에(참조, 창 11:2) 많은 넓은 골짜기나 평야 중 하나를 말한다. 에스겔이 갔던 특별한 평야의 위치는 알려지지 않았다.

들에서 에스겔은 두 번째로 여호와의 영광을 보았다(참조, 1:28 주해). 그의 태도는 또 다시 겸손한 순종이었다. 그는 엎드렸다(참조, 1:28).

3:24 그때 주의 영이 에스겔에게 임하여 그를 일으켜 세웠다. 구약시대 때 성령의 임재는 계속되지 않았다(참조, 2:2 주해). 주의 영은 다시 그의 사역을 위해 그에게 힘을 주려고 에스겔에게 임했다.

하나님은 그때 선지자에게 몇 가지 속박을 주셨다. 첫째는 집에 들어가 문을 닫으라는 것이었다. 이것은 에스겔이 결코 그의 집을 떠나지 않는다는 것이 아니다(참조, 5:2; 12:3). 대신에 그는 사람들과의 교제를 끊어야 했다. 때때로 지도자들이 하나님의 말씀을 듣기 위하여 그의 집으로 찾아왔다(참조, 8:1; 14:1; 20:1).

3:25 에스겔이 감금된 이유는, 만약 그가 집에 머무르지 않으면 무리가 그를 줄로 동여매 그들 가운데서 나오지 못하게 할 수 있기 때문이다. 혹자는 하나님이 에스겔의 육체적 안전을 위해 그를 집에 머물 것을 말씀하셨다고 한다. 에스겔의 사역을 반대하는 사람들이 그가 하나

님의 말씀을 선포하지 못하도록 육체적으로 방해했기 때문이다. 그러나 에스겔이 육체적으로 묶이거나 강제로 감금당한 증거는 없다. 오히려 이것은 비유적 표현이다. 에스겔은 사람들 가운데로 돌아다니지 않도록 묶였고, 그의 메시지에 대한 반대 때문에 그의 집에 갇혔다. 그 백성들에게 그들의 반역을 입증하실 분은 에스겔을 가둔 하나님 자신이셨다.

3:26 하나님은 에스겔에게 또 다른 구속을 선언하셨다. 그의 혀가 그 입천장에 붙을 것이다. 에스겔은 사람들에게 말할 수 없도록 잠시 동안 벙어리가 되는 경험을 했다. 하지만 이 벙어리 됨은 계속되거나(27절), 영원한 것(33:22)이 아니었다. 이것은 그들의 죄로 인해 패역한 족속에게(참조, 3:27, 2:3, 3:9 주해) 주는 징표였다.

3:27 혹자들은 에스겔이 파수꾼으로 부름받은 것(16~21절)과 백성들에게 말하지 못하도록 제어 받는 것(26절) 사이에서 모순점을 발견했다. 그 문제에 대한 해결은 27절에 있다. 에스겔의 침묵은 개인으로서 그에게 임했다. 그때부터 에스겔은 하나님이 그에게 말씀하실 때만 말을 했다. 하나님은 "내가 너와 말할 때에 네 입을 열리니"라고 하셨다. 그가 침묵을 지킬 때는 하나님이 그에게 말씀하지 않기 때문이다. 그가 말할 때는 하나님이 그에게 메시지를 주셨기 때문이었다. 파수꾼으로서 그는 '주 여호와의 말씀이 이러하시다'라고 입을 벌려 말해야 했다. 이 부분은 "들을 자는 들을 것이요 듣기 싫은 자는 듣지 아니하리니"로 끝맺는다. 이 문장의 앞부분은 문자 그대로, '듣는 자는 듣게 하라' 혹은 '듣는 자는 들을 것이다'라는 뜻이다. 여기에는 어떤 사람이 에스겔의

메시지를 받아들이느냐 아니냐는 그가 하나님에 대해 마음이 열려 있느냐, 아니냐에 의해 결정된다는 의미가 함축되어 있다. 하나님을 섬기는 자는 에스겔의 메시지를 받아들일 것이고 하나님께 거역한 자는 이 메시지를 거절할 것이다. 이 말은 예수님이 이 땅에서 사역하실 때 하신 말씀과 비슷하다. "귀 있는 자는 들을지어다"(마 11:15; 13:9, 43; 막 4:9, 23; 눅 8:8; 14:35).

B. 유다와 예루살렘에 대한 에스겔의 예언(4~24장)

에스겔의 사역은 하나님과 개인적인 만남을 가짐으로써 시작되었다. 하나님은 에스겔에게 나타나 이스라엘에 대한 심판의 말씀을 주셨다. 하나님은 에스겔을 경보를 울려야 할 책임이 있는 파수꾼으로 지명하셨다. 4~24장에는 파수꾼의 외치는 소리가 들어있다.

4~11장에서 에스겔은 백성의 불순종으로 인한 심판의 필요성에 초점을 맞추었다. 그때 선지자는 그릇된 낙관주의가 만연되어 있는 것을 비판했다(12~19장). 다음에 에스겔은 유다 패역의 역사를 다시 돌아봄으로써 통찰력 있게 현재의 불순종과 미래의 심판을 조명하고 있다(20~24장).

1. 불순종으로 인한 심판의 필요성(4~11장)

에스겔의 사명은 이스라엘의 죄와 맞서 임박한 멸망을 경고하는 것이었다(참조, 3:17). 에스겔은 심판으로 인한 백성의 곤경에 초점을 맞추기 위해 몇 가지 방법을 동원했다. 여기에는 상징(4~5장), 설교(6~7장), 그리고 환상(8~11장)이 포함되었다. 각 경우에서 죄와 그들이 당할 고난을 강조했다.

a. 다가올 심판에 대한 네 가지 상징(4~5장)

에스겔이 집에 갇혀 있었지만(3:24) 하나님은 여전히 그가 심판의 메시지를 전하기를 바랐다. 백성의 관심을 불러 일으키기 위해 에스겔은 상징이 되는 사물이나 행위를 들어 설명했다. 아마 그의 집의 안뜰이나 문간에 있었던 대상이었을 것이다. 이것들은 예루살렘에 다가오는 포위에 대한 상징들이었다.

(1) 토판의 상징(4:1~3)

4:1 토판 위에 에스겔은 예루살렘 성을 그렸다. 토판(르베나[לְבֵנָה])이란 바벨론 사람들이 편지지로 사용한 부드러운 점토 서판을 말할 수도 있고, 혹은 바벨론에서 중요한 건물 재료로 사용한 햇볕에 구운 커다란 벽돌(참조, 창 11:3)을 말할 수도 있다. 여기서는 보통 훨씬 더 잘 사용되는 '벽돌'이란 말로 보는 것이 더 나을 것 같다. 예루살렘의 형태는 특수해서 에스겔이 그린 예루살렘의 스케치는 즉시 알아보았을 것이다.

4:2 하나님은 에스겔에게 그 벽돌을 에워싸라고 하셨다. 예루살렘은 훌륭한 요새였기 때문에 바벨론이 점령하기에 수개월이 걸릴 것이다. 포위의 목적은 적을 굶기는 것과 음식과 보급품과 무기의 유통을 차단

시켜 적을 넘어뜨리는 것이었다. 예루살렘에 대한 공격을 묘사하면서, 에스겔은 바벨론 군대가 성을 에워싸고 포위 공격하는 것을 나타내기 위해 작은 나무 모형이나 흙덩이들을 이용했을 것이다. 그는 가장 먼저 그의 '성'에 맞서는 사다리(다예크[דָּיֵק])를 세웠다. 이것들은 예루살렘 모든 주위에 세워진 흙으로 만든 망대나 흙벽이었다(참조, 왕하 25:1; 렘 52:4). 이들은 벽에서 날아오는 불화살로부터 공격군을 보호하고 성벽 위로 화살을 쏘는 공격군들이 높이 쏠 수 있게 해준다.

에스겔은 또한 그 벽돌 도시에 토성을 쌓았다. 이 비탈길은 망대나 공성퇴를 밀어 올릴 수 있도록 비교적 반반한 경사면을 이루어준다. 또한 이 비탈길은 공격군들이 그 성의 기반암이나 커다란 기초석에 이르게 하여 더 작고 훨씬 더 공격받기 쉬운 위쪽 돌들에 공성퇴가 닿을 수 있게 한다.

증원대와 보급품이 들어가지 못하게 하고, 생존자들이 빠져나가지 못하도록 공격군들은 포위한 성 주위에 진을 친다. 에스겔은 그의 작은 규모의 모형도 이와 같이 했다. 나중에 느부갓네살 군대가 예루살렘을 둘러싸고 포위한 기간 동안 그 성에 어떤 구조대가 들어오거나 도망도 갈 수 없게 했다. 일단 모든 것이 적당한 곳에 배치가 되면 공성퇴가 공격을 시작하기 위해 나간다. 공성퇴가 계속해서 두들기면 그 성벽은 점차 약해진다.

4:3 느부갓네살의 포위 공격(에스겔에 의해 생생하게 그려진)이 예루살렘 주위를 팽팽하게 죄어 왔을 때 그 백성은 하나님께 구원을 부르짖었다. 에스겔은 그와 그 성 사이에 철벽을 삼아 철판을 세워 두드림으로써 그 백성의 외침이 무익함을 표현했다. 이 '철판'(마하바트[מַחֲבַת])

은 아마 이스라엘 백성이 빵이나 과자를 굽는데 사용한 철판이나 번철을 말했을 것이다(참조, 레 2:5). 어떤 학자들은 철판은 포위 공격이 격렬하고 저항할 수 없는 것임을 나타내기 위해 세워졌다고 믿는다. 하지만 포위 공격에 대한 생생한 묘사(4:2)는 그런 해석을 불필요하게 한다. 오히려 그 철판은 죄로 인한 하나님과 예루살렘 사이의 견고한 장벽을 나타냈다(사 59:2; 애 3:44). 포위 공격이 계속되는 동안 예루살렘은 구원을 부르짖었으나 하나님은 그 기도에 응답하지 않으셨다.

(2) 에스겔이 한쪽으로 눕는 것의 상징(4:4~8)

4:4~8 이것은 이 책에서 해석하기 가장 어려운 상징이다. 한편은 원문의 모호성 때문이고, 한편은 구성상의 문제 때문이다.

하나님은 에스겔에게 좌편으로 누워 이스라엘 족속의 죄악을 당하라고 하셨다. 만약 에스겔이 그의 머리를 예루살렘을 향해 엎드려(참조, 단 6:10) 왼쪽으로 누우면, 그는 북쪽을 바라보게 된다(그리고 오른쪽으로 누우면 남쪽을 대한다. 4:6). 북쪽 왕국인 이스라엘을 나타내도록 북쪽을 향해 누운 것은 390일 동안이어야 했다. 에스겔은 하루 24시간 계속 이런 자세로 있지 않았다. 바로 다음에 나오는 상징에 에스겔이 그때 해야 하는 또 다른 행동이 포함되어 있기 때문이다. 아마 그는 매일 하루 중 얼마간 이 자세로 있었을 것이다.

390일 동안 왼편으로 누운 후에, 그는 오른편으로 누워 유다 족속의 죄악을 담당해야 했다. 남쪽 왕국인 유다를 나타내는 남쪽을 향해 누운 것은 40일 계속되어야 했다. 포위로 인해 감금된 것을 상징하기 위해 에스겔을 줄로 동여 맸다(8절). 에스겔은 한쪽으로 누워 매일 해당된 시간 동안 묶여 있어야 했다.

에스겔의 행동의 의미는 다소 모호하다. 칠십인역에서는 심지어 390을 190으로 바꿔 쓸 만큼 혼동하였다(5, 9절). 본문이 그렇게 수정된 것은 아마 훨씬 더 많은 의미가 들어 있을 것이다. 만약 그렇다면 칠십인역 번역자들도 또한 이 문맥을 해석하는 데 어려움이 있었을 것이다.

첫 번째 상징(1~3절)에서는 다가오는 포위 공격을 생생하게 보여주었고 세 번째, 네 번째 상징(9~17절과 5장)에서는 포위 결과에 초점을 맞추었다. 그러므로 이 두 번째 상징에서는 분명 다소간 예루살렘의 포위에 대해 말하고 있을 것이다. 사실 적어도 두 가지 사실이 이것을 분명히 보여주고 있다. 그 요점은 (1) 390일과 40일은 에워싸는 날이다(4:8). (2) 세 번째 상징에서 에스겔은 그가 모로 눕는 날 동안 포위 기간 동안의 음식의 부족을 묘사하기 위해 음식과 물의 양을 줄였다(9, 16~17절).

그러나 왜 하나님은 390과 40이란 숫자를 택하셨나? 날수는 그들이 범죄한 햇수를 나타낸다(5절). 즉, 각 날은 이스라엘과 유다 역사의 일년에 해당한다. 그러나 그 햇수는 과거인가 미래인가? 만약 과거를 말한다면, 에스겔은 이 심판 전에 이스라엘과 유다가 범죄했던 햇수를 보여주고 있는 것이다. 만약 미래를 말한다면, 에스겔은 바벨론에 멸망한 다음 그 나라가 이방인에게 압제받을 햇수를 가리키고 있다. 그 상징이 미래를 가리킨다고 말한 사람들은 역사적으로 실현된 어떤 날짜를 정하려고 노력했다. 다른 사람들은 그 수가 '상징적으로' 바벨론 포로의 끝을 나타낸다고 해석했다. 그러나 그 특별한 숫자와 이스라엘과 유다와의 그런 관련성은 신빙성이 없다.

다른 학자들은 그 숫자가 BC 597년 여호야긴의 추방에서 시작해서, BC 167년 마카비 혁명이 시작된 해까지의 이방 통치기간인 430년을 뜻한다고 말한다. 이런 견해에는 몇 가지 문제점이 있다. 첫째로, BC 592년(에스겔이 예언을 시작한 해)이나 586년(그 성이 실질적으로 몰락한 해) 대신에 597년을 시작점으로 볼 수 있는 징표가 없다. 둘째로, 이 견해는 왜 390년이 이스라엘에 지정되었는지 설명하지는 않는다. 그들은 597년보다 125년 전에 포로로 잡혀갔는데(BC 722년에 앗수르로 잡혀감) 이때에 실제로 그들에게 지정된 시간이 시작되었다. 셋째로, BC 167년이 실제로 시리아의 속박에서 이스라엘이 해방된 연도라는 것이 분명치 않다. 그 해는 단지 투쟁이 시작되었을 뿐이다.

아마 가장 좋은 해결책은 그 숫자를 과거를 말하는 것으로 보는 것이다. 390일은 그들이 징계를 받은 햇수가 아니라 '그들이 범죄한 햇수'(5절)에 해당했다. 그러나 어떤 특정한 햇수가 확실하게 결정될 수는 없다. 세세한 사실은 불분명하지만, 메시지는 분명하다. 죄 때문에 예루살렘은 바벨론에 의해 포위당할 것이고, 포위기간은 예루살렘이 범죄한 햇수와 얼마간 관련이 있다는 사실이다.

(3) 부정한 음식의 징조(4:9~17)

4:9~14 에스겔의 세 번째 징조에서는 예루살렘의 포위의 가혹함을 강조했다. 하나님은 그에게 밀과 보리와 콩과 팥과 조와 귀리를 먹으라고 했다. 이것들은 이스라엘의 일상 음식물 가운데 흔한 곡류였다(참조, 삼하 17:27~29). 에스겔은 이것들을 한 그릇에 담고 떡을 만들어 먹으라는 명령을 들었다. 이 사실은 음식의 부족함을 나타낸다. 보통 이런 음식은 풍부하다. 하지만 포로기간 동안 양식이 아주 부족하므로 식사하기 위해서 몇 가지 음식물을 섞어야만 했다.

에스겔은 그가 모로 눕는 390일 동안 음식의 혼합물을 먹어야 했다.

식물을 달아서 하루 이십 세겔씩 때를 따라 먹어야 했다. 이 하루분의 양식은 약 230그램 정도의 무게였다. 그는 물도 '육분의 일 힌'(약 0.6리터)씩 마셔야 했다.

그가 이런 소량의 음식과 물을 먹고 마시는 목적은 포위기간 동안 예루살렘에 음식과 물이 부족함을 나타내려는 것이었다(참조, 4:16~17). 이 징조는 또한 그 백성이 경험할 불결과 오욕을 보여주었다. 에스겔은 그의 떡을 백성의 목전에서 인분 불을 피워 구워야 했다. 연료로 인분을 사용하는 것은 목재의 부족으로 인해 중동 전역에 실행되고 있었다. 인분을 짚과 섞어 말렸다. 이 말린 인분은 천천히 타면서 불쾌한 냄새를 풍겼다. 동물의 배변을 사용하는 것은 오욕과 전혀 상관이 없지만 인분을 사용하는 것은 불결하게 여겨졌다.

에스겔은 그 징조의 상징적인 뜻을 이해했다. 하지만 개인적으로는 그 행동이 싫었다. 그는 자신이 직접 그것을 사용하기 위해 가져올 수는 없었다. 그는 "아하 주 여호와여 나는 영혼을 더럽힌 일이 없었나이다"라고 대답했다. 에스겔은 음식에 대한 하나님의 계명(신 14장)을 항상 지켰다. 제사장으로서(1:3) 그는 자신의 순결을 지키기 위해 조심했다(참조, 레 22:8; 겔 44:31). 율법은 요리를 하기 위해 인분을 사용하는 것을 특별히 금하진 않았으나, 사람의 배설물 처리방법에 관한 지시를 보면 그것이 불결한 것으로 간주된 것을 알 수 있다(참조, 신 23:12~14). 하나님은 인분의 사용에 대한 상징적인 뜻을 설명했다. "내가 여러 나라들로 쫓아내어 흩어 버릴 이스라엘 자손이 거기서 이와 같이 부정한 떡을 먹으리라"(4:13). 포위(그리고 그 다음엔 사로잡힘) 사건이 이스라엘 백성에게 부정한 음식을 먹게 하고 그래서 종교적으로 부정하게 될 것이다.

4:15~17 하나님은 자비롭게 에스겔의 요청을 승낙하셨다. "쇠똥으로 인분을 대신하기를 허락하노니 너는 그것으로 떡을 구울지니라." 쇠똥을 사용하는 것이 덜 오욕적이라고 생각되어서 하나님은 에스겔이 그것을 사용하게 하셨다.

바벨론이 예루살렘을 포위한 기간 동안 양식과 물의 부족(참조, 애 1:11; 2:11~12, 19; 4:4~5, 9), 그리고 그 백성들의 근심이 더해짐(참조, 12:19)과 쇠약해진 것(참조, 애 4:8)은 모두 그들의 죄 때문이었다(참조, 애 4:13; 5:16).

(4) 수염을 깎고 머리털을 나누는 징조(5장)

이 네 번째 징조에서는 예루살렘의 운명을 생생히 그렸다. 1~4절에서 그 징조가 주어졌고 5~17절에서는 그것을 설명했다. 에스겔은 포위될 사실과(첫 번째 징조), 포위기간(두 번째 징조), 그리고 그것의 잔혹함(세 번째 징조)을 묘사한 다음, 그는 그 포위의 결과(네 번째 징조)를 보여주었다. 이 징조를 이루기 위해 에스겔은 집안에서 갇혀 있지 않고 나와 여행을 했다. 분명히 백성의 관심을 끌기 위한 행동이었다. 그는 '성읍 안'(2절상)과 '성읍 사방'(2절하)으로 다녔다.

5:1 하나님은 에스겔에게 날카로운 칼로 그의 머리털과 수염을 깎으라고 하셨다. '칼'(헤렙[חרב])은 고대의 군사들이 사용하던 무기를 말하는 흔한 단어이다. 에스겔은 이 단어를 예루살렘(참조, 6:11), 에돔(25:13), 두로(26:6, 8), 애굽(29:8~9; 30:4), 그리고 곡(38:21)이 멸망당할 것이라는 의미로 말하면서 에스겔서에서 83번 사용했다. 머리(그리고 수염)를 깎는 것은 애통(욥 1:20; 사 15:2~3; 렘 7:29; 48:37; 겔

7:18), 굴욕(삼하 10:4~5), 그리고 회개(렘 41:5)의 표시였다. 의심할 것 없이 이런 모든 것이 에스겔의 행동 속에 포함되어 있었다.

에스겔은 머리를 깎은 후, 몇 가닥을 남겨두고 똑같이 세 묶음으로 나누었다. 그는 머리털을 달기 위해 저울을 사용해야 했다. 그는 이것을 아마 그 이전의 두 징조가 끝날 무렵의 어느 때에 했을 것이다. 그러나 그는 상징적인 포위 기간인 430일이 끝날 때까지 그밖에 아무것도 하지 않았다.

5:2 앞에서 따로 떼어놓았던 머리털이 이제 사용될 차례였다. 에스겔은 터럭의 삼분의 일을 성읍 안으로 가져가 불에 살랐다. 12절의 설명과 같이 이 행동의 목적은 그 백성의 삼분의 일이 온역과 기근으로 죽을 것을 예증하는 것이었다. 느부갓네살 군대가 마침내 성벽을 뚫었을 때, 그들은 인구가 기근으로 인해 감소된 것을 알았다. 양식이 지극히 부족하였기에 그 백성들은 서로 잡아먹는 것에 의존하고 있었다(10절). 그러한 공포는 모세에 의해 예언되었고(신 28:52~57) 예레미야에 의해 실증되었다(애 2:20; 4:10).

기근에서 살아남은 사람들은 칼에 당했다. 그는 터럭의 처음 삼분의 일을 태운 후에 두 번째 삼분의 일을 가지고 성읍으로 들어가 칼로 그것을 쳤다. 이 행동은 이스라엘 백성의 삼분의 일이 칼에 죽을 것을 뜻했다(5:12).

포위기간 동안 살아남을 예루살렘 거민 중 삼분의 일은 여전히 생명이 위태로울 것이다. 이것은 선지자가 그의 머리털의 삼분의 일을 바람에 흩어버린 것에 의해 예증되었다. 예루살렘이 바벨론에 멸망당한 후 살아남은 자들은 사로잡혀가게 될 것이고 공포 속에서 살게 될 것이다.

5:3~4 에스겔이 그의 머리털을 태우고, 자르고, 흩어버린 후에 몇 터럭이 남아 있었다. 하나님은 에스겔에게 그것을 가져 그의 옷자락에 싸라고 하셨다. 이러한 몇 터럭을 감춘 것은 하나님이 심판의 와중에서 남은 자를 보호하신다는 것을 보여준다. 이 '옷'은 벨트나 띠로 허리를 묶는 남자들이 입는 긴 겉옷이었다. 아랫단을 잡아 올려 벨트 속에 밀어 넣어 물건을 넣을 수 있도록 자루모양이 되게 했다. 이곳에 아마 에스겔은 몇 터럭의 머리를 넣었을 것이다.

에스겔의 옷 속에 있는 몇 터럭의 머리는 흩어져 있었다. 왜냐하면 그 중 얼마는 불 속에 던져졌기 때문이다. 몇몇 학자들은 이것이 사로잡힌 자 중 남은 자들을 정결케 하려는 정화의 심판을 뜻한다고 주장한다(참조, 6:8~10). 하지만 이 불(5:4)은 아마 이 백성에게 다가올 고난과 죽음을 말할 것이다(2절). 이 심판은 이스라엘 온 족속에게 미쳤다. 추방되어 남은 자들조차 압제의 불길에서 피할 수 없을 것이다.

5:5~7 하나님이 변덕스러워서 예루살렘에 이러한 벌을 내리신 것은 아니었다. 이것은 예루살렘의 패역함 때문이었다. 하나님은 예루살렘을 이방인 중심에 두어 열방이 그 주위에 둘러서 위치하게 하셨다. 그러나 이렇게 높여준 위치(아마 중동에서 지리적으로 중심적인 위치임을 말하고 있을 것이다)에도 불구하고 이스라엘은 하나님의 규례를 배반했고(참조, 2:3) 그 둘러있는 열방보다 더 악을 행했다. 예루살렘은 하나님의 말씀을 받은 자였고, 그의 영광이 거하는 곳이며, 그의 사랑의 대상이었다. 그런데 하나님의 은혜의 광채는 단지 예루살렘의 행위의 더러움을 더 잘 보이게 했을 뿐이었다. 백성은 하나님을 섬기는 대신에 그를 거역했다. 놀랍게도 이스라엘의 행위의 수준은 이방인이 규

례를 지키는 수준보다 더 낮았다.

5:8~12 백성의 죄 때문에 하나님의 진노는 그 나라의 수도인 예루살렘에 직접 임했다. 그는 이방인의 목전에서 심판의 고통을 당할 것이다. 하나님의 특별한 사랑의 대상이 이제 곧 그의 특별한 심판의 대상이 될 것이다.

5:13~17 세 개의 짧은 부분에서 에스겔은 하나님의 분노의 열기가 식을 때까지 심판이 계속될 것을 지적했다. 에스겔은 하나님이 '나 여호와의 말이니라'(13, 15, 17절)라고 말한 것으로 모든 심판이 하나님에게서 비롯되었음을 강조했다. 첫 번째 진술에서(13절)는 에스겔은 하나님의 분노가 그들에게 다 쏟아진 후에야 비로소 하나님의 심판이 다하여 노가 풀릴 것임을 지적했다.

두 번째 진술에서(14~15절) 하나님의 심판으로 인해 예루살렘이 당할 굴욕에 역점을 두었다. 이방인들이 그를 능욕하고 조롱할 것이다(참조, 애 2:15). 그러나 조롱한 나라들이 예루살렘에 일어난 일을 보고 두려워할 것이다. 사실 그 성의 그러한 대학살이 그들에게 경고가 될 것이다.

세 번째 진술에서는(5:16~17) 예루살렘을 향하여 멸망의 화살(참조, 신 32:23)을 쏘는 공격하는 사수로서 하나님을 묘사했다. 기근, 악한 짐승, 온역, 그리고 칼을 포함하는 하나님의 심판의 '화살'은 불순종한 나라에 대한 하나님의 심판과 특별히 관련된 재난(참조, 신 32:23~25; 겔 14:21)과 연결된다.

b. 다가올 심판에 대한 두 가지 메시지(6~7장)

네 가지 극적인 징조를 보여준 다음, 에스겔은 "여호와의 말씀이 내게 임하여"(6:1; 7:1)라는 말로 시작되는 두 가지 설교를 했다. 하나님은 에스겔이 설교한 말씀의 근원이었다. 첫 번째 메시지(6장)는 심판의 원인이 된 이스라엘의 우상에 관한 것이었다. 두 번째 메시지는(7장) 심판의 성질을 묘사했다.

(1) 심판의 원인인 우상에 관한 메시지(6장)

6:1~2 하나님은 선지자에게 이스라엘 산을 향하라고 하셨다. '향하여'(엘[אל])라는 전치사는 어떤 대상 쪽으로 향하는 움직임을 나타낸다. '너의/그의 낯을 향하라'는 구절은 방향을 지시하거나(창 31:21, '향하여'; 민 24:1), 결심이나 목적(왕하 12:17, '향하여'), 혹은 적대감(레 17:10; 20:3, 5~6)을 나타내는 데 사용되곤 했다. 에스겔은 이 구절을 14번 사용했다(4:3, 7; 6:2; 13:17; 14:8; 15:7[두 번]; 20:46; 21:2; 25:2; 28:21; 29:2; 38:2). 각 경우에 이 구절은 적대감을 가지고 어떤 대상을 향하여 낯을 돌린다는 의미이다. 하나님의 심판의 도구는 의도한 목표물을 향해 겨누어져 있었다. 흥미롭게도 에스겔은 나중에 '이스라엘의 산들'에 대한 예언을 했다(36:1~15). 그러나 그때는 다가올 축복에 대한 예언을 선포했다.

6:3~7 에스겔은 또한 작은 산과 골짜기에 대해 말해야 했다. 이 말씀의 중요성은 이스라엘에 스며든 가나안 사람들의 종교 의식의 관점을 통해서만 이해할 수 있다(참조, 렘 2:20~28; 17:1~3; 32:35). 이스라엘은 예루살렘의 성전에서 하늘에 계신 하나님께만 예배하도록 되어 있

었다. 그러나 그들은 그 땅 전 지역에 우상들의 산당을 세웠다(참조, 왕하 21:2~6, 10~15). 그래서 그의 메시지를 그 땅 자체에 선포함으로써, 에스겔은 땅에 대한 그 백성의 음란함에 초점을 맞추었다.

하나님의 칼(참조, 5:1, 12)이 이스라엘의 산당을 멸하실 것이다. '산당'은 보통(항상은 아니다. 참조, 왕하 23:8) 언덕이나 산에 위치한 예배 장소였다. 그들은 높은 장소가 예배자들을 그들의 신에게 좀 더 가까이 데려갈 것이라고 상상했다. 높은 곳에 산당이 있을 수 있지만(왕상 12:31), 대부분의 높은 곳에는 희생 제물을 위한 제단만이 있었다. 산당은 이스라엘이 도착하기 전에 가나안에 있었다. 그리고 하나님은 이스라엘에게 그들을 멸하라고 명령하셨다(민 33:52). 이스라엘은 실로에 있는 성막에서만 예배드려야 했다(참조, 신 12:2~14; 삼상 1:3). 실로가 파괴된 후(아마 블레셋 사람들에 의해), 그리고 예루살렘에 성전이 건축되기 전에 이스라엘에는 중심이 되는 예배 장소가 전혀 없었다. 제단과 성막이 기브온으로 옮겨졌고(대하 1:1~3) 언약궤는 기럇여아림으로 가져갔다(삼상 6:21~7:1). 진설병을 위한 단은 분명히 놉에 있었다(삼상 21:1~6). 이 기간 동안 하나님은 일시적인 예배 장소로 산당을 이용하도록 허락하셨다(참조, 왕상 3:2). 사무엘(삼상 9:12~14)과 솔로몬(왕상 3:3)은 모두 산당에서 여호와께 제사드렸다.

예루살렘의 성전이 완성된 후에 산당에서 예배드리는 것이 다시 한번 단념됐다. 그 땅에 남아있던 대부분의 산당은 우상들에게 드려졌다(왕상 11:7~10). 참된 제사와 그릇된 제사 사이의 갈등이 이 산당들에 집중되었다. 하나님을 섬긴 왕들은 이 산당을 멸하려 했다(참조, 히스기야. 왕하 18:3~4; 요시야. 왕하 23:8~9). 그리고 하나님을 섬기지 않은 왕들은 그것들을 다시 세웠다(참조, 므낫세. 왕하 21:1~6).

에스겔 시대에 산당들이 유다에 다시 많아졌다. 거기에는 우상에게 드려질 희생 동물들을 위한 제단이 있었고, 우상에게 분향한 분향단과 신의 모습을 나타낸 우상들이 있었다(6:4). 이스라엘의 치명적인 우상숭배는 박멸되어야 할 암적 요소였다.

하나님의 심판은 빠르고 확실할 것이다. 우상들의 산당과 그것을 짓고 거기에 제사드린 사람들 모두 멸절될 것이다. 하나님은 산당, 제단, 우상들 그리고 분향제단들이 모두 폐해지도록 간섭할 것을 맹세하셨다. 또한 그것들을 만든 사람들은 살육당할 것이며 그 시체들은 그들의 부서진 우상과 제단 사방에 흩어질 것이다(5절). 그러면 그 나라는 그 신들이 거짓임을 알게 될 것이다. 사람들은 '내가 여호와'라고 말한 하나님을 알게 될 것이다. 이 구절이 에스겔서에서 63번 나온다. 하나님의 언약의 이름인 야훼를 사용하여, 에스겔은 그 백성의 부정함과 패역함을 대조시켜 관심을 집중시키고 있다.

6:8~10 하나님의 심판의 와중에 자비의 약속이 내렸다. 하나님은 남아있는 자가 있을 것을 맹세하였다(참조, 5:3~5; 12:16). 이스라엘 백성이 모두 죽지는 않을 것이다. 이스라엘이 열방에 흩어질 때 칼을 피한 자가 남아있을 것이다. 바벨론에 의한 임박한 유다의 패망은 이스라엘에 대한 하나님의 언약이 끝나는 표시가 아니었다. 하나님은 자신의 언약을 어기지 않으셨다.

사로잡힌 이스라엘 백성들이 하나님을 기억할 것이다. 그들은 자신들이 우상을 섬겨 얼마나 하나님을 근심케 했는지를 기억할 것이다. 음란한 마음이라는 말은 간음한 배우자의 부정처럼 지독한 부정의 행위인 우상 숭배에 사로잡혀 있음을 말한다. 그들은 또한 하나님이 자신의 언약을 지키시는 신실함, 특히 불순종한 자를 벌하시겠다고 한 약속을 기억할 것이다.

사로잡혀 간 자들은 그들의 모든 가증한 일로 인해 스스로 한탄할 것이다. 죄의 슬픈 결과는 늦었지만 회개의 필요성을 가져왔다. 그들의 죄와 심판의 공의를 안다면 그들은 다시 하나님께로 돌아올 것이다. "그들이 나를 여호와인 줄 알리라." 그들이 직접 하나님을 알게 된 것은 사로잡혀가게 된 재앙에서 비롯됐다. 하나님은 헛되이 이스라엘이 사로잡혀가게 하지 않으셨다.

6:11~12 이 설교의 마지막 부분(11~14절)은 하나님이 에스겔에게 손뼉을 치고 발을 구르며 '오호라!'라고 말하라는 것을 지시하시는 것으로 시작된다. 손뼉을 치고 발을 구르는 것은 기쁨(왕하 11:12; 시 98:8)이나 조소(욥 27:23; 애 2:15; 겔 21:14,17; 22:13; 25:6, '손뼉을 쳤다'; 나 3:19)의 표시였다. 여기에 나온 구절은 아마 조소(참조, 25:6)의 상징이었을 것이다.

에스겔은 이스라엘 족속이 모든 가증한 악을 행했기 때문에 이런 조소적인 행동을 보여야 했다. 칼과 기근과 온역에 망하는 것은 선지자의 네번째 징조(5장)에서 이미 보여준 심판을 요약한 것이다. 한 가지 재앙을 피한 예루살렘 사람들은 그들을 쓰러뜨리기 위해 기다리는 또 다른 재앙을 만날 뿐이었다.

6:13~14 1~7절의 이미지가 여기서 반복되는데 하나님은 그 백성들이 제단 사방에, 각 높은 고개 위에, 무성한 상수리나무 아래에서 살육당할 것을 약속하셨다. 제단이 지어진 산당은 종종 나무가 울창한데, 이

것은 성장과 비옥함을 타나냈다(참조, 호 4:13). '상수리나무'는 테레빈 나무였다. 이것은 팔레스타인에서 흔한 낙엽송인데, 10~12미터 정도의 크기로 자란다. 엘라 골짜기는 다윗이 골리앗을 죽인 곳인데 아마 이 나무들이 무성했기 때문에 이 이름이 붙여졌을 것이다(삼상 17:2, 19).

하나님은 이스라엘에게 잎이 '무성한' 상수리나무가 있는 비옥한 땅을 주었다. 그러나 그 백성은 하나님이 주신 것으로 우상에게 분향 드려 하나님의 선물을 타락시켰다. 그래서 하나님은 그들의 비옥한 땅을 자갈밭, 즉 광야에서 디블라까지를 황폐하게 하셨다. 어떤 사본에는 '디블라' 대신에 '리블라'(NIV 난외주), 즉 시리아의 오론테스 강가의 마을이라고 되어 있다. 이것이 맞다면, 에스겔은 남쪽 광야에서 북쪽의 리블라까지의 온 땅을 말하고 있는 것이다. 여기에는 두 가지 이유가 있는 것 같다. 첫째로, 유다에 디블라라는 이름의 도시에 대한 기록이 없다. 이것이 문제되지는 않지만 에스겔이 하나님의 심판의 범위를 나타내기 위해서 알려지지 않은 도시를 예로 들었다는 것은 이상하게 여겨진다. 둘째로, 디블라가 리블라로 바뀐 것은 히브리 글자의 ㄱ(d)와 ㄱ(r)의 형태가 비슷하다는 것으로 설명할 수 있다. 필경사가 쉽게 사본을 잘못 읽어 실수로 글자를 바꿔 쓸 수 있기 때문이다.

에스겔은 이 장에서 세 번째로, 이스라엘이 심판의 결과로 그가 여호와인 줄, 즉 하나님의 절대적 주권을 알게 될 것이라고 선포했다(참조, 6:7, 10, 14).

(2) 심판의 본질에 관한 메시지(7장)

7:1~4 이 메시지는 첫 번째 것과 같은 방법(여호와의 말씀이 내게 임하여)으로 시작되었다. 이번에는 초점이 우상숭배(6장에서처럼)가 아

니라 땅에 대한 것이다. 이것은 그 땅에 살고 있는 백성을 뜻했다.

에스겔의 메시지는 이 땅 사방의 일이 끝났다는 것이다. '끝'이란 단어는 이 설교의 시작에서부터 5번 사용되고 있다(7:2[두 번], 3, 6[두 번]). 아모스 선지자는 BC 722년에 북쪽 왕국의 몰락을 묘사하기 위하여 이와 비슷한 방법으로 그 단어를 사용했다(암 8:2, '끝이 이르렀다'). 에스겔은 똑같은 메시지를 남쪽 왕국에 대해 반복했다. '땅 사방'이란 어느 지역도 하나님의 심판을 피할 수 없다는 것을 나타낸다.

이스라엘에 전개될 사건은 하나님의 특성에 대한 새로운 계시를 가져올 것이다. 그 백성은 하나님이 공의로우신 분이며 죄를 벌하신다는 것을 알게 될 것이다. 하나님은 긍휼히 여기지 아니하여(4절) 이스라엘에 대한 그의 노를 발하실 것을 맹세하셨다(7:3). 하나님은 이스라엘의 행위대로 심판하실 것이며(참조, 4, 8~9, 27절) 가증한 일을 그에게 보응하실 것이다(참조, 8~9절). 이러한 심판들은 강조를 위해 반복됐다(3~4절). 그러면 그들은 하나님이 여호와인 줄 알 것이다. 이 구절은 설교 끝부분에서 다시 나타난다(27절).

7:5~6 여호와는 다가오는 재앙에 대한 경고를 외치기 위해 숨을 헐떡이며 그 성으로 달려온 전령사 같았다(5~9절). 히브리 원전을 보면 이 구절은 짧으며 갑자기 바뀐다. 그리고 '임박한' 혹은 '왔다'는 단어가 5~7절에서 6번 나온다. 파수꾼은 처음에 "재앙이로다, 비상한 재앙이로다 볼지어다 그것이 왔도다"라고 외쳤다. 예루살렘에 다가올 것은 역사상 유례가 없는 것이었다.

예루살렘의 재앙에 관한 정확한 본질은 '끝이 났도다'(6절)라는 말의 반복에 의해 암시되어 졌다. 첫 번째 구절에서 '끝이 났도다'로 번역된 두 단어는 히브리어로 두 번째 구절에서는 거꾸로 되어 있다. 단어 배열을 흥미롭게 하여 에스겔은 끝이 너를 치러 일어났다고 선포했다. 6절에서 '끝'(케츠[קֵץ], 하케츠[הַקֵּץ])이라는 말과 '일어났다'(헤키츠[הֵקִיץ])는 말은 아주 비슷하여 그들의 관심을 끌게 들렸다. 재앙은 미가에 의해 예루살렘에 예언되었다(미 3:12). 그러나 그 예언은 100년 이상 성취되지 않고 남아있었다. 이제 예루살렘의 끝은 다가오고 있다.

7:7~9 에스겔은 예루살렘에 임할 멸망을 재앙(하츠피라[הַצְּפִירָה]). 참조, 10절)의 날로 묘사했다. 이 단어는 '왕관'이나 '면류관'의 의미일 수 있다(참조, 사 28:5). 그러나 이 문맥에서는 아니다. 아람어로 비슷한 단어는 KJV 번역자들에 의해 채택된 의미인 '아침'을 뜻한다. 그러나 이 문맥에서는 재앙을 말하고 있는 반면 '아침'은 축복의 의미를 함축하기 때문에 이것도 적합하지 않다. 아마 이 단어는 아카드어인 '차바루', 즉 '멸망'과 관련된 것 같다.

심판의 날이 다가오면 '요란한 날이요 산에서 즐거이 부르는 날'이 아닐 것이다. 산당에서 쉽게 우상 숭배했던 사람들은(참조, 6:3 주해) 심판이 임하면 두려움에 빠질 것이다. 에스겔은 임박한 재난의 주제를 반복했다(7:8~9은 3~4절과 같은 것에 관한 것이다). 예언한대로 멸망이 올 것이다. 그래서 그 영향을 입은 사람들은 여호와가 치는 줄을 알 것이다. 이것은 '여호와인 줄 알다'(6:7, 10, 14; 7:4, 27)라는 것의 또 다른 표현이다. 다른 이름으로 그를 안다고 고백한 사람들은(참조, 창 22:14; 33:20; 출 17:15) 이제 '때리는 이 여호와'(야훼 마퀘[יהוה מַכֶּה])의 이름으로 그를 알게 될 것이다.

7:10 심판의 날이 임한다는 것을 몽둥이가 꽃핀다는 것에 비유했다.

"정한 재앙이 이르렀으니 몽둥이가 꽃이 피며 교만이 싹이 났도다." 에스겔의 이미지는 아론의 싹 난 지팡이에서 나왔거나(민 17장), 혹은 예레미야의 꽃핀 살구나무 환상(렘 1:11~12)에서 비롯되었을 것이다. 만약 이 비유가 아론의 지팡이라면, 그 싹은 하나님이 그를 섬기는 자로 구별했다는 것이었다. 그래서 이스라엘의 교만의 몽둥이에 난 싹은 하나님이 예루살렘을 심판하기 위해 구별한 것을 나타낸다. 만약 선지자가 예레미야의 꽃핀 살구나무에 빗대었다면, 하나님의 심판을 알리는 살구나무의 싹은 반드시 나온다. 그래서 하나님의 심판을 알리는 맹렬한 싹이 이스라엘에서 나올 것이다.

7:11~14 10절에서 '몽둥이'는, 나무의 싹에 비유하여 이스라엘의 사악한 싹을 묘사했다. 그러나 11절에서 그 몽둥이는 불순종한 백성을 매질하는데 사용하는 심판의 몽둥이가 되었다(죄악을 벌하는 몽둥이).

하나님의 심판은 경제적 영향을 미칠 것이다. 심판의 몽둥이가 치면, 그들도 그 무리도('무리'는 아마 조소적으로 쓰인 것으로 보인다. 11~14절에서 4번 나옴) 하나도 남지 않을 것이다. 재산도 모두 사라질 것이다. 사로잡혀 가기 때문에 재산과 재물은 무가치하다. 재물은 몰수당할 것이고, 토지 주인은 자기 땅을 떠나 바벨론으로 끌려갈 것이다. 에스겔은 사는 자도 기뻐하지 말고 파는 자도 근심하지 말 것을 권고했다. 좋은 거래를 하여 기뻐해야 할 구매자는 그가 산 토지를 소유할 수 없을 것이므로 기뻐할 수 없을 것이다. 그의 땅을 팔아야 했던 사람도 어쨌든 그것을 잃기 때문에 슬퍼할 수 없을 것이다.

이스라엘에서 땅을 사면 그 거래는 언제나 일시적이었다. 매 50년째, 안식년 동안에 토지는 원래 주인에게 돌려주었다(레 25:10, 13~17).

하지만 다가오는 하나님의 심판 때문에 원래 주인은 자기 토지를 요구하지 못할 것이다. 그들은 토지를 산 사람과 함께 추방될 것이다.

어떤 인간적인 노력으로도 자신의 계획을 성취하려는 하나님을 막을 수 없다. 그들이 나팔을 불어 전쟁 군인을 부를지라도 전쟁에 나갈 사람은 아무도 없을 것이다. 예루살렘은 자신을 방어하려고 노력할 것이나 거의 아무런 저항도 못하고 멸망할 것이다.

7:15~16 이스라엘은 하나님의 심판을 막을 어느 것도, 하나님의 심판에서 도망갈 어느 곳도 찾을 수 없을 것이다. 밖에는 칼이 있고 안에는 전염병과 기근이 있을 것이다(참조, 5:12). 예루살렘 성문 밖으로 도망하려는 사람들은 바벨론 군대에 쫓겨 죽임을 당했다. 성벽 안에서 보호 받으려 했던 사람들은 기근과 질병의 이중의 적을 만났다. 대부분의 사람은 죽을 것이고 심지어 살아남은 자도 대가를 지불할 것이다. 산에 숨어 그들의 죄와 재산을 상실한 것에 대해 우는 사람들의 비탄은 슬피 우는 비둘기 소리 같을 것이다.

7:17~18 하나님의 맹공격에 대한 이스라엘의 반응이 17~19절에서 묘사된다. 손은 피곤하고 무릎은 물과 같이 약할 것이다(참조, 21:7의 단어와 비슷함. 마찬가지로, 렘 6:24). 그 방어자들이 할 수 있는 유일한 일은 그들의 처지를 애통해 하는 것과(7:18) 그들을 실족케 했던 물질주의의 장애를 없애는 것이다(19~22절). 애통해하며 그들은 굵은 베옷을 입고 그들의 머리는 대머리가 될 것이다. '베옷'은 염소나 낙타의 긴 털로 짠 거친 천이다. 어두운 색깔 때문에 베옷은 슬프고 우울한 경우에 입는 것으로 여겨졌다. '베옷을 입는다'는 것은 비탄이나 애도(창

37:34; 삼상 3:31; 욥 16:15; 렘 6:26), 그리고 회개(사 58:5; 단 9:3~4; 욘 3:5~9; 마 11:21)의 표시이다. 에스겔은 아마 그 적이 그 땅을 멸망시킬 때 이스라엘이 당할 두려움이 섞인 슬픔을 묘사하고 있을 것이다. 머리를 깎는다는 것도 애도, 굴욕, 그리고 회개(참조, 5:1 주해)를 의미했다.

7:19~20 그 백성은 그들이 상실한 것을 슬퍼할 뿐만 아니라 그 원인이 된 장애물을 없앨 것이다(19~22절). 그들은 그들의 은을 거리에 던지며 그 금을 오물 같이 여길 것이다. 그리고 그들의 보석으로 만든 우상들도 오물이 될 것이다. 그래서 한 때 소중히 여겼던 것들이 버려질 것이다. '오물'(니다[נִדָּה])이라는 단어는 월경기의 부정함과(레 15:19~33) 시체를 만진 경우(민 19:13~21)에 쓰였다. 이것은 이스라엘의 부요함에 대해 그들이 느낄 혐오감을 나타냈다.

왜 그 백성은 그들의 물질적인 부를 갑자기 싫어하는가? 한 가지 이유는 안전을 위해 쌓아 두었던 은과 금이 그들을 구하지 못했기 때문이다. 그것이 그들을 건지지 못할 것이다. 하나님이 '돈을 주고' 살 수 없게 하셨다. 갑자기 부에 대한 혐오감을 갖게 된 또 다른 이유는, 기근으로 굶주린 그들을 채울 양식을 은과 금으로 살 수 없기 때문이다.

7:21~22 그들을 구원할 수단이 무가치하게 되었다는 사실을 차치하더라도, 이스라엘의 부 또한 일시적인 것이기도 했다. 그들이 축적한 모든 것을 바벨론에 빼앗길 것이다. 그들의 부는 외국인들에게 빼앗길 것이다.

부에 대한 상실감보다 훨씬 더 당황한 것은 성전에 대한 하나님의 말씀이었다. "내가 또 내 얼굴을 그들에게서 돌이키리니 그들이 내 은 밀한 처소를 더럽히고 포악한 자도 거기 들어와서 더럽히리라." 많은 이스라엘 사람들은 그들을 구원할 희망을 예루살렘의 하나님의 성전에 두었다. 그들은 하나님이 그의 성소가 멸망되도록 내버려 두지 않을 것이라고 확신했다(참조, 렘 7:1~5). 그러나 이스라엘의 죄는 너무 커서 심지어 하나님의 성전조차도 하나님의 심판을 피할 수 없었다(참조, 미 3:12).

7:23~24 쇠사슬이 피 흘리는 죄와 강포가 가득한(참조, 8:17; 12:19) 그 백성을 사로잡아 가는 데 사용될 것이다. 하나님의 침략 계획이 실행될 준비가 되어 있었다. "내가 극히 악한 이방인들을 데려와서 그들이 그 집들을 점령하게 하고." 잔인하고 무자비한 나라인 바벨론(참조, 28:7 주해)이 이스라엘을 쫓아내기 위해 하나님께 뽑혔다(참조, 합 1:5~11). 이스라엘의 방자한 교만과 종교적 타락은 바벨론 군대의 무거운 발굽 아래 짓밟힐 것이다.

7:25~26 심판에 대한 이스라엘의 반응은 죄의 길로 갔을 때 오는 고뇌, 비통, 절망으로 묘사되었다. 이스라엘은 그들이 결코 멸망당하지 않을 것으로 여겼다. 그가 마침내 자신의 운명에 대한 두려움을 알았을 때는 이미 너무 늦을 것이다. 구원과 평강을 찾기 위한 필사적인 노력도 헛될 것이다. 하나님은 덧붙이셨다. "환난에 환난이 더하고 소문에 소문이 더할 때에." 불행의 강타는 쉴 새 없이 연달아 무자비하게 난타할 것이다. 환난(호와[הֹוָה])이란 단어는 여기에서와 이사야 47장 11절에서만 나오는데 멸망이나 재난의 뜻을 나타낸다. 욥을 친 대재난처럼

(참조, 욥 1:13~19) 한 가지 재난이 보고되자마자 또 다른 재난의 소식이 올 것이다. 동맹과 구원자들과 기습과 바벨론에서의 역전에 대한 소문은 이스라엘 전체에 퍼졌다. 온갖 소문은 공포에 질린 사람들에게 쉽게 받아들여졌다.

그 도시 전체에 퍼지는 수많은 거짓 소문들을 듣는 것 이외에도 사람들은 하나님으로부터 온 묵시를 받기 위해 제사장, 선지자, 그리고 장로들을 찾을 것이다. 그러나 이것도 역시 헛될 것이다. 그들은 하나님의 진실한 대언자의 경고에 주의를 기울이지 않았다. 그래서 그들이 필사적으로 응답을 찾아도 아무 소용없을 것이다.

7:27 하나님으로부터 아무 도움을 받지 못하기 때문에 왕은 애통하고 방백은 놀람을 옷 입듯 하며 거민의 손은 떨리리라고 에스겔은 말했다. 누가 '왕'이고 누가 '고관'인가? 에스겔은 보통 시드기야를 말할 때 '고관'(prince)이라는 단어를 사용했다(12:10, 12; 21:25). 결코 그를 '왕'(king)이란 칭호로 부르지 않았다. 에스겔이 '왕'이라고 부른 유일한 이스라엘 사람은 바벨론에 사로잡혀 간 여호야긴이었다(1:2).

여호야긴 '왕'은 예루살렘의 분명한 몰락을 슬퍼하며 이미 사로잡혀 간 반면에, '고관' 시드기야는 자신의 불행에 절망하여 예루살렘에 있었다. 그 결과 백성들은 그들의 불분명한 운명으로 인해 공포에 떨고 있었다. 하나님은 다시 한 번 그들의 행위대로 벌하실 것을 말씀하셨다(7장에서 다섯 번 언급되었다. 3~4, 8~9, 27절).

c. 다가올 심판에 대한 환상(8~11장)

에스겔은 다가오는 심판이 그 백성의 죄로 인한 것임을 반복해서 말했다. 그러나 예루살렘 백성이 그런 벌을 받도록 한 일이 무엇인가? 하나님은 환상으로 에스겔을 예루살렘으로 데려가 그에게 그곳의 사악함을 보여주셨다(8~11장).

이 환상은 '여섯째 해'(여호야긴이 사로잡힌 지 6년. 참조, 1:2 주해) '여섯째 달 초닷새'(8:1)에 나타났다. 이 날은 BC 592년 9월 17일이었다. 이 날은 에스겔이 본 첫 번째 환상(1:1~2) 이후로 정확히 14개월만이었다. 에스겔은 하나님의 환상을 받는 중간에(1~3장) 네 가지 징조를 행동으로 보여 주었고(4~5장) 심판에 관한 두 가지 메시지를 주었다(6~7장). 이제 하나님은 그에게 새로운 환상을 주셨다.

8~11장에 기록된 환상은 하나의 단원처럼 엮어진 환상이다. 그러나 그 안에는 네 가지 중요한 부분으로 이루어졌다. 에스겔은 처음에 성전에서 사람들의 죄악과 마주치게 되었다(8장). 거기서 그는 예루살렘 사람의 살육을 보았다(9장). 예루살렘이 너무 사악하여 하나님의 영광이 성전에서 떠났다(10장). 그리고 그 도시에서 영광이 떠나 그 지배자들 위에 심판이 선포되었다(11장).

(1) 성전의 사악함(8장)

8:1 에스겔은 주 여호와의 권능이 그에게 임한 때를(참조, 1:3; 3:14, 22) 밝히기 위하여 날짜를 언급했다. 그때는 그가 집에서 유다 장로들과 함께 앉아있는 때였다. 에스겔이 밖에서 사역하는 것이 여전히 제한되어서(참조, 3:24), 장로들이 그의 집으로 와야 했다. 그들은 아마 예루살렘의 운명에 관한 그의 충고를 얻기 위해 찾아갔을 것이다. 그 환

상은 에스겔이 그때 그들에게 보여준(참조, 11:24~25) 하나님의 응답이었다.

8:2~6 에스겔이 장로들 앞에 앉았을 때 사람의 모습 같은 형상을 보았다. 그 형상은 1장 26절에 기록된 것과 같은 하나님의 현현이나 출현이었다. 그 허리 이하 모양은 불같고 허리 이상은 광채가 나서 단 쇠 같았다(참조, 1:27). 1장에서와 같이 환상에 대한 에스겔의 묘사는 의도적으로 애매하게 꾸며졌다. 영광을 받은 사람처럼 하나님을 묘사하지 않기 위해 에스겔은 성령의 영감 아래 주의 깊게 묘사했다. 하나님은 사람의 몸을 가지고 있지 않다. 그의 형상은 단지 '사람의 모습 같은 형상'이었다. 하나님은 실제 인간의 손을 에스겔에게 뻗지 않으셨다. 하나님은 손 같은 것을 펴셨다.

에스겔이 8~11장에서 묘사한 것은 환상으로 일어난 것이다. 즉, 실제로 일어나지 않았다. 에스겔이 예루살렘으로 옮겨졌을 때(참조, 3:14; 11:1, 24; 37:1; 43:5) 그의 육체는 바벨론에 있었다. 그 앞에 앉아 있던 장로들은 하나님의 현현을 보지 못했다. 이상이 에스겔에게서 떠났을 때(11:24하), 그는 그것을 장로들에게 묘사했다.

이상 가운데 에스겔은 천지 사이로 들어 올려져 예루살렘으로 갔다. 바벨론에서 예루살렘으로 '날려가' 그 선지자는 안뜰로 들어가는 북향문에서 내렸다(열왕기상 주석의 6장 '솔로몬의 성전 설계'의 그림을 보라). 북향문은 바깥뜰에서 안뜰로 열려진 세 개의 문들 중 하나였다. 다른 두 개는 동쪽과 서쪽에 위치해 있다. 에스겔이 북향한 '문'에 있을 때, 그는 아마 안뜰을 향하여 남쪽을 바라보며 바깥뜰에 서 있었을 것이다.

안뜰로 향하는 북향문 옆에는 질투를 유발하는 우상이 있었다. 에스겔도 그것을 질투의 우상이라 불렀는데(8:5), 아마 그것을 하나님에 대한 모욕으로 여겼기 때문에 그렇게 부른 것이다. 이 우상은 십계명 중에서 두 번째 것을 범한 것이다(출 20:4. 참조, 신 4:23~24). 하나님 홀로 받아야 되는 영광을 이방신이 받고 있었기 때문에 하나님의 질투를 유발한 것이다. 이 우상으로 나타난 신이나 여신의 이름은 없지만, 이것은 아마 가나안 사람의 풍요의 여신인 아세라였을 것이다. 므낫세 왕이 그의 통치 기간 동안 아세라 목상을 성전에 세웠다(왕하 21:7. 참조, 신 16:21). 그러나 나중에 그것을 없앴다(대하 33:13, 15). 므낫세의 죽음 이후에 아세라 기둥이 성전으로 다시 들어왔고, 요시야가 그의 개혁 기간에 그것을 없앴다(왕하 23:6). 그는 이런 우상숭배를 영원히 뿌리째 뽑아 버리고 싶어서 예루살렘 바깥 기드론 골짜기에서 그것을 불태웠다. 불행히 요시야의 뜻밖의 죽음 이후, 백성들은 다시 우상을 숭배했다. 결국 새로운 아세라 기둥이 파괴됐던 곳에 다시 놓이게 되었다.

에스겔이 이 우상을 바라보고 있을 때, 그의 곁에는 이스라엘 하나님의 영광이 있었다(참조, 1:28 주해). 하나님의 의로운 분노는 에스겔에게 수사 의문문으로 표현되었다. "인자야 이스라엘 족속이 행하는 일을 보느냐", "가증한 일을 행하여 나로 내 성소를 멀리 떠나게 하느니라." 하나님은 그의 영광을 우상과 함께 나눌 수 없다(참조, 사 42:8). 만약 우상이 성전에 거하면 하나님은 떠날 것이다.

여호와의 전에서 우상을 본 충격으로 에스겔은 낙담했을 것이다. 그러나 이것만이 이스라엘이 여호와를 격노케 했던 전부는 아니었다. 에스겔은 훨씬 더 가증한 일을 볼 것이다(참조, 8:13, 15).

8:7~13 그때 하나님은 에스겔을 뜰 문(아마도 안뜰)으로 데리고 갔다. 에스겔은 거기서 뜰 문을 둘러싼 담에 구멍을 보았다. 이상 중에 하나님은 그에게 담을 헐라고 하셨다. 그렇게 했을 때 그는 거기서 한 문을 보았다. 에스겔이 그 방에 들어가 둘러보았을 때, 각양 곤충과 가증한 짐승과 이스라엘 족속의 모든 우상이 그 사면 벽에 그려진 것을 보았다. 혹자는 그것들이 이집트나 가나안, 혹은 바벨론의 우상들일 것이라고 한다. 아마 이 만신전 안에는 모든 나라의 우상숭배가 나타나 있었을 것이다.

칠십 장로들과 사반의 아들 야아사냐도 그 벽의 조상 앞에 향로를 들고 서 있었다. 이 칠십 장로들은 바벨론 포로 이후 이스라엘을 통치했던 장로회가 아니었다. 그러나 그들은 예루살렘의 지도자들을 대표했다. 모세가 그 백성을 인도하는 데 도울 자를 지명했을 때 하나님이 명한 수는 70이었다(민 11:16~17). 아마 이런 전통이 계속되어 에스겔이 본 칠십 장로들은 그 성에서 공적 지도력을 가진 사람들이었을 것이다.

그 70인 중에서 에스겔은 유다 최후 기간 동안 중요한 공무를 담당했던 사람의 친척인 야아사냐를 알아보았다(참조, 렘 26:24 주해 '사반의 계보' 도표). 그 외의 모든 야아사냐의 가족은 여전히 여호와께 충실히 남아있었기 때문에 거기서 야아사냐를 본 것은 에스겔을 놀라게 했다.

때때로 향은 하나님의 현현으로부터 예배자들을 보호해 주곤 했다(참조, 레 16:12~13). 다른 경우에 향은 높이 계신 하나님께 드린 성도의 기도를 나타냈다(참조, 계 5:8). 향의 진정한 목적이 무엇이든지 간에, 이스라엘의 장로들은 참된 하나님을 버리고 각각 그 우상의 방안에서 우상을 섬기고 있었다. 분명히 모든 장로는 각기 자신이 좋아하는 신을 갖고 있었다.

그들의 마음을 알고 계신 하나님은 에스겔에게 그 장로들이 "여호와께서 우리를 보지 아니하시며 여호와께서 이 땅을 버리셨다"고 말함으로써 자기들의 죄를 합리화시키려 하는 것을 설명하셨다. 그 장로들은 그들의 어두운 방에서 행한 것을 하나님이 모를 것으로 여겼다. 그들은 하나님을 그들을 버린 유일한 보잘것없는 신으로 생각했다. 그래서 그들은 자신을 보호해 주도록 다른 신들에게 아첨을 떨었다. 이 장로들의 태도는 곧 그 백성들에게 전해졌다(참조, 9:9).

그 백성의 우상숭배는 공공연히 드러내는 것에서부터 전능하신 하나님의 그 그늘 바로 아래서 비밀리에 우상을 섬기는 것으로 발전했다. 그러나 이것이 이스라엘 죄악의 전부가 아니었다. 그들은 훨씬 더 큰 가증한 일을 행했기 때문이었다(참조, 8:6, 15).

8:14~15 에스겔은 여호와의 전으로 들어가는 북문으로 데려가졌다. 이것은 아마 성전 바깥뜰로 가는 문일 것이다. 이 문 옆에서 에스겔은 여인들이 담무스를 위하여 애곡하는 것을 보았다. 담무스는 수메르 사람의 신으로, 봄의 초목의 신인 두무스의 히브리 이름이다. 중동의 뜨겁고 건조한 여름 동안 모든 초목은 외관상 죽어 있다. 이것을 신화에서는 담무스가 죽어 지하로 내려갔기 때문이라고 설명한다. 이 기간 동안 그의 추종자들은 그의 죽음을 애도하며 울었다. 그러면 봄에 담무스는 승리를 자랑하며 지하에서 나와 생명을 주는 비를 가져올 것이라고 믿었다. 담무스 숭배는 또한 풍요 의식을 포함한다.

진정 비를 내리는 참된 신에 대한 예배가 이방신에 대한 타락한 숭배로 바뀌었다. 창조자에 대한 숭배는 창조주가 이루어 놓은 창조의 주기에 대한 숭배로 대치되었다. 그런데 에스겔은 이보다 더 큰 다른 가증한 일을 보아야 했다(참조 6, 13절).

8:16 하나님이 다시 에스겔을 여호와의 성전 안뜰로 데려갔을 때, 그는 여호와의 성전 문 현관과 제단 사이에서 약 25명의 사람을 보았다. 그들은 성전으로 가는 현관, 혹은 지붕 덮인 출입구(참조, 왕상 6:2~3)와 희생 제물을 드리는 뜰 한가운데에 있는 놋 제단 사이에 있었다. 이곳은 하나님의 제사장들이 그들의 죄 때문에 하나님께 자비를 구하기 위하여 울며 외쳐야 할 곳이었다(참조, 욜 2:17).

이 25인은 누구였을까? 나중에 이들은 '늙은 자'로 불렸는데(9:6), 이것은 민간인들과 종교적 지도자 모두에게 해당되는 말이다. 그들의 위치로 보아 이들은 아마 제사장이었다. 그 백성들은 제단까지 다가갈 수 있었다. 그러나 제단에서 지성소로 하나님께 나아갈 수 있는 것은 제사장의 중재를 통해서였다.

이 제사장들은 이스라엘의 중재자로서 행하며 하나님께 자비를 구해야 했다. 그러나 그들은 오히려 동방 태양에 경배했다. 하나님의 성전 문은 동쪽에 나있다. 그래서 사람이 제단에 서서 문을 대하면 서쪽을 바라보게 된다. 그러나 이 제사장들은 동쪽을 바라보고 있었다. 그들은 하나님께 그들의 등을 돌리고 태양에 복종하여 경배드리고 있었다. 이것은 이스라엘 하나님에 대한 경멸을 뜻하며 그들이 하나님을 부인한다는 뜻이 포함되어 있다. 이것은 직접적으로 하나님의 계명을 범한 것이었다(신 4:19).

8:17~18 에스겔은 여호와의 전에서 보았던 전율할 만한 일로 인해 혼란되었다. 그러나 죄악은 거기서 그치지 않았다. 제사장들과 백성들

이 성전에서 행한 죄악은 전 나라에 퍼졌다. 강포로 그 땅을 채우고 계속해서 하나님의 노를 격동하게 하였다.

그 사람들은 심지어 나뭇가지를 그 코에 두었다. 혹자는 이것이 다른 신들을 경배하는 것과 관련된 의식적 행동이라고 한다. 앗수르 인의 부조에서 발견된 이런 형상이 있는 그림의 도안이 있긴 하지만, 실제로 이런 의식은 전혀 알려져 있지 않다. 초기 유대인 주석가들은 '가지'를 '악취'로 번역했다. 어떤 학자들은 원래 '나의'로 읽어야 할 말을 '그들'로 바꿔 필경했다고 주장한다. 이 경우에 그 구절은 '내 코에 악취가 난다'로 읽을 수 있다. 즉, 우상숭배는 하나님께 불쾌하고 역겨운 냄새라는 것이다. 어느 해석이 옳은가는 결론을 내릴 수 없지만 어느 경우든 그 일반적 의미는 분명하다. 그런 몸짓은 하나님께 악한 모욕적 표현이었다.

하나님의 대답은 명백했다. '나는 그들을 분노로 갚아 불쌍히 여기지 않을 것'이다. 하나님은 그러한 반역을 계속 내버려두지 않을 것이다. 최후의 일각까지 그들의 간구를 들어주도록 하나님께 구하는 필사적인 노력도 아무 소용이 없을 것이다. 무대는 이미 심판을 받도록 장치되었다.

(2) 예루살렘에서의 학살(9장)

9:1~2 에스겔의 이상 중 두 번째 부분에는 예루살렘 거주민에 대한 (8:18에서 선포된) 하나님의 심판의 실행이 묘사되었다. 하나님은 그 성을 관할하는 자들에게 "각기 죽이는 무기를 손에 들고 나아오게 하라"고 명하셨다. '관할하는 자들'은 '참가하다, 방문하다, 소집하다, 지명하다'는 동사에서 비롯된다. RSV와 NASB는 '집행관들'이라고 번역하지만 이러한 표현은 너무 지나친 것 같다. 에스겔은 이 말을 44장 11절

에서 천년왕국의 새 성전에서 성전 문을 지키게 될 레위지파를 말할 때 ('맡을 것이며') 다시 사용했다.

9장 1절의 '관할하는 자들'은 하나님의 성읍 주위에서 하나님에 의해 배치된 천사와 같은 존재였을 것이다. 각 관할하는 자는 아마도 칼이나 곤봉이었을 '죽이는 무기'를 가져왔다.

그 관할하는 자들은 북향한 윗문 길을 좇아 안뜰로 들어왔다. 에스겔에게 이르기 위해 8장에서 언급한 네 집단들을 지나갔다. 여섯 사람 중에 가는 베옷을 입고 허리에 서기관의 먹 그릇을 찬 일곱 번째 사람이 있었다. 세마포는 존엄, 순결, 성스러움을 나타냈다(참조, 단 10:5; 12:6~7; 계 15:6). '먹 그릇'은 문자 그대로 '기록하는데 사용되는 그릇'이었다. '그릇'은 이집트 외래어로, 뿔로 만든 잉크통이 부착된 갈대펜을 넣고 다니는 통을 말한다.

9:3~7 관할자와 서기관이 성전 안으로 들어왔을 때 하나님의 영광(참조, 1:28 주해)의 이상이 그룹들 위에서 떠나 성전 문지방에 이르렀다. 극적인 10장 4절의 비슷한 표현은 하나님이 예루살렘을 떠난 것을 예증했다. 이것은 이상이었기 때문에 사건들은 다른 식으로 이상한 순서로 일어날 수 있었다. 그래서 한 순간 하나님은 몸소 에스겔을 성전 안으로 데려갔고, 다음 순간에 그는 지성소 안의 그룹들 위에 계시거나 보좌 위에 계셨다.

하나님은 베옷을 입은 서기관에게 말씀하셨다. "너는 예루살렘 성읍 중에 순행하여 그 가운데서 행하는 모든 가증한 일로 말미암아 탄식하며 우는 자의 이마에 표를 그리라." 하나님은 그에게 충실히 남아있을 자를 아셨다. 그리고 심판 중에 그들을 남겨두실 것이다(참조, 환란

중에 보호하기 위해 144,000명을 하나님께서 인치심. 계 7:3~4).

하나님은 그때 관할자들에게 서기관의 뒤를 좇아 성읍 중에 다니며 긍휼을 베풀지 말고 죽이라고 하셨다. 표를 받지 않은 자는 죽임을 당할 것이다. 거기에는 나이나 성의 구별이 있을 수 없다. 심판은 늙은 자와 젊은 자와 처녀와 어린 아이와 부녀자 위에 임할 것이다.

그때 하나님은 관할자에게 명하셨다. "내 성소에서 시작할지니라." 의미심장하게도 처음 심판은 여호와의 전에서 시작되었다(참조, 벧전 4:17). 죄악이 성전에서부터 온 땅에 퍼졌기 때문에, 심판도 그와 같은 경로를 따를 것이다. 그래서 관할자들은 여호와를 등진 제사장들(8:16), 늙은 자들부터 시작했다. 그들의 살육으로 성전을 더럽히고 그들의 시체로 모든 뜰을 채울 것이다. 그러나 성전은 이미 그들의 우상 숭배로 더럽혀져 있었다. 이것이 역사적으로 성취된 것은 역대하 36장 17~19절에서 살펴볼 수 있다.

9:8~10 이 심판의 중압에 압도되어 에스겔은 부르짖었다. "이스라엘의 남은 자를 모두 멸하려 하시나이까"(참조, 11:13). 에스겔은 자기 나라를 사랑하는 열정을 가진 사람이었다(참조, 소돔을 위한 아브라함의 중보. 창 18:20~33; 이스라엘을 위한 아모스의 기도. 암 7:1~9).

에스겔은 간구로 그의 근심을 나타냈지만, 그 나라의 죄악은 재앙을 막기엔 너무 중했다. 하나님은 이스라엘과 유다에게 자신의 죄를 회개할 충분한 시간을 주었다. 그러나 그 백성은 그 시간을 피와 불법이 가득한 더욱 그릇된 길로 가는 데 사용했다. 그리고 줄곧 여호와께서 그들을 돌보지 않고 버리셨다고 생각했다(참조, 8:12). 하나님은 긍휼히 여기지 않고(참조, 7:4, 9; 8:18; 24:14) 그들에게 보응하실 것이다.

9:11 그때 천사의 서기관이 돌아와 보고했다. "주께서 내게 명하신대로 내가 준행하였나이다"(참조, 4절). 의로운 사람들과 그 나라의 죄악을 탄식하는 사람들은 하나님의 보호를 받는 표를 받았다. 그들은 살아남을 것이다. 하나님을 거역한 불의한 사람들과 악을 행한 자들은 그 보호 표를 받지 않았다. 그들은 죽임당할 것이다. 각 사람의 운명은 자신에 의해 결정되었다.

(3) 하나님의 영광이 성전에서 떠남(10장)

10:1~2 하나님은 그의 거하신 처소를 다른 '신들'과 함께 나누지 않으실 것이다. 그리고 성소는 우상숭배로 더럽혀져 있었다. 하나님의 예배 장소인 실로는 하나님의 영광이 떠난 즉시 멸망되었다(삼상 4:1~4, 10~11, 19~23; 렘 7:12~14). 예루살렘 성전에도 이와 같은 운명이 기다리고 있었다. 에스겔은 여전히 제단 옆에 서서 성소를 보았고 그룹들 머리 위 궁창에 남보석의 보좌 같은 것을 보았다. 이것은 하나님의 청색빛 보좌였다(참조, 1:26 주해). 하나님은 성소 문에 있었지만, 하나님의 보좌는 '성전 남편에' 있었다(10:3).

하나님은 천사의 서기관에게 말했다. "그룹 밑에 있는 바퀴 사이로 들어가 그 속에서 숯불을 두 손에 가득히 움켜 가지고 성읍 위에 흩으라." 그룹들 사이의 숯불은 에스겔이 전에 보았던 것이었다(1:13. 참조, 사 6:6). 이제 하나님은 그의 '성스러운' 도시를 깨끗케 하기 위해 비슷한 숯불을 사용하시려 했다.

10:3~5 에스겔의 관심은 성소 곁 하나님의 보좌로 다시 옮겨졌다. 성소 문지방에 하나님이 임하신 것을 나타내는 구름은 안뜰에 가득했다

(참조, 출 33:9~10; 왕상 8:10~11; 사 6:1~4). 에스겔은 여호와의 영광이 보좌에서 문지방에 올랐다는 사실을 반복했다(10:4. 참조, 9:3). "구름이 성전에 가득하며 여호와의 영화로운 광채(참조, 1:28 주해)가 뜰에 가득하였고." 하나님의 영광이 임하자 구름을 뚫고 에스겔이 서 있는 뜰을 밝게 비추었다. 이러한 영화로운 광채와 함께 그룹들의 날개 소리가 났는데, 아주 커서 바깥뜰까지 들렸다(참조, 1:24).

10:6~7 에스겔은 본론으로 돌아와서 가는 베옷 입은 자에 대한 설명을 계속했다. 그 전령사는 하나님의 보좌에 다가와 네 바퀴 중 하나와 그룹들 곁에 섰다(참조, 1:15~18). 그룹들 사이에서 한 그룹이 불을 취하여 가는 베옷 입은 자의 손에 주었다. 예루살렘을 성결케 하기 위해서였다.

불을 예루살렘에 뿌려버리는 하나님의 심판은 그의 최후의 운명에 비추어보면 흥미롭다. 바벨론 군대가 불로 예루살렘을 멸망시켰기 때문이다(참조, 왕하 25:8~9). 가는 베옷 입은 사람은 불을 받아서 나갔다. 에스겔은 그 사람이 예루살렘 위에 불을 뿌리는 장면을 기록하지 않았지만 그 모습을 상상할 수 있다. 아마 선지자의 눈은 여전히 하나님의 보좌에 고정되어 있었을 것이다.

10:8~13 에스겔은 다시 그룹들과 바퀴들(8~11절. 참조, 1:15~21)에 대해 묘사했다. 하지만 에스겔은 약간 세부적인 사항을 더 첨가했다(10:12~13). 그들의 온 몸에 눈이 가득하였다. 아마 그 눈들은 바퀴들에 붙은 눈들(참조, 1:15~18 주해)처럼 신의 전지함을 나타낼 것이다. 요한이 본 하나님 주위의 네 생물들도 역시 눈들로 덮여 있었다(계 4:8).

그때 에스겔이 들으니 그 바퀴들을 도는 것이라 칭했다. '도는'(하갈갈[הַגַלְגַּל])이란 '구르는', '회전하는'의 뜻이다. 그래서 바퀴들은 그들의 기능을 따라 이름 붙여졌다. 그들이 회전함으로써 하나님의 보좌가 움직였다. 여기서 그 바퀴의 이름을 말한 것은(10:15~19에서 묘사된) 그들이 떠나려는 길을 예비하는 것 같다. 하나님의 영광은 '도는 것'을 타고 그의 성전에서 떠나가려 했다.

10:14 에스겔은 그때 두 번째로(참조, 1:10 주해) 그룹들의 얼굴을 묘사했다. 하지만 이 두 묘사 사이에는 분명한 모순점이 있다. 1장에서 그룹들은 사람과 사자, 독수리, 황소의 얼굴을 가졌다. 그러나 10장에서 그들은 그룹, 사람, 사자와 독수리의 얼굴을 가졌다. 혹자는 나중의 필경사가 실수로 '황소의 얼굴' 대신에 '그룹'으로 옮겼다고 제의한다. 두 번째 견해는 황소의 얼굴이 사실은 그룹의 얼굴로 보통 이해된다고 하는 것이다. 아카디안 문학에서는 '쿠리부'('그룹'의 같은 어원)가 인간의 얼굴이 아닌 것으로 표현한다.

10:15~22 이제는 하나님의 영광이 떠나는 때였다. 그때 그룹들이 올라갔다. 하나님의 보좌가 이스라엘의 뜰에서 공중으로 올라갔다. 그룹들과 바퀴들의 움직임에 대한 묘사(15~17절)에서 에스겔은 1장에서 사용했던 같은 단어들을 이용했다(참조, 1:19~20 주해). 성전 문에 서 있었던 하나님의 영광은 성전 문지방을 떠나서 그룹들 위에 머물렀다(10:18). 하나님의 보좌는 성전과 도시 위로 올라가고 있었다. 그 보좌는 동쪽으로 움직이기 시작했다. 그러나 그룹들이 성전 경내의 가장자리에 이르렀을 때, 그들이 여호와의 전으로 들어가는 동문에 머물고 이

스라엘 하나님의 영광(참조, 1:28 주해)이 그 위에 덮였다. 이 생물들(20~22절)은 물어볼 것도 없이 전에 에스겔이 보았던 같은 그룹들이었다. 일단 하나님이 문에서 떠나셨으므로 '이가봇'('영광이 떠났도다')이란 비문이 예루살렘 위에 적혔을 것이다(참조, 삼상 4:21~22). 마치 하나님의 영광이 떠나는 이 마지막 움직임을 지연시키기 위한 것처럼, 에스겔은 25인의 사악한 지배자들에 관한 이야기를 삽입했다(11:1~21).

(4) 예루살렘의 방백들에 대한 심판(11장)

에스겔의 이상 중 이 네 번째는 그가 예루살렘의 성전 뜰을 '순회'하는 것으로 끝났다. 하나님의 영광이 그 도시를 떠나기 전에 동문에 머물러 에스겔에게 예루살렘 거주민의 죄악 중 또 다른 것을 보여주었다. 에스겔은 여호와로부터 두 개의 메시지를 받았다. 첫 번째 것은 예루살렘에 남아있는 사람들에 대한 심판을 강조했고(1~15절), 두 번째는 사로잡혀간 사람들을 회복시키겠다는 약속을 강조했다(16~21절). 그리고 하나님의 영광이 마지막으로 떠난 것을 기록했다(22~25절).

11:1 하나님의 영광이 동문 위에 떠 있을 때, 주의 신이 선지자를 들어(참조, 3:8, 14; 11:24; 37:1; 43:5) 기드론 골짜기와 감람산으로 향하는 동향한 문으로 그를 데려갔다. 그 문에 25인이 있었는데 태양을 숭배했던(8:16) 이들과 같은 25인이 아니었다.

그 문의 25인 중에는 앗술의 아들 야아사냐와 브나야의 아들 블라댜가 있었다. 그 문은 재판을 하고 법적인 문제를 감독하기 위해 그 도시의 장로들이 앉았던 전통적인 장소였다. 거기는 도시의 '재판소'였다(참조, 창 23:10, 18; 신 21:19; 수 20:4; 룻 4:1~2, 9, 11; 욥 29:7, 14~17).

'앗술의 아들 야아사냐'는 성경 다른 곳에는 언급되지 않아서 동시에 살았던 세 명의 다른 야아사냐와 혼동되지 않을 것이다(참조, 왕하 25:23; 렘 35:3; 겔 8:11). 이 '앗술'은 아마(확실하지는 않지만) 예레미야 28장 1절에 나온 사람일 것이다. 만약 그렇다면, 에스겔 11장에 나온 야아사냐는 예레미야를 방해하고 예루살렘의 몰락 직전에 희망에 대한 거짓 메시지를 전한 거짓 선지자 하나냐의(참조, 렘 28:1~4) 동생일 것이다. 블라댜에 대해서는 그밖에 알려진 것이 없다. 야아사냐와 블라댜 둘 다 백성의 방백으로서 아마도 이스라엘의 귀족일 것이다.

11:2~3 이 25인은 불의를 품고 악한 꾀를 베푸는 자였다. 그들은 지혜로운 충고를 주고 예루살렘을 위한 방향을 제시해 주어야 했지만, 대신에 백성들을 여호와로부터 돌아서게 했다.

그들의 악한 꾀가 에스겔에게 요약되어 들렸다. "집 건축할 때가 가깝지 아니한즉 이 성읍은 가마가 되고 우리는 고기가 된다." 그 장로들은 예루살렘 사람들에게 다가오는 바벨론의 침략에 대한 선지자들의 예언을 잊도록 했다. 그들은 평화와 안전의 표시로 그 백성들에게 집을 건축하게 했다(28:26). 결국 그 백성들은 가마 속의 고기처럼(예루살렘) 성읍 안에 평안히 있었다.

11:4~5 이 같은 거짓된 낙관주의 때문에, 하나님은 에스겔에게 그들을 쳐서 예언하라고 했다. 공공연히 자신 있게 말하는 것은 백성들 밑에 깔려있는 공포를 감출 뿐이었다. 그들은(집을 건축하라고 말함으로써) 지금까지 계속된 바벨론 침략의 위험으로부터 보호를 찾고 있었다. 그러나 그들 마음속에는 그러한 침략과 그것이 가져올 결과를 두려워

하고 있었다. 하나님은 그들이 생각하는 것을 안다고 하셨다(5, 8절).

11:6~12 에스겔은 그때 고기와 가마에 대한 장로들의 이미지를 바꾸었다. 그 성읍에서 살해된 의인들("너희가 이 성읍에서 많이 죽여")이 그 성읍을 구할 수 있었던 유일한 예루살렘의 희망이었다. 장로들은 그들이 가마 속의 고기처럼 안전하리라고 여겼다(3절). 그러나 살육된 의인이 '고기'였다. 그들이 거리에 던진 시체(6절)가 고기이며, 이 성읍은 가마다. 장로들은 예루살렘의 '가마' 속에서 안전하리라고 여겼지만, 하나님은 그들을 끌어내어 타국인의 손에 붙일 것이다. 그 성읍이 안전한 가마가 되고 그 안의 백성은 고기처럼 '안전'하게 되는 대신에(11절) 그 성읍은 부서지고 백성들은 끌려갈 것이다.

칼에 의한 하나님의 심판이 이스라엘 변경에서 집행될 것이다(10~11절). 이것은 예루살렘 포로들이 시리아의 립나에 끌려가 죽임당했을 때(참조, 왕하 25:18~21; 렘 52:8~11, 24~27) 성취되었다.

11:13~15 에스겔이 그 장로들과 성읍을 대하여 예언했을 때, 브나야의 아들 블라댜가 죽었다. 이 사실은 에스겔의 메시지와 일치했고, 예루살렘의 모든 사악한 방백들이 곧 죽을 것이라는 심판의 전조가 되었다. 이 사건의 중요성을 인식한 에스겔은 다시 하나님께 자비를 구하였다(참조, 9:8). "오호라 주 여호와여 이스라엘의 남은 자를 다 멸절하고자 하시나이까."

에스겔에 대한 하나님의 응답은 두 가지였다. 첫째로, 하나님은 에스겔에게 남은 자는 죽임당하지 않을 것을 보여주셨다. 이미 사로잡혀간 자들은 보호받을 것이다. 그들은 그의 형제와 그의 친척들이었다. '너의 친척'(그엘라테카 [גְאֻלָּתֶךָ])이란 구절은 칠십인역과 갈유테카 ([גָלוּתֶךָ])로 된 시리아어 원문에는 '동료 포로들'로 번역되었다. 이것이 문맥상 더 정확한 의미를 준다. 추방된 에스겔의 형제들이 진정한 남은 자였다.

하나님의 응답의 두 번째 부분에서 예루살렘에 대한 심판의 필요성을 에스겔에게 보여주었다. 예루살렘의 도덕적 수준을 가리키는 바늘의 기울기가 떨어졌다. 그들은(하나님의 진정한 남은 자라고 방금 말했던) 사로잡혀간 자들이 여호와로부터 멀리 떠났다고 여겼다. 그들은 하나님을 한 지역에 제한하여 영적 근접보다는 지리학상의 견지에서 생각했다. 그들은 땅에 대한 그들의 권리가 절대적일 것이라고 가정했다. 그것은 그들에게 기업으로 주었기 때문이다. 이 말은 맞지만 불완전한 설명이었다. 하나님은 이스라엘에게 그 땅을 주셨다. 그러나 또한 불순종했을 때는 거기에서 그들을 제거하시겠다고 엄포하셨다(참조, 신 28:36, 64~68). 하나님은 남은 자를 살려두실 것이다(6:8; 12:16). 그러나 외식적이고 독선적인 예루살렘의 방백들은 포함되지 않을 것이다.

11:16 하나님은 예루살렘에 남아있는 사람들에게 다가오는 심판을 강조하셨다(1~12절). 하나님은 남은 자를 지켜주실 것이라고 선지자를 안심시켰다. 하나님의 보호 대상은 사로잡혀간 사람들을 말하는 것이고, 예루살렘에 남아있는 사람들은 포함되지 않았다(13~15절). 그의 신실하심의 표시로 하나님은 남은 자를 그 땅으로 회복시킬 것을 약속하셨다(16~21절).

사로잡혀간 남은 자들에 대한 하나님의 축복의 증거에는 (a)하나님이 그들을 위하여 이미 하신 일과(16절) (b)미래에 그들을 위하여 하실

일(17~21절)이 포함되었다. 하나님이 비록 그의 백성을 멀리 열방 중에 흩으셨지만 그들을 버리지는 않았다. 그들은 예루살렘의 성전인 '성소'에 출입할 수는 없었지만, 하나님 자신이 그 이방 나라들 가운데서 그들을 위하여 성소가 되셨다. 하나님은 그들이 지리적으로 어느 곳에 있든지 '충실한 유대인들'을 만나 주셨다.

11:17 그러나 국가적으로 이스라엘을 위한 먼 미래가 있을 것이다. 하나님은 약속하셨다. "너희를 흩은 여러 나라 가운데에서 모아 내고 이스라엘 땅을 너희에게 주리라." 이스라엘의 남은 자는 약속된 땅에 나라가 회복되는 것을 기대할 수 있었다. 바벨론 포로 이후에 부분적인 회복이 이루어졌다(참조, 에스라서와 느헤미야서). 그러나 에스겔 11장 17~21절은 그런 돌아옴을 넘어서 미래의 천년왕국이 시작될 때에 이스라엘을 모을 것을 나타낸다.

11:18~19 이스라엘의 육적 회복은 영적 부활을 수반할 것이다. 그들이 그 땅에 돌아올 때, 그들은 모든 미운 것들과 가증한 우상들을 제하여 버릴 것이다(참조, 21절). 그 땅의 우상숭배는 추방될 것이며 그 사람들도 역시 깨끗케 될 것이다. 하나님께서 "내가 그들에게 한 마음을 주고 그 속에 새 영을 주며"라고 말씀하셨기 때문이다. 이스라엘의 영원한 어려움은 그의 내적 상태에서 비롯되었다. 하나님은 그것을 고쳐 주실 것을 약속하셨다.

    에스겔의 약속은 이스라엘에 성령이 영원히 거하심을 말한다. 교회시대 전에 성령은 구별된 개인에게 거했다. 이것은 보통 특별한 목적을 위해 일시적으로 가능한 것이었다(참조, 2:2 주해). 하지만 천년왕국 시대에 성령은 모든 믿는 이스라엘 사람들 안에 거할 것이다(참조, 36:26~27; 욜 2:28). 이러한 영원한 내주하심이 포함된 새 언약의 시작은(참조, 렘 31:31~34) 그리스도의 죽음에서 시작되었다(참조, 마 26:28; 막 14:24; 눅 22:20; 히 8:6~13; 9:15; 10:14~16; 12:24). 그러나 최후의 성취는 이스라엘의 국가적 회복을 기다린다. 오늘날 교회는 그리스도와 연합함으로 언약의 영적 은혜(육적인 것이 아니다)에 대한 지분을 가지고 있다.

이스라엘을 위한 새 '마음'(굳은 마음 대신에 부드러운 마음)의 결과는 새로운 행동과 하나님과의 새로운 관계가 될 것이다.

11:20~21 이스라엘 백성은 행동으로 순종할 것이다. 그들은 하나님의 율례를 좇으며 그의 규례를 지킬 것이다. 그들의 새로운 영적 상태는 의로운 행동을 하게 할 것이다. 또한 그것은 하나님과의 새로운 관계를 낳을 것이다. "그들은 내 백성이 되고 나는 그들의 하나님이 되리라." 참조, 14:11; 36:28; 37:23, 27; 호 2:23).

하나님은 죄의 실상으로 에스겔을 다시 데려옴으로 이 말씀을 끝내셨다. 사로잡혀 남은 자들은 회복과 축복을 바라볼 수 있지만, 예루살렘에 있는 사람들은 모든 미운 물건과 가증한 우상들을 좇았다(참조, 11:18). 이들은 죄에 대한 심판만을 기대할 수 있었다. 이것은 에스겔로 하여금 그가 목격했던 환상, 즉 하나님의 영광을 그의 성읍에서 떠나게 만든 사악한 행동들을 생각나게 했다.

11:22~25 하나님의 영광은 계속해서 떠나고 있었다. 여호와의 영광(참조, 1:28 주해)이 성읍 중에서부터 올라가서 성읍 동편 산에 머물렀

다. 하나님의 영광이 예루살렘을 떠날 때 기드론 골짜기를 지나 감람산으로 갔다. 이 떠남은 예루살렘의 재앙에 대한 신호였다. 그 영광이 감람산을 거쳐 되돌아올 때까지(참조, 43:1~3), 그 성에는 하나님의 축복이 없을 것이다. 이것은 그리스도가 감람산에서 승천하신 것과(행 1:9~12) 같은 장소로 재림하실 약속(행 1:11. 참조, 슥 14:4)과 일치하는 것이 아니다.

에스겔의 이상은 끝났고 그는 주의 신에 의해(참조, 3:14; 8:3; 11:1; 37:1; 43:5) 갈대아에 있는 사로잡힌 자 중으로 되돌려졌다. 그 이상이 그를 떠나자 여호와께서 그에게 보여주신 모든 일을 사로잡힌 자들에게 말씀하셨다.

2. 그릇된 낙관주의의 팽배(12~19장)

에스겔의 사명(4~11장)은 불순종으로 인한 예루살렘의 심판의 필요성을 보여주는 것이었다. 그는 일련의 징조들을 통해 포위될 사실을 보여주었다. 그리고 두 개의 메시지와 광범위한 환상을 통하여 포위의 이유를 설명했다. 하지만 그 백성은 여전히 예루살렘이 몰락될 사실을 받아들일 준비가 되어 있지 않았다. 그래서 에스겔은 새로운 일련의 징조들과 메시지를 주었다. 어떤 낙관주의도 쓸데없을 것이다. 예루살렘의 운명은 정해졌다.

에스겔은 12~19장에서 11개의 징조들, 설교, 속담들 중에서 10개를 시작하면서 '여호와의 말씀이 내게 임하여'라는 구절을 썼다(12:1, 17, 21; 13:1; 14:2, 12; 15:1; 16:1; 17:1; 18:1). 유일하게 다른 것은 마지막 장이다(19:1). 그러나 이것은 이 전체 부분의 주제를 요약한 것으로 보이는 애가이다.

a. 임박한 사로잡힘에 대한 두 가지 징조(12:1~20)

에스겔은 백성들이 믿지 않기 때문에 두 가지 더 행동의 징조를 주었다. 그는 "그들은 볼 눈이 있어도 보지 아니하고 들을 귀가 있어도 듣지 아니하나니"라고 말했다. 이스라엘의 눈먼 것과 귀먹은 것은 고집스러울 정도였다. 그들은 하나님의 메시지를 받을 능력이 있었다. 그러나 그들은 '반역하는 족속'(3절. 참조, 3:9 주해)이었기 때문에 그것을 거절했다. 눈먼 것과 귀가 먼 것은 종종 불순종과 불신앙을 나타낸다(참조, 신 29:1~4; 사 6:9~10; 렘 5:21; 마 13:13~15; 행 28:26~28).

(1) 행장과 벽에 구멍을 뚫는 징조(12:1~16)
12:1~6 여기에서 이스라엘에 대한 에스겔의 징조는 두 개의 분리된 행동이 포함되어 있다. 첫 번째 행동에서 그는 그의 행장을 싸서 사로잡힌 자들이 그를 지켜보는 가운데 이사했다. 백성들은 그 행동의 의미를 깨달았다. 6년 전에 그들이 바벨론으로 추방될 때 이와 비슷한 준비를 했기 때문이었다.

낮의 첫 번째 행동 다음에 저물 때의 두 번째 행동이 뒤따랐다. 사람들이 지켜보는 동안 에스겔은 포로되어 잡혀가는 자처럼 하였고 성벽을 뚫고 그의 행구를 밖으로 내어(4절) 어깨에 메고 나갔다. 에스겔이 사람들 앞에서 도망가는 시늉을 할 때, 그는 또한 땅을 보지 않도록 얼굴을 가려야 했다.

12:7~11 에스겔은 명령받은 대로 수행했다. 다음날 아침 하나님은 사로잡힌 자들이 그가 무엇을 하는가 물었는지를 물으시고 에스겔에게 다시 말씀하셨다. 결국 사람들의 호기심이 일어났다. 일단 에스겔이 그들의 관심을 끌어 그는 하나님의 메시지를 전할 수 있었다.

하나님은 이 명령(메시지)이 예루살렘 왕(즉, 시드기야 왕)과 그 가운데 있는(즉, 예루살렘에. 10절) 이스라엘 온 족속에 대한 것이라고 설명했다. 에스겔의 이 첫 번째 징조는 백성들이 반드시 사로잡혀 가게 될 것을 묘사했다. "그들도 포로로 사로잡혀 가리라." 예루살렘에 편히 있던 사람들은 작은 자루에 넣은 소유물만을 등에 메고 곧 사로잡혀 갈 것이다.

12:12~16 에스겔의 두 번째 징조(5~6절)에서는 시드기야가 헛되이 도망가려는 것을 묘사했다. 그는 어두울 때에 성벽 구멍으로 예루살렘에서 도망가려 할 것이다. 시드기야의 도망 시도는 하나님이 그를 사로잡히게 할 것이기 때문에 실패할 것이다. 시드기야의 최후의 운명은 참혹했다. "그를 끌고 갈대아 땅 바벨론에 이르리니 그가 거기에서 죽으려니와 그 땅을 보지 못하리라." 그와 함께 도망가려 했던 그의 부대들도 칼에 죽을 것이다.

이 모든 것은 BC 586년에 극적이고 정확하게 성취되었다. 헛된 탈출 시도 후에 시드기야는 느부갓네살에 잡혀 적이 그의 아들을 죽이는 것을 봐야 했다. 그 다음 두 눈이 뽑히고 바벨론으로 끌려가 여생을 감옥에서 보냈다(참조, 왕하 25:1~7; 렘 52:4~11).

결국 예루살렘에 있는 사람들은 하나님의 주권(12:15~16)을 깨닫게 될 것이다. 그러나 단지 그 사실을 그들이 열방 중에 흩어진 후에야 알게 될 것이다. 그러나 하나님은 그 중 얼마를 남게 하실 것이라고 하셨다(참조, 6:8).

(2) 먹고 마시면서 떠는 징조

12:17~20 에스겔의 두 번째 징조는 첫 번째 것보다 짧다. 그러나 이 것도 역시 예루살렘 거민과 이스라엘 땅에 대한(19절) 메시지를 전하려는 것이었다. 에스겔은 식물을 먹을 때 떨며 물을 마실 때 두려워해야 했다(18절).

에스겔의 행동은 이스라엘이 당하게 될 공포를 나타냈다. 앞에서 말한 것처럼(4:16) 예루살렘 거민은 두려워하며 먹고 근심하며 마실 것이다. 적이 그 땅을 약탈하여 성읍을 황폐케 하고 땅을 황무케 할 것이다. 하나님의 심판이 그 땅을 죽이는 것을 바라보았을 때 그 백성은 적에 대한 공포에 사로잡힐 것이다. 그러나 그들은 자신의 강포함으로 인하여 자신 위에 심판을 초래했다(20:19. 참조, 7:23; 8:17).

b. 심판의 확실성에 대한 다섯 개의 메시지(12:21~14:23)

에스겔의 두 개의 징조에 이어(12:1~20), 백성들의 그릇된 낙관주의를 깨뜨리고 심판의 확실성을 보여주기 위해 그는 일련의 다섯 개의 메시지를 전했다(12:21~25; 12:26~28; 13; 14:1~11; 14:12~23).

(1) 심판의 확실성에 대한 첫 번째 메시지

12:21~25 처음 두 메시지는 사람들이 인용했던 유명한 두 개의 속담에 대한 공격이었다. 이 메시지는 하나님이 에스겔에게 그 속담에 관하

여 묻는 것으로 시작되었다. 날이 더디고 모든 묵시가 사라질 것이다. '속담'(마샬[מָשָׁל])은 흔히 알려졌거나 자명한 진리에 대한 간결한 표현이었다. 이 속담의 요점은 에스겔(그리고 다른 선지자)의 재앙에 대한 예언이 일어나지 않을 것이라는 믿음이었다. 이것은 심판의 선포자로 이름 붙여진 선지자들이 백성들로 하여금 메시지를 무시하도록 한 결과였다.

하나님은 그 백성이 더 이상 이 속담을 못하게 하리라고 했다. 심판이 시작되면 그 백성의 독선적인 확신은 끝날 것이다. 과거의 날들은 사람들이 생각했던 것처럼 이전의 예언을 무효화시키지 않았다. 대신에 그 예언이 성취될 때까지 남아있던 시간이 줄어갔다. 날이 가깝다고 하나님은 말씀하셨다.

거짓 선지자들은 예루살렘(참조, 렘 28:1~4)과 바벨론(참조, 렘 29:1, 8~9)에서 하나님의 참된 사자의 외침을 반박해 왔다. 하나님이 자신의 말씀이 이루어지도록 서두르면 그들의 낙관적인 예언은 그칠 것이다. 허탄한 묵시나 아첨하는 복술을 없앨 것이다. 에스겔이 외치는 심판의 소리는 여전히 먼 미래의 폭풍을 알리는 먼 곳의 천둥소리가 아니었다. 심판은 급박했다. "더디지 아니하고 응하리라." 하나님은 예언하는 모든 것을(참조, 12:28) 이루실 것이다.

(2) 하나님의 심판의 확실성에 대한 두 번째 메시지

12:26~28 에스겔의 공격을 받은 첫 번째 속담은 하나님의 심판의 사실에 대한 백성들의 의심을 나타냈다. 두 번째 속담은 하나님의 심판의 절박성에 관한 그들의 의심을 나타냈다. 이 격언은 특별히 속담이라 불리지는 않았다. 그러나 첫 번째 속담처럼 같은 주형에서 주조되었다.

이것은 이스라엘에서 인기 있는 또 하나의 격언이었다.

심지어 에스겔이 하나님의 진실한 선지자였다고 믿었던 이스라엘 사람들조차 그의 말씀이 곧 이루어질 것인가 의심했다. "그가 멀리 있는 때에 대하여 예언하였다." 만약 하나님이 행하시면, 그들의 생각을 넘어 지체되지 않을 것이다. 흥미롭게도 사도 베드로는 마지막 날에 그리스도의 재림에 대한 이와 똑같은 태도가 만연할 것이라고 예언했다(벧후 3:3~10). 하나님이 지연시키는 것은 불확실해서가 아니라 자비의 표시이다.

에스겔은 그 심판이 멀지 않다고 말했다. 그것은 이스라엘의 바로 문지방에 서 있었다. 하나님은 말씀하셨다. "나의 말이 하나도 다시 더디지 아니할지니"(참조, 12:25). 두 번째 속담도 첫 번째 것과 같이 자신의 무서운 상황에 대한 분명한 이해가 필요한 나라에 헛된 희망을 주었다.

(3) 심판의 확실성에 대한 세 번째 메시지(13장)

에스겔의 세 번째 메시지는 이스라엘을 잘못 인도한 그 나라의 거짓 선지자들과 여자 선지자들에 대한 것이다. 그들은 그 백성의 그릇된 희망에 상당한 책임이 있다. 에스겔은 거짓 선지자들(1~16절)과 여자 예언자들(17~23절)을 비난했다. 두 그룹 모두에게 처음엔 그들의 죄를 책망하고 다음에 심판을 선포했다.

13:1~3 거짓 선지자들의 메시지는 하나님에게서 온 것이 아니라 자기 마음에서 나는 대로 한 것이었다(참조, 17절). 에스겔은 그들의 메시지의 근원에 도전하였다. 그들의 메시지는 자기 심령을 따라 한 것이기 때문에, 에스겔은 그들이 아무것도 본 것이 없음을 정당하게 주장할 수

있었다.

13:4 거짓 선지자들의 메시지는 거짓일 뿐만 아니라 또한 위험했다. 거짓 선지자들은 황무지에 있는 여우 같았다. '여우'(슈아림[שֻׁעָלִים])라는 말은 ('jackal'은 보통 히브리어로 탄[תָּן]에 해당함) 일반적인 '여우'(foxes)를 뜻할 것이다. 혹자는 에스겔이 여우의 파괴적인 본성을 강조했다고 여기지만, 여우들은 일반적으로 그들의 파괴성으로 유명하지 않다. 오히려 에스겔은 여우가 거주하는 장소의 성질에 대해 말하고 있다고 이해하는 것이 더 나을 것이다. 여우는 폐허를 가장 안락한 거처로 여기듯이, 거짓 선지자들도 허물어져 가는 사회 속에서 융성해질 수 있었다.

13:5 거짓 선지자들은 무너진 성벽 보수를 위해 성에 올라가지도 않았다고 에스겔은 말했다. 이스라엘의 도덕적인 성벽은 붕괴되려 했다. 그러나 거짓 선지자들은 아무런 도움을 주지 못했다. 여호와의 날은 환난 기간이나 예수 그리스도의 재림, 혹은 천년왕국을 언급하는 대부분의 구약성경 부분에서 종말론적인 의미를 갖는다(참조, 요엘서 '서론' 중에서 중요한 해석상의 문제에 관한 주해). 그러나 이 부분에서는 다가오는 바벨론에 의한 심판을 말하는 것 같다.

13:6~9 거짓 선지자들은 여호와께서 말씀하셨다고 주장했다. 그러나 하나님은 말씀하지 않으셨다. 그들의 허탄한 것과 거짓된 점괘 때문에 하나님은 그들에게 등을 돌리셨다. 에스겔은 그들에 대한 심판을 세 가지 관점에서 말했다. 첫째로 그들은 하나님의 백성의 공회에 들지 못

하게 될 것이다. 거짓 선지자들은 이스라엘 지도자들 사이에서 지지를 받았다. 그들은 예루살렘에 있는 사람들과 사로잡혀간 사람들 모두에게 영향력 있는 위치에 있었다. 그러나 그들의 예언이 거짓인 것이 드러난 후에는 그들은 이러한 지지를 잃을 것이다. 둘째로, 그들은 공회에서의 자리를 잃어버린 것 외에 이스라엘 족속의 호적에도 기록되지 못하게 될 것이다(즉, 그들의 이름이 그 성읍의 거민 명부에 기록되지 않을 것이다). 호적에서 제외되는 것은 개인의 시민권을 빼앗기는 것이다(참조, 스 2:62). 이 거짓 선지자들은 이스라엘의 공동사회에서 추방당할 것이다. 셋째로, 그 거짓 선지자들은 다시는 결코 이스라엘 땅에 들어가지 못할 것이다. 그들은 이방 땅에서 포로로 죽을 것이다.

13:10 거짓 선지자들은 평강이 있다 말한 반면에 에스겔은 멸망을 예언했다. 거짓 선지자들이 남을 속이는 일은 무너지려는 벽에 회칠로 덮어씌우는 것 같았다. 그들은 도덕적인 기초에 심각한 균열이 간 것에 대해 이스라엘 백성들이 관심을 갖게 하는 대신(5절), 부족함을 감추기 위해 '칠을 살살 문질러 발랐다.' 회반죽은 백토질의 침전물로 만든 것으로, 이스라엘에서는 대부분의 집의 벽을 이루는 바위를 덮어 바르는 데 사용했다. 이 회칠은 부드러운 표면으로 울퉁불퉁한 바위를 감추었다. 그 선지자들은 드러날 필요가 있는 문제를 감춤으로써 이스라엘에 닥칠 어려움을 증가시키고 있었다.

13:11~12 거짓 선지자들은 위험한 담 위에 회칠하여 백성을 속였기 때문에(10절), 그 담이 무너지면 그들은 책임을 져야 한다. 폭우, 우박, 폭풍으로(참조, 13절) 그 담을 칠 것이며 그것은 무너질 것이다. 그러면

백성들은 그 선지자들에게 물을 것이다. "그것에 칠한 회가 어디 있느냐." 여기서 '회칠'은 거짓 예언들이었다. 그리고 예루살렘이 멸망당할 때 이것은 드러날 것이다.

13:13~16 폭우, 폭풍, 우박 덩어리로 예루살렘이 파괴되면(11절) 그 선지자들은 그 가운데서 망할 것이다. 하나님의 진노가 그들에게 이루어질 것이기 때문이다.

13:17~19 에스겔은 거짓 선지자들(1~16절)에서 거짓 예언하는 여자들로(17~23절) 말을 옮겼다. 그들은 자기 마음에서 나는 대로 예언하는 부녀들이었다(참조, 2절). 반면에 진실한 여자 선지자들은 구약과 신약시대에 걸쳐 사역하였다(출 15:20; 삿 4:4~5; 왕하 22:14; 행 21:8~9). 하지만 에스겔이 말한 '여 선지자들'은 무당이나 마녀 같았다.

이 예언하는 부녀들은 그들의 손목에 부적을 꿰어 매고 그들의 머리에 쓸 다양한 크기의 수건을 만들었다. '부적'이란 히브리말은 구약성경에서 이 구절에만 나온다(13:18, 20). 이런 행동들은 아마 바벨론 사람들의 마술적 의식에서 비롯되었을 것이다. 악한 영을 막거나 질병을 치료하기 위해 마술적 장식이나 띠를 몸의 여러 부분에 부착했다. 이러한 '행운의 부적'은 아마 마술적 힘을 가졌을 것이다. '수건'은 분명 신비한 인상을 주려고 '그들의 머리'에 쓰거나 여 선지자들의 몸에 둘러쓴 긴 천이었다.

부적이나 신비한 수건을 사용한 목적은 사람들을 유혹하려는 것이었다. 특히 불확실하고 혼란한 시대에 사기꾼과 협잡꾼들은 속기 쉬운 사람들의 공포를 먹이로 하는 것 같다. 이 마녀들은 점친 대가로 받는 두어 움큼 보리와 두어 조각 떡을 위하여 '미래를 점치거나', '행운의 주문'을 주었다. 어떤 문화권에서는 보리가 영들에게 드리는 제물이나 미래를 결정하려는 수단으로 마술적인 의식에 사용되었다. 어떤 경우에든지 간에 이 마녀들은 속여 넘기려는 기만한 의식을 행했고 다른 사람들의 공포를 이용하여 생계를 꾸려갔다. 하나님은 그들이 내 백성에게 진실로 거짓말을 하였다고 했다(19절). 여 선지자들이 행한 결과는 이스라엘의 최선의 이익에 어긋났다. "죽지 아니할 영혼을 죽이고 살지 못할 영혼을 살리는도다." 여 선지자들은 예루살렘의 악한 행실들을 들추어내고 비난해야 했다(참조, 왕하 22:13~20). 대신에 그들은 사악한 사람들('살지 못할 영혼들')을 자유케 했다.

13:20~21 하나님은 거짓 여 선지자들에게 그의 노를 발하여 그들의 힘을 무력하게 하실 것이라고 말했다. 하나님은 그들의 팔에서 방석을 떼어버리고 새처럼 사냥한 그 영혼들을 놓을 것이다. 하나님은 또한 그들의 수건을 찢고 그의 백성을 그들 손에서 구하실 것이다. 그러면 그 마녀들은 사기꾼으로 드러나게 될 것이며 속기 잘하는 고객들은 그들을 버릴 것이다.

13:22~23 여 선지자들은 거짓말로 의인의 마음을 근심하게 했고 악인의 손을 굳게 하여 그 악한 길에서 돌이키지 못하게 하였다. 이것은 그 백성에 대한 하나님의 목적을 직접적으로 거역한 것이었다.

하나님이 여 선지자들을 심판하면 백성들은 이 여자들이 거짓말했음을 알게 될 것이다. 그리고 여 선지자들 스스로가 자신의 죄를 인정하지 않을 수 없을 것이다. 하나님은 이스라엘에서 허탄한 묵시와 점복

(참조, 신 18:10 주해)을 제하시며 그들의 지독한 사기에서 그의 백성을 구하실 것이다.

(4) 심판의 확실성에 대한 네 번째 메시지(14:1~11)

14:1~6 에스겔의 네 번째 메시지는 우상숭배에 대한 비난이었다. 이스라엘의 장로 두어 사람이 에스겔을 만나러 갔다. 그는 여전히 그의 집에 구류되었지만(3:24) 이 사로잡힌 자들은 그가 선지자임을 알았고 그에게 충고를 구하러 왔다(참조, 8:1). 아마 그 장로들은 예루살렘에 대하여 혹은 그들의 포로 기간에 대하여 하나님으로부터 메시지를 받고 싶었을 것이다.

장로들이 에스겔 앞에 앉았을 때 하나님은 그 사람들이 자기 우상을 마음에 들이며 죄악의 거치는 것을 자기 앞에 두었음을 에스겔에게 알게 하셨다. 예루살렘에서 우상숭배는 공공연히 드러났지만(8장) 바벨론에서의 우상숭배는 더욱 미묘했으며, 이것은 외적이라기보다 오히려 내적 문제다. 걸림돌처럼 우상숭배는 그 백성을 실족케 할 것이다. 에스겔은 백성들의 우상숭배의 결과를 보여주기 위해 거치는 것(미크솔[biwsm])에 대해 몇 번 말했다(참조, 7:19의 '걸리는 것'; 14:3~4, 7; 18:30의 '걸림돌'; 44:12의 '넘어지게 하는 것'). 에스겔서에서 이스라엘의 우상숭배는 그의 백성에 대한 하나님의 심판의 중요한 원인으로 나타났다.

이 위선적인 장로들은 그들 마음속에 다른 '신'을 두고서 진실한 하나님께 응답을 구하러 왔다. "그들이 내게 묻기를 내가 조금인들 용납하랴"라고 하나님이 에스겔에게 물었다. 하나님은 그들이 하나님의 주권을 알려 하지 않으면 그들에게 응답할 의무가 없었다. 그래서 이 장로들이 요구하는 정보를 그들에게 주는 대신에 하나님은 그들에게 필요한 정보(그들의 우상숭배에 대한 하나님의 태도)를 그들에게 알려 주도록 에스겔에게 지시하셨다.

하나님은 이스라엘 족속 중에 무릇 그 우상을 마음에 두고 하나님께 나아오는 자는 그 우상의 많은 대로 보응하시겠다고 장로들에게 말씀하셨다. 하나님은 그 백성의 마음을 돌이켜 그 나라의 궁극적인 이익을 위하여 이 일을 하실 것이다. 이스라엘이 들을 필요가 있었던 메시지는 예루살렘이나 포로들에 관한 어떤 말씀이 아니었다. 긴박한 메시지는 "너희는 마음을 돌이켜 우상을 떠나고 얼굴을 돌려 모든 가증한 것을 떠나라"는 것이었다.

14:7~8 에스겔은 그때 그의 메시지의 범위를 넓혔다. 7절은 이스라엘에 거주하는 외국인들에게 적용되는 경고를 제외하면 4절 뒷부분과 동일하다. '외국인'(게르[גֵר])이란 이스라엘의 관습을 따르며 하나님의 율법에 순종할 책임이 있는 이스라엘에 거주하는 외국인이다(레 16:29~30; 17:12~16; 18:26; 민 15:13~16; 사 56:3~8; 겔 47:22~23).

만약 이스라엘 사람이나 외국인이 마음에 우상을 둔 채 감히 하나님께 나오면, 하나님은 심판으로 응답하실 것이다. "나 여호와가 친히 응답하여"(참조, 14:4), "그들을 놀라움과 표징과 속담거리가 되게 하여." 백성들이 그들에 대해서 알고 그들에 대해 이야기한다는 의미에서 그들은 '속담거리'가 될 것이다(참조, 23:10; 욥 17:6; 30:9; 시 44:14; 렘 24:9; 욜 2:17). 하나님은 그의 백성 가운데서 그들을 끊어버릴 것이다. 하나님은 말씀이 아니라 행동으로 응답하실 것이다. 우상 숭배하는 사람이 그들을 죽이도록 할 것이다. 이런 가혹한 행동이 다른 사람에게 본보기가 될 것이다.

14:9~11 하나님은 그의 마음 가운데 우상을 두고 물어오는 사람에게 하나님의 선지자를 통하여 응답하지 않겠다고 말씀하셨다. 그러므로 만일 선지자가 응답한다면 그는 거짓 선지자임을 뜻하는 것이다. "나 여호와가 그 선지자를 유혹을 받게 하였음이거니와"라는 구절은 다소 불가사의하며, 처음에는 하나님이 그 선지자에게 말하도록 조장했다는 것을 나타내는 것으로 보인다. 하지만 '받게 하였다'는 '유혹하다', '기만하다'와 같은 부정적인 의미가 함축된 것으로 번역하는 것이 더 낫다(참조, 출 22:16 '꾀다'; 삼하 3:25; 렘 20:7). 에스겔이 뜻하는 것의 가장 좋은 예증은 하나님이 거짓 선지자로 하여금 아합을 속여 그를 죽음에 이르게 한 이야기이다(왕상 22:19~23).

만약 에스겔 시대에 거짓 선지자가 우상 숭배자에게 주기 위한 말씀을 받았다면, 둘 다(선지자의 죄악과 그에게 묻는 자의 죄악이 같다) 파멸로 이끌 거짓말일 것이다. 하나님은 각각 모두에게 그들의 죄에 대한 책임을 줄 것이며 그것에 따라 그들을 벌하실 것이다.

그래서 백성들은 하나님께 돌아와 다시는 범죄함으로 스스로 더럽히지 않을 것이다. 하나님은 그 나라를 멸망으로 이끈 우상숭배의 거치는 것을 없애실 것이다. 그때 하나님은 "그들을 내 백성으로 삼고 나는 그들의 하나님이 되려 함이라"라고 말씀하셨다(참조, 11:20; 36:28; 37:23, 27; 호 2:23). 하나님은 결국 이스라엘을 하나님의 백성의 위치로 회복시킬 것이다.

(5) 심판의 확실성에 대한 다섯 번째 메시지(14:12~23)

에스겔은 이스라엘의 피할 수 없는 심판의 필연성을 다시 한 번 지적하셨다. 만약 하나님이 의인 10명을 위해 사악한 소돔 성을 용서하실 것이었다면(창 18:22~33) 에스겔 시대의 이스라엘 사람들은 의인 몇 사람 때문에 분명 하나님이 예루살렘을 용서하실 것이라고 생각했다. 그러나 에스겔의 다섯 번째 메시지는 의인 몇 사람이 예루살렘에 대한 하나님의 심판을 막지 못할 것을 분명히 하고 있다.

14:12~20 그의 메시지 첫째 부분에서 에스겔은 심판에 대한 네 가지 '가상의' 경우를 제시했다. 어떤 나라가 불법하여 하나님께 범죄함으로 하나님이 손을 그들에게 펴신다. 그렇게 되면, 하나님은 (a)양식을 끊어 기근을 내리며(13절) (b)사나운 짐승을 보내어 그 땅을 통행케 하며(15절) (c)칼을 임하게 하고(17절) (d)온역을 내리게(19절) 할 수 있다. 하나님은 그 땅을 벌하기 위해 이 네 가지 수단 중 어떤 것이라도 사용해서 그 백성을 죽일 수 있다(참조, 5:17). 사실 이 네 가지 모든 것은 죄 때문에 하나님이 온 지구를 심판하실 환난 기간 동안에 사용될 것이다(참조, 계 6:8).

이 네 가지 가상적 경우에 에스겔은 또 다른 요소를 삽입했다. 만약 이 땅에 살았던 가장 의로운 사람 중 세 사람이 있다면 어떻게 될까? 하나님의 대답은 '그것이 아무런 차이도 생기게 하지 않을 것이다'라는 것이었다. "비록 노아, 다니엘, 욥 이 세 사람이 거기에 있을지라도 자기의 공의로 자기의 생명만 건지리라"(참조, 14:20). 노아와 욥은 모두 다 같은 이름을 가진 성경적 인물을 말하는 것으로 대부분 학자들은 이해한다. 그러나 다니엘의 이름에 대해서는 약간의 의문점이 있다. 에스겔이 쓴 이름의 철자가 다니엘서를 쓴 정치가이며 선지자인 사람과 약간 다르다. 많은 학자들은 에스겔이 의로운 통치자이며 재판관으로, 아낫 여신의 진노에서 아들을 구할 수 없었던 우가리트(Ugaritic)의 원문에 나오는 신화적인 다니엘을 말하고 있다고 주장한다.

그러나 이 사람과 동일하다는 증명은 아마 어려울 것이다. 철자상의 작은 차이는 주어진 이름의 이중적 표기의 흔한 실례로 설명될 수 있었다(참조, '아사랴'='웃시야', 왕하 15:1; 대하 26:1; '여호람'='요람', 왕하 3:1; 8:16). 바벨론에서 유명한 선지자 다니엘은 에스겔과 그의 청중들에게 익숙해졌을 것이다. 구약성경에 신화적 인물인 다니엘이 유대인들에게 알려졌고 의로운 사람의 모델로 받아들여졌다는 표시가 없다. 우상숭배를 꾸짖으려는 것이 에스겔의 목적이었다(14:1~11). 의로운 사람의 예로 우상적인 신화를 그가 사용하겠는가? 반대로 성경적 다니엘은 그의 믿음과 타협하기를 거절한 사람의 완전한 사례이다.

하나님은 그들의 비슷한 특성 때문에 노아, 다니엘, 욥을 언급했다. 모두 다 그들의 재난을 극복한 의인이었다. 의로운 노아는 심판으로부터 그의 가장 가까운 가족들만 구할 수 있었다(창 6:8~7:1). 다니엘은 하나님이 심판에서 그의 친구들을 구했던 에스겔 시대의 의인이었다(단 2:12~24). 욥은 자신의 시련 후에 하나님의 진노에서 그의 세 친구들을 구하려고 그들을 위해 간구했던 의인이었다(욥 42:7~9).

의인의 이 세 기둥들이 심판 아래 있는 땅을 위하여 함께 간구한다 할지라도, 이 경우 다른 사람을 위한 기도는 아무 소용이 없을 것이다. 그들 자기 자신만 구할 수 있을 것이다(참조, 모세와 사무엘의 기도가 소용없다는 예레미야의 설명. 렘 15:1). 이 사실은 하나님이 "그들도 자녀는 건지지 못하고 자기만 건지리라"(14:18. 참조, 20절)고 선포하셨을 때 훨씬 더 분명해졌다. 노아는 그의 가족을 구했고 욥의 가족은 그의 재난 후에 회복되었다. 그러나 하나님의 심판이 이스라엘에 임했을 때 그들은 그들 자신만 구할 수 있을 것이다.

14:21~23 일반적인 원리를 세운 후에(12~20절) 에스겔은 그것을 예루살렘에 적용시켰다. 하나님이 그의 네 가지 중한 벌 곧, 칼과 기근과 사나운 짐승과 온역을(참조, 5:17) 예루살렘에 함께 내리면 그 해가 더욱 심하여질 것이다. 예루살렘을 위해 간구할 위대한 세 명의 의인이 없으므로 예루살렘은 더욱 더 나쁠 것이다. 만약 이 의로운 지도자들이 사악한 땅을 구할 수 없다면 어떻게 예루살렘은 소수의 의인만이라도 재난을 피하길 바랄 것인가.

심판을 선포하는 중에도 하나님은 위로의 말씀을 주셨다. 예루살렘의 몰락에서 살아남은 자들의 사악한 특성을 관찰해 보았을 때, 포로로 사로잡힌 자들을 통하여 하나님의 심판의 정당함이 입증될 것이다. "그러나 그 가운데에 피하는 자가 남아있어 끌려 나오리니 곧 자녀들이라." 즉 몇 명은 예루살렘의 멸망 중에 살아남아 포로로 바벨론에 끌려 올 것이다. 사로잡힌 무리들이 바벨론에 갔을 때, 이미 거기에 있던 사로잡힌 자들(에스겔에 의해 말해진 사람들)은 그들의 행동과 소행을 보고 예루살렘의 재앙에 관하여 위로를 받을 것이다.

혹자는 에스겔이 언급하고 있는 '행동과 소행'이 하나님이 그들을 살아남게 한 남은 자들의 의로운 행동이라고 여긴다. 그러나 에스겔은 아마 포로들의 사악한 태도를 말하고 있을 것이다. '행동'(다르크[דֶּרֶךְ])이라는 단어는 에스겔서에서 백성들의 악한 행동을 언급하는 것으로 35번 사용되었다(참조, 3:18~19; 7:3~4, 8~9, 27; 11:21; 13:22;

14:22~23; 16:27, 43, 47[두번], 61; 18:23, 25, 29~30; 20:30, 43~44; 22:31; 23:31; 24:14; 33:8~9, 11, 17, 20; 36:17, 19, 31~32). '소행'(알리로트[עֲלִילוֹת])이라는 단어는 이스라엘의 죄 많은 행동을 언급하는 것으로 에스겔서에 8번 사용된다(14:22~23; 20:43~44; 21:24; 24:14; 36:17, 19). 이 두 단어가 7번 같이 나오는데 모든 경우에 이 단어들은 죄 많은 행동을 나타낸다.

하나님의 심판의 가혹함에 이의를 제기했던 사람들은 그들이 예루살렘에서 끌려온 포로들의 사악한 특성을 관찰하면 그 공정함을 깨닫게 될 것이다. 그들은 이 백성이 벌을 받아 마땅하며 하나님은 부당하지 않았음을 인정하지 않을 수 없을 것이다.

c. 심판에 관한 세 가지 비유(15~17장)

그의 두 가지 징조와(12:1~20) 다섯 개의 메시지(12:21~14:23) 다음으로 에스겔은 이스라엘을 위한 구원의 가능성이 전혀 없음을 보여 주기 위한 일련의 세 개의 비유(15~17장)를 주었다.

(1) 열매 없는 포도나무의 비유(15장)

15:1~5 하나님은 에스겔에게 한 가지 질문을 제시하셨다. "인자야 포도나무가 모든 나무보다 나은 것이 무엇이랴 숲속의 여러 나무 가운데에 있는 그 포도나무 가지가 나은 것이 무엇이랴." 명백한 대답은 열매를 맺을 수 있는 가능성은 별개로 하고 엉켜진 포도나무 목재는 다른 나무 목재보다 못하다는 것이다. 하나님은 두 가지 질문을 첨가시킴으로써 그의 요점을 강조했다. "그 나무를 가지고 무엇을 제조할 수 있겠느

냐 그것으로 무슨 그릇을 걸 못을 만들 수 있겠느냐." 포도나무 가지는 건축 자재로는 쓸모가 없다. 비비꼬이고 울퉁불퉁한 가지는 물건을 걸 단단한 못으로도 만들 수 없다.

포도나무 그 자체로 거의 쓸모가 없다면, 그것이 불에 던져진 후에 어찌 합당하겠는가? 구부러지고 새까맣게 불에 탄 가지가 무익함은 명백하다.

15:6~8 하나님은 그때 그 비유를 예루살렘에 적용시켰다. 예루살렘은 포도나무 가지였다. 그는 의의 열매를 맺지 못하게 되었으므로 쓸모가 없다.

이스라엘은 자신을 하나님의 축복의 포도나무로 여겼다. 그러나 그는 하나님이 의도했던 영적 열매를 생산하지 못했다(참조, 시 80:8~18; 사 5:1~7; 렘 2:21; 호 10:1). 사실 이스라엘은 어떤 귀한 열매도 없이 여러 방향으로 뻗은 덩굴손을 가지고 있는 숲의 야생 포도나무가 되었다. 그것은 단지 불에 던져질 땔감이 될 뿐이었다. 이와 같이 하나님은 예루살렘에 있는 그의 백성을 다루실 것이다.

하나님의 심판은 확실했다. '내가 그들을 대적할 것이다.' 예루살렘은 BC 597년에 바벨론에 함락되었다. 그리고 그들이 그때 완전한 멸망을 피했지만, 하나님은 그 일을 끝마치기 위해 바벨론을 다시 데려오실 것이다. "그들이 그 불에서 나와도 불이 그들을 사르리니." 바벨론에서 온 심판이 단지 지연되었을 뿐이므로 낙관할 수 있는 어떤 이유도 없었다.

(2) 음부의 비유(16장)
16:1~5 예루살렘의 부정함에 대한 비유에서 에스겔은 그를 잡혼으

로 인해 생산된 원하지 않는 아이로 묘사했다. "네 근본과 난 땅은 가나안이요 네 아버지는 아모리 사람이요 네 어미는 헷 사람이라"(참조, 45절). 에스겔은 이 비유의 대부분에서 예루살렘 사람들을 염두에 두고 있다. 반면 이 비유의 시작은 예루살렘 성 그 자체를 말하고 있는 것 같다. 이스라엘은 물론 셈의 후손이었다(창 10:21~31). 이에 비해 다윗에 의해 점령당하기 전(대상 11:4~9) 예루살렘은 가나안 사람의 도시였다(가나안은 셈이 아니라 함의 후손이었다. 창 10:6~20). 그 도시의 초기 거주자들을 여부스 사람이라 불렀다(삿 19:10~12).

왜 그러면 에스겔은 예루살렘의 아버지가 아모리 사람이며 어머니는 헷 사람이라 했을까? 아마 이방 여부스 사람들은 아모리 사람과 헷 사람이 결합되어 분명 아모리 사람과 헷 사람 같았을 것이다. 이 결합은 족속의 계보에 제시되었을 것인데, 여기서 헷 사람과 아모리 사람 사이의 여부스 사람이 기록되어 있다(창 10:15~16; 창세기 14:13~16의 아모리 사람에 관한 주해를 보라). 이 결합에는 비슷한 점이 있다. 그러나 실제로 혈연 관계는 아니다. 이 점은 소돔을 예루살렘의 '누이'로 언급한 것에서(16:46) 명백해진다.

예루살렘의 처음 시작은 원하지 않는 아이들과 같았다. 보통 아이가 태어난 후에는 배꼽 줄을 자른다. 성경시대에 신생아는 피를 씻고 피부를 말리고 강하게 만들기 위해 소금을 뿌렸다. 그리고 유아를 따뜻하게 덮어 주기 위해 강보에 쌌다. 그러나 예루살렘을 위하여 이러한 일들은 행해지지 않았다. 그를 돌아보아 이 중에 한 가지라도 그에게 행하여 그를 긍휼히 여긴 자가 없었다.

또한 그 아이(예루살렘)는 천하게 여겨져 들에 버려졌다. 잔인한 유아 살해가 고대시대에 널리 행해졌다. 원하지 않거나 불구의 아이들은 태어나자마자 던져져 죽게 내버려졌다.

16:6~7 하나님은 버둥거리는 유아가 어찌할 수 없이 뒹굴고 있는(피투성이 되어 발짓하는) 것을 알았을 때 그를 도우러 갔다. 그 유아의 생명은 하나님이 그가 살도록 명할 때까지('너는 살라 하고 내가 일렀다') 저울에 달려 있었다.

그 아이는 살아서 들의 풀처럼 크게 자랐다. 이 비유를 현대적으로 표현하면 '그녀는 잡초처럼 자랐다'이다. 시간이 지날수록 이 아이는 젊은 여인으로 자랐다. 그러나 그녀는 여전히 가난한 상태의 벌거벗은 적신이었다.

16:8 하나님이 다시 예루살렘 곁으로 지나며 보니 그때가 사랑스러운 때, 즉 결혼할 나이가 되었음을 알았다. 하나님은 그때 그녀와 결혼의 언약을 했다. "내 옷으로 너를 덮어 벌거벗은 것을 가리고 네게 맹세하고 언약하여 너로 내게 속하게 하였느니라." 한 사람의 옷자락으로 다른 사람을 덮는 상징적 행동은 보호와 약혼을 뜻한다(참조, 룻 3:9). 하나님은 예루살렘에 충실할 것을 맹세했고 자신의 것으로 삼으셨다. 이것이 언급된 역사적 사건은 예루살렘을 이스라엘의 수도로 지명하시고 하나님이 거하시는 처소로 삼으신 사건이 될 수 있다.

16:9~14 하나님은 그의 약혼녀에게 왕후에게 어울리는 화려한 옷을 입혔다. 피의 악취가 나는 부랑아를 물로 씻기고 기름, 혹은 값비싼 향수를 발라주었다. 벌거벗었던 소녀가 이제는 수놓은 옷, 가죽신, 가는 베, 그리고 모시로 덧입혀졌다. 하나님은 그녀에게 패물을 채우고, 팔

고리, 목걸이, 코고리를 달고, 귀고리와 면류관을 씌우셨다. '코고리'가 콧구멍의 바깥부분에 끼워졌고 팔찌와 귀고리의 보석으로 채워졌다(참조, 창 24:47; 사 3:21). 이러한 모든 것은 다윗과 솔로몬의 통치 기간에 하나님의 축복으로 예루살렘이 웅장하고 화려한 성이 되었던 것을 암시한다(참조, 왕상 10:4~5).

값비싼 패물과 좋은 옷을 받은 것 외에도 예루살렘은 또한 최고급 음식, 즉 고운 밀가루, 꿀, 기름을 먹었다. 그녀가 필요로 하고 원했던 모든 것이 자애롭고 관대한 그녀의 '남편'에 의해 후히 주어졌다. 아름답게 되어 그녀는 왕후가 되었고 그녀의 화려함은 이방나라에 알려졌다.

에스겔의 비유가 여기서 끝났다면, 이것은 천한 사람이 부자가 된 아름다운 사랑의 이야기일 것이다. 그러나 그는 기묘하게 이야기를 돌려 이야기가 예루살렘 역사의 나머지와 일치하게 했다. 그는 왕후가 된 이 여인의 부정함을 묘사했다(16:15~34).

16:15~19 예루살렘의 시선은 그녀의 은인에게서 그녀의 화려함으로 옮겨졌다. 그리고 그녀는 교만하게 되었다(그녀는 자기의 명성을 인하여 행음하게 되었다). 예루살렘은 부(富)를 자신에게 제공해 주었던 분을 잊고 그에게서 돌아섰다(참조, 신 6:10~12; 8:10~20). 그녀가 은혜를 입고 화려해지자 다른 신과 행음하였다. 솔로몬의 통치 기간에서 시작하여(왕상 11:7~13), 느부갓네살에게 멸망당할 때까지 계속하여 예루살렘은 하나님 경배에서 우상숭배로 바뀌었다. 회복되는 때도 있었지만 예루살렘의 일반적인 흐름은 타락하는 과정을 보였다.

하나님이 그 성읍에 은혜로 내려준 바로 그 축복들이 거짓 신을 섬기는 데 사용되었다. 그녀는 자신의 의복을 취하여 음란한 산당을 만들었다. 거짓 숭배의 중심지는 주로 산당이었다(참조, 6:3 주해). "네가 또 내가 준 금, 은 장식품으로(참조, 16:11~13) 너를 위하여 남자 우상을 만들어 행음하며"라고 하나님은 지적하셨다. 에스겔은 예루살렘이 죄로 타락한 사실을 철저히 인식시키기 위해 생생한 이미지를 사용했다. 그는 그녀의 패물로 그녀가 행음할 남근 숭배적 형상을 만들었다고 묘사했다. 이와 비슷하게 예루살렘 사람들은 하나님께 은혜로 받은 물질로 거짓 우상을 만들어 그들과 영적 간음을 범했다.

16:20~22 예루살렘은 또한 이러한 거짓 우상들에게(제물을 삼아) 인간 희생물로서 자신의 자녀들을 드렸다. 가나안 사람들의 어린아이 희생제물 의식은 이스라엘 사람에겐 금해졌었다(참조, 레 18:21; 20:2~5; 신 12:31). 암몬에서는 부모들이 자기 자녀를 죽여 몰렉 신의 은혜를 구하기 위해 그들을 번제물로 드렸다. 이 의식이 이스라엘 나라에도 스며들어와, 에스겔 시대에 어린아이 희생제물 의식이 예루살렘에서 공공연하게 행해졌다(참조, 왕하 21:6; 렘 7:30~31; 32:35). 예루살렘은 그녀의 '남편'에게서 멀리 빗나갔다. 그녀는 그의 모든 은혜를 잊었다. 그녀는 교만해져 누가 그녀를 내버려진 아이의 가난한 상태에서 구하여 높은 위치에까지 올려놓았는지를 잊었다.

16:23~29 예루살렘의 우상에 대한 욕망은 점점 더 깊어갔다. 그녀의 행음은 '산당'에서 거리로 옮겨졌다. 모든 횡단도로(모든 길 어귀에) 그리고 모든 거리에 이방 신의 대를 세웠다. 그녀의 음욕을 채우기 위한 우상숭배에 대한 욕망은 난잡하게 '애인'을 찾아다니게 했다. 그녀의 매춘에는 이집트(26절), 앗수르(28절), 바벨론(29절)이 포함되었다. 이 나

라들이 언급된 것에는 새로운 이방신을 섬기려는 예루살렘의 욕망뿐만 아니라 외국과의 음모와 동맹이 포함되어 있다.

하나님은 그의 '아내'가 자신을 타락시키는 동안 가만히 있지 않으셨다. 심판을 내려 그녀의 성욕을 꺾으려 했다. 그는 그녀의 영토(즉, 예루살렘에 의해 통치된 땅)를 감했고 그녀를 블레셋에 붙였다. 블레셋은 여호람(대하 21:16~17)과 아하스(대하 28:16~19) 통치 기간에 유다와 예루살렘을 공격했다. 그러나 심지어 블레셋 사람들도 예루살렘의 더러운 행실을 부끄러워했다. 블레셋 사람들도 우상을 숭배했지만, 적어도 그들은 그들 자신의 신에게 충실했다.

16:30~34 예루살렘은 방자한 음부 같았지만 한 가지 중요한 차이가 있었다. 음부는 자기가 행한 대가를 지불 받지만 예루살렘은 값을 싫어했다. 그녀는 지아비 대신에 외국인과 사통하기를 더 좋아하므로 음부일 뿐만 아니라 간음하는 아내였다. 예루살렘은 영적 음란광이었다. 그녀는 이전에 그녀에게 후히 베풀어 주었던 매부의 관심을 끌기 위해 (값을 받는 대신에) 오히려 뇌물을 주었다. 그런 역현상은 현저하게 비정상이었다. 그래서 우상숭배와 외국 동맹국에게 타락한 범죄를 보여 주었다. 그녀가 하나님에게서 떠났을 때 하나님은 그렇게 후히 주었던 그의 축복을 거두셨다(참조, 신 28:15~23). 죄를 깨닫고 진실한 하나님께 돌아오는 대신에 그녀는 여전히 더 많은 신들을 찾았고, 그녀를 축복하도록 유인하게끔 이 신들에게 더 많은 '뇌물'을 드렸다. 예루살렘은 축복할 수 없는 것들에게 재산을 낭비하고 있었다.

16:35~43 예루살렘은 여왕에서 부랑아로 타락했다. 그녀의 아름다

움은 사라졌다. 그래서 얼마 남지 않은 자원을 불륜의 관계로 다른 사람들을 매수하려는 데 사용했다. 하나님은 광적으로 멸망을 향해 치달리는 그녀를 멈추게 하려 했지만 그녀는 그의 경고에 귀를 기울이지 않았다. 이제는 하나님이 심판하실 때였다.

예루살렘에 대한 하나님의 심판은 그녀의 죄에 꼭 맞을 것이다. 그녀는 모든 정든 자에게 벗은 몸을 드러냈다. 이제 하나님이 그녀의 정든 자들로 그녀를 멸망케 할 것이다. 하나님은 나라들을 모아 그녀를 대적하게 하며 그들 앞에서 그녀를 벗겨, 그들이 그 벗은 몸을 다 보게 될 것이다. 예루살렘은 그녀가 하나님의 아내가 되기 전(8절)처럼 다시 적들 앞에 무방비 상태가 될 것이다.

하나님은 간음하고 사람의 피를 흘리는 여인을 벌하는 것처럼 예루살렘을 벌하시겠다고 말씀하셨다. 구약성경에서 간음에 대한 벌은 돌을 던지는 것이었다(레 20:10. 참조, 요 8:4~5). 예루살렘의 '간음'은 그녀의 우상숭배였고, 우상숭배에 대한 벌은 칼이었다(신 13:12~15). 하나님은 실제로 예루살렘의 훼파에서 심판의 두 가지 수단(돌을 던지는 것과 칼) 모두를 사용했다. "무리를 데리고 와서 너를 돌로 치며 칼로 찌르며"(참조, 23:47). 만약 이스라엘의 도시가 우상을 숭배하게 되면, 그 백성은 칼에 죽임을 당할 것이며 그 도시는 불에 탈 것이라고 하나님은 말씀하셨다(신 13:15~16). 실제로 예루살렘의 몰락 이후 바벨론은 그녀의 집들을 사르고 여러 여인의 목전에서 벌을 가했다(16:41).

예루살렘에 대한 하나님의 심판은 마침내 그녀가 음행을 멈추게 할 것이다. 예루살렘이 파괴된 후에야 그의 진노가 그칠 것이다. 하나님의 질투는 마음이 좁아서이거나 보복하려는 것이 아니라, 본질적인 하나님의 거룩함을 나타내는 것이다.

예루살렘의 죄의 근본 원인은 그의 어릴 때를 기억하지 아니한 것이다(43절. 참조, '너는 기억할 것이다' 61, 63절). 예루살렘의 모든 화려함은 여호와의 자비로운 은혜에서 비롯되었다. 그래서 그녀가 하나님으로부터 돌아섰을 때, 진정한 축복의 근원에서 자신 스스로를 잘라내어 그녀를 위대하게 높여준 자를 격노케 했다.

16:44~45 에스겔이 언급한 비유의 앞부분에서는(1~43절) 예루살렘이 간음한 아내와 유사하다. 비유의 뒷부분에서는(44~63절) 예루살렘이 그녀의 누이 사마리아와 소돔과 유사하다. 만약 예루살렘의 사악한 누이가 그들의 죄로 심판을 받았다면, 훨씬 더 타락한 예루살렘은 어떻게 피하기를 바랄 수 있겠는가.

예루살렘은 자신의 운명에 대한 속담을 가지고 있었다(참조, 12:22 주해). 그러나 하나님은 그녀에게 새로운 속담 즉 "어머니가 그러하면 딸도 그러하다"를 주었다. 이 말은 부모들의 특성이 자녀들에게 나타난다는 뜻이다. 예루살렘의 행동은 가족에게 유전된 특성이었다. 그녀의 어머니는 남편과 자녀를 싫어했다.

이를 강조하기 위하여, 에스겔은 16장 3절에서 이미 언급했던 예루살렘의 조상의 배경을 반복했다. 가나안 족속의 방탕, 비열한 경쟁 그리고 무정한 잔인성은 유명했다. 예루살렘은 이러한 특성을 그녀의 '부모'로부터 물려받았다. 그리고 그녀가 하나님을 버리고 잔인하게 자신의 자녀를 희생 제물로 드린 것 속에서 이 특성이 나타났다.

16:46~48 에스겔은 예루살렘을 '그들의 남편과 자녀를 싫어했던 두 누이들'(45절)과 비교함으로써 그의 비유를 확장시켰다. 이 두 누이들

(사마리아와 소돔)은 예루살렘 가족의 특성을 지닌 자이다. 여기서 에스겔의 요점을 강조하기 위해 사마리아와 소돔이 예시로 뽑혔다. 두 도시(하나는 예루살렘의 남쪽이고 하나는 북쪽)는 그들의 조악한 죄와 하나님의 심판으로 유명했다.

그러나 예루살렘은 사마리아와 소돔보다 훨씬 더 부패하였다. 가증스러운 죄를 행한 소돔조차도 예루살렘의 추잡한 식의 어떤 죄와 같지는 않았다(48절).

16:49~52 소돔의 죄는, 자신의 풍부함에도 불구하고 다른 이의 궁핍함에 관심을 갖지 않은 교만이었다. 또한 소돔 사람들은 하나님 앞에서 가증스러운 일을 행했다. 이것은 그들의 성적 탈선을 말할 수 있다(참조. 창 19:4~5). 사마리아의 죄는 특별히 설명되지 않았지만 우상숭배였다. 그러나 예루살렘의 죄는 아주 극악하여 소돔과 사마리아의 죄와 비교해 보면 거의 의인의 행위처럼 보였다.

16:53~58 예루살렘의 죄와 심판에 대해 말한 다음에, 에스겔은 그녀를 위한 위로의 말씀을 전했다. 53~63절은 모든 세 '자매들'의 회복을 말한다. 소돔의 옛 지위(축복), 사마리아 그리고 그들과 함께 너의 옛 지위도 회복할 것이다. 만약 하나님이 예루살렘을 회복하신다면, 그녀보다 더 의로운 누이들을 위해서는 덜하실 수 있겠는가? 에스겔은 천년왕국 기간에 이 도시들의 국가적 회복에 대해 말하고 있다(결국 소돔도 그때는 재건될 것이다).

일단 회복되면 예루살렘은 깊은 양심의 가책을 느낄 것이다. 그녀의 치욕을 기억하고 사마리아와 소돔에게 위로를 주었던 그녀가 행한 모든 일에 대하여 부끄러워할 것이다. 이 구절은 52절과 연결된다. 예루살렘의 죄의 깊이가 실제로 소돔과 사마리아를 위로한 근원이 되었기 때문에 그녀의 부끄러움은 더 깊을 것이다. 다른 말로 하면, 만약 하나님이 가증스러운 예루살렘을 회복시킨다면 분명히 그녀의 누이들도 회복시키실 것이다.

예루살렘의 죄는 잡담거리의 주제가 되었다. 몰락하기 전에는 교만하여, '멸망한' 아우 소돔의 이름도 입으로 말하지 아니하였다. 하시만 그녀의 악이 드러난 후에, 예루살렘은 아람의 딸들과 그의 사방에 둘러 있는 블레셋 딸들을 포함하여 주위 나라들에 의해 웃음거리가 될 것이다. 사해의 남쪽에 있는 에돔은 유다의 끊임없는 적수였다(참조, 왕하 8:20~22; 대하 28:17; 오바댜서). 에돔은 유다가 바벨론에 멸망된 것을 좋아했고 예루살렘을 공격하는 바벨론을 도왔다(참조, 시 137:7; 겔 25:12~14; 35:5~6, 15). 에돔과 블레셋의 '딸들'은 아마 그 나라에 위치한 도시들일 것이다. 예루살렘은 회복될 것이다. 그러나 먼저 자신의 죄의 결과를 감당해야 한다.

16:59~63 예루살렘의 죄는 심판 받겠지만 하나님은 그와의 관계를 회복시킬 것이다. 예루살렘의 심판의 확실성을 묘사한 다음에, 에스겔은 하나님이 그의 백성을 영원히 버리지 않을 것을 강조했다. 하나님은 그의 백성과 맺은 언약을 기억하셨다(참조, 8절). 그리고 그는 그것을 기억하실(즉, 지킬) 것이다. 이 영원한 언약은 예레미야(렘 31:31~34)와 에스겔(참조, 11:18~20; 36:26~28; 37:26~28)이 선포한 '새로운 언약'이다.

이 '영원한 언약'이 세워지면 하나님은 또한 예루살렘과 회복된 누이들의 관계를 바꾸실 것이다. 그들은 그녀의 딸들이 될 것이다. 즉, 예루살렘은 천년왕국 때 그녀의 왕국이 회복되면 사마리아와 소돔에 대한 책임을 지게 될 것이다. 여기에 나온 하나님의 언약(16:61)은 아마 그녀가 어긴 이스라엘과 세운 모세의 언약을 말할 것이다(참조, 59~60절상).

천년왕국 때 하나님이 새로운 언약을 세우고 예루살렘을 회복하면 그녀는 하나님이 여호와인 줄 알 것이다. 예루살렘의 문제는 하나님이 과거에 자기에게 행한 일을 잊어버린 것이었다(43절). 그러나 하나님의 최후의 언약은 그녀의 영적 건망증의 문제를 치료하실 것이다(63절). 그때 "내가 네 모든 행한 일을 용서한 후에 네가 기억하고 놀라고 부끄러워"하게 할 것이라고 하나님은 말씀하셨다(참조, 52, 54절). 하나님의 심판 이후에 따르는 회복은 그 나라를 겸손하게 만들 것이다. 그녀의 교만의 문제(56절)는 영원히 없어질 것이다.

(3) 두 마리 독수리의 비유(17장)

이 두 마리 독수리에 대한 비유는 바벨론 왕에 대한 시드기야의 반역과 그 결과인 심판을 묘사한다.

17:1~2 하나님은 에스겔에게 수수께끼와 비유를 이스라엘 족속에게 말하라고 말씀하셨다. '수수께끼'(히다[חִידָה])라는 히브리 단어는 일반적으로 설명을 요구하는 수수께끼나 불가사의한 말을 의미한다. 이 단어는 삼손이 블레셋 사람들에게 제시한 '수수께끼'(삿 14:12~19)와 시바 여왕이 솔로몬에게 물은 '어려운 질문'(왕상 10:1; 대하 9:1)에서도 사용되었다.

에스겔은 설명이 요구되는 긴 수수께끼나 강론을 전하라는 말을 들었다. 비유라는 말은 마샬(מָשָׁל)인데 보통 짧고, 간결한 진술, 혹은 '잠언'으로 번역된다(참조, 12:22; 18:1). 그러나 이것은 광범위한 비유가 포함된 긴 것일 수도 있다. 에스겔의 수수께끼나 비유는 17장 3~10절에 진술되어 있고 11~21절에 설명되어 있다.

17:3~4, 11~12 "색깔이 화려하고 날개가 크고 깃이 길고 털이 숱한" 처음 두 마리의 독수리가 레바논에 갔다.

에스겔이 나중에 설명했을 때(12절), 그 독수리는 느부갓네살을 상징했고 레바논은 예루살렘을 나타냈다. "너희가 이 비유를 깨닫지 못하겠느냐 하고 그들에게 말하기를 바벨론 왕이 예루살렘에 이르러"(패역한 족속에 관해서는 3:9의 주해를 보라).

그때 에스겔은 왜 '독수리'가 '레바논'에 갔는지 설명했다. 그 독수리는 백향목 높은 가지를 취하여 장사로 알려진 성읍에 가지를 다시 심었다. 이것은 BC 597년 느부갓네살의 예루살렘 공격을 말한다. 이때 그는 그 성읍의 통치를 재확립하고 여호야긴 왕을 폐위시켰다. 에스겔의 설명에 의하면, 느부갓네살이 그의 왕(17:12), 나뭇가지 끝을 사로잡아 방백과 함께 자기에게로 끌고가(참조, 왕하 24:8~16) 바벨론에 그 가지 '끝'을 다시 심었다.

17:5~6, 13~14 '독수리' 느부갓네살은 완전히 냉혹하지는 않았다. 그 땅의 종자를 취하여 수양버들 가지처럼 큰 물가에 심더니 그것이 자라며 퍼져서 높지 아니한 포도나무가 되었다. 느부갓네살은 예루살렘을 약하게 했지만 그 당시에 멸망시키지는 않았다. 대신에 그는 시드기야를 예속적인 왕으로 세웠다. 예루살렘의 군사력은 사라졌지만, 느부

갓네살에게 충성스럽게 남아있는 한 그 백성은 계속해서 평화롭게 살 수 있었다. 왕족 중의 하나인 시드기야와 언약을 세우고 맹세케 했다(13절). 비록 유다가 낮아지고 약해지고 굴욕적인 상태가 되었지만, 느부갓네살과의 언약을 지키면 생존할 수 있었다.

17:7~8, 15 또 다른 독수리가 그 심긴 두둑에서 포도나무 가지를 내려고 왔다. 이 새로운 '독수리'는 이집트였고, 이것이 시드기야가 바벨론에 반역하게끔 영향을 미쳤다. 유다 왕은 동맹국 바벨론과의 맹세를 어기고 애굽과 병합했다. 그가 사자를 애굽에 보내어 말과 군대를 구하였다. 에스겔이 이 예언을 썼을 때는 시드기야의 마지막 반역이 아직 일어나지 않았었다. 이 책이 연대기적으로 배열된 것으로 보아, 이 예언적 비유는 BC 592년(8:1)과 BC 591년(20:1) 사이에 쓰였을 것이다. 바벨론에 대한 시드기야의 최후의 반역은 실제로 BC 588년에 시작됐다. 그래서 에스겔은 이것이 일어나기 약 3년 전에 시드기야의 반역을 예언했다.

17:9~10, 16~21 포도나무의 종말(8절)은 비참할 것이다. 그것은 뿌리가 뽑히고 실과를 따내고 말라져 버릴 것이다. 시드기야는 느부갓네살과의 맹세(하나님에 의해 정해진 맹세. 참조, 렘 27장)를 어겼기 때문에 느부갓네살은 그 성읍을 용서하지 않을 것이다. 에스겔의 설명대로 이 반역은 시드기야가 애굽의 바로의 도움을 받지 못하고 바벨론에서 죽게 될 것을 의미했다. 시드기야는 느부갓네살과의 언약을 깨뜨리면서 또한 하나님께 대항하고 있었다. "그가 내 맹세를 업신여기고 내 언약을 배반하였은즉 내가 그 죄를 그 머리에 돌리되." 하나님은

시드기야가 느부갓네살(그의 그물과 올무)에 의해 붙잡혀 바벨론으로 끌려가고 그의 군대는 칼에 죽임을 당하는 것을 보게 될 것이다(왕하 24:3~7).

17:22~24 백성들이 다가오는 하나님의 심판에 너무 낙담하지 않도록 하기 위해, 에스겔은 예루살렘에 대한 그의 예언에 '추가'를 덧붙였다. 특별히 하나님을 '독수리'라 칭하지는 않았지만 에스겔은 하나님의 미래의 행동을 이미 언급한 두 마리의 독수리(바벨론과 애굽)로 비유했다. 그 독수리들 중 어느 것도 이스라엘이 필사적으로 갈망했던 안전과 번영을 가져다주지는 못했다. 그러나 하나님은 그들이 실패한 것을 이루실 것이다.

하나님은 말씀하셨다. "내가 백향목 꼭대기에서 높은 가지를 꺾어다가 심으리라." '높은 가지'는 다윗의 자손이었다(참조. 4, 12절). 하나님은 이스라엘 높은 산에 다윗의 자손에서 한 왕을 다시 세우실 것이다. 하나님이 이스라엘 땅에 왕국을 다시 회복시킬 것이기 때문에 그 왕국은 멸망하지 않을 것이다. 그 왕국은 가지가 무성하고 열매를 맺어서 아름다운 백향목을 이룰 것이다. 즉, 그것은 전에 없이 번영할 것이다. 나무에서 가지가 꺾이는 대신에 각양 새가 그 아래 깃들일 것이다. 이것은 이스라엘이 볼모로 잡히는 것보다는 오히려 주위 나라들을 보호하게 될 것을 암시한다.

이스라엘을 회복시키는 하나님의 목적은 이스라엘을 위하여 모든 나라에 하나님의 영광과 계획을 나타내는 것이다. '모든 나무가 나 여호와는 높은 나무를 낮추고 낮은 나무를 높이게 하는 줄 알리라.' 이스라엘이 뛰어나게 되는 것은 모든 나라가 하나님께 돌아오게 하는 촉매제가 될 것이다.

이 예언은 이스라엘이 바벨론 포로 이후에 그 땅에 되돌아왔을 때 성취되지 않았다. 22~24절의 성취는 메시야, 예수 그리스도가 지배하는 하나님이 세우실 이스라엘의 천년왕국까지 기다리고 있다. 그때에는 하나님의 왕국이 온 세계를 통치할 것이다(참조, 단 2:44~45; 슥 14:3~9, 16~17).

d. 개인의 책임에 관한 메시지(18장)

에스겔은 이스라엘 그 나라에 죄가 있음을 선언하는 세 개의 비유를 전했다(15~17장). 그리고 그는 이스라엘의 범죄 사실을 철저히 인식시키기 위한 직접적인 메시지로 되돌아왔다. 18장에 있는 메시지는 12장 21~28절에 나오는 것과 비슷하다. 그 둘 다 그들에게 다가오는 심판을 부인하는 백성들의 속담에 대한 대답이기 때문이다.

18:1~4 하나님은 퍼지고 있는 속담에 대하여 에스겔에게 물었다. 이 속담("아버지가 신 포도를 먹었으므로 그의 아들의 이가 시다")은 예레미야가 인용했기 때문에(참조, 렘 31:29~30) 이스라엘에 잘 알려져 있었을 것이다. 그 속담의 요점은 부모들의 죄 때문에 자녀들이 고난당한다는 것이었다. 사실 예루살렘은 고난당하고 있었다. 그러나 속담에 나온 대로 그 백성은 자신의 죄 때문이 아니라 부모들의 죄 때문에 그들이 고난당하고 있다고 생각했다. 그래서 이 백성들은 그들이 부당하게 벌을 받고 있다고 하나님을 비난하고 있었다(참조, 18:25).

하나님은 이 거짓 속담이 전파되어야 함을 알았다. 그러나 모든 거짓 주장들처럼 가르치는 진리의 핵심은 거짓을 그럴듯하게 보이도록 했다. 십계명에서 하나님은 그가 "질투하는 하나님인즉 나를 미워하는 자의 죄를 갚되 아비로부터 아들에게로 삼사 대까지 이르게 하거니와"(출 20:5)라는 것을 가르쳐 주셨다. 이와 똑같은 위협을 출애굽기 34장 6~7절과 신명기 5장 9절에서 반복했다. 심지어 에스겔은 다가오는 하나님의 심판의 원인을 그 백성의 과거의 행동까지로 소급했다(참조, 16:15~29). 그러나 이 구절의 요점은 죄의 결과는 심각하고 오래까지 계속되는 것이지, 하나님이 변덕스러워 그들의 조상의 악한 태도 때문에 무죄한 자를 벌하신다는 것이 아니다.

그들의 불행에 대해 다른 사람을 탓하면서, 그 백성은 자기 자신의 죄를 부인하고 있었다. 모든 개인은 하나님께 개인적으로 책임이 있기 때문에 이것은 잘못되었다. "모든 영혼이 다 내게 속한지라 아버지의 영혼이 내게 속함같이 그의 아들의 영혼도 내게 속하였나니." 죄를 범한 사람들은 자신이 받아야 할 벌을 받을 것이다. "범죄하는 그 영혼은 죽으리라"(참조, 18:20). 이스라엘 사람은 자신의 부정에 대한 책임을 하나님께 돌릴 수 없었다.

18:5~6상 에스겔은 그때 개인의 책임에 대한 원리를 증명하기 위해 세 가지 '경우'를 보여주었다. 각각의 가설적인 상황은 '가령'(만일)이란 말로 시작되었다(5, 10, 14절). 그 경우들은 의를 행한 의인(5~9절), 의로운 아버지의 악한 아들(10~13절), 악한 아버지의 의로운 아들(14~18절)의 것이었다. 각 경우에 에스겔은 개인의 행동과 하나님의 반응을 묘사했다.

첫 번째 가상의 경우는 의롭기에 진심으로 하나님의 율법을 따른 사람의 경우였다(5~9절). 그는 우상숭배의 죄를 범하지 않았다. 그는 산 위에서 제물을 먹지 아니하며(참조, 8:12; 16:24~25, 31, 39; 18:15; 22:9) 우상에게 눈을 들지 아니하였다. '산 위'에는 우상숭배가 행해진 이스라엘 전역에 흩어진 산당들이 있었다(참조, 6:3~7 주해). 그 '우상들'은 백성들에 의해 숭배된 이방 형상이었다(참조, 8장; 16:20~25).

18:6하~8상 그 의인은 또한 그의 민족 이스라엘 사람들이 지켜야 할 율법들을 신중히 지켰다. 간음하는 것(출 20:14; 레 20:10)과 월경 중의 여인을 가까이 하는 것(레 18:19)은 모세의 율법에 의해 금지되었다. 에스겔이 말한 가상의 의인은 충실히 성적 순결을 지켰다.

에스겔의 모델인 이스라엘 사람은 또한 그의 동료 이스라엘 사람을 학대하지 않기 위해 조심했다. 그는 빚진 자의 저당물을 돌려주었다(참조, 출 22:26; 신 24:6). 그는 결코 강탈하거나 동료 이스라엘 사람의 물건을 강제로 취하지 않았다(출 20:15). 그는 반대로 행했다. 그는 궁핍한 자에게 음식물과 옷을 주었다. 그의 관심은 다른 사람으로부터 받을 것에 있지 않고 어떻게 다른 사람을 도울 수 있는가에 있었다.

만약 이 의인이 동료 이스라엘 사람에게 무엇인가를 대부해 준다면, 변리(과도한 이율)로 거래상 이익을 취하려 하지 않는다. '과한 이익을 취한다'는 이 문장의 앞 부분을 고려하면 '이자를 받는다'로 번역될 수 있다(NIV 난외주). 율법에서는 동료 이스라엘 사람에게 돈을 빌려주어 이익을 취하는 것을 금했다(신 23:19~20). 이 사람은 신중히 율법을 따랐다. 그는 하나님의 율법을 경제적 이득보다 우선시하였다.

18:8하~9 이 의인은(죄악을 짓지 않는) 동정심이 많았고(사람과 사람

사이에서 진실히 판단하는) 공정한 사람이었다. 그는 하나님의 언약의 백성을 위한 규례가 요구하는 최고 수준의 행동을 성실히 지켰다.

그 의로운 이스라엘 사람은 정녕 살 것이다. 그는 심판에서 살아남을 것이고(참조, 14:12~20) 다른 사람의 죄 때문에 고난당하지 않을 것이다. 예루살렘 거주민의 대다수는 의인이 아니었다. 그러므로 여기에 함축된 뜻은 그들은 자신의 죄로 인하여 벌을 받을 것이라는 뜻이다.

18:10~13 에스겔은 그의 두 번째 가상적인 상황으로 옮겨갔다. 가령 그 의인이 그 아비가 피한 죄를 범한 패역한(강포한) 아들을 가졌다고 가정하자(참조, 11~13절상과 8~9절).

이 사람에 대한 판결에 하나님은 호의를 베풀지 않으셨다. 그는 죽을 것이며 자기의 피가 자기에게로 돌아갈 것이다. 그 아버지의 의가 그 아들에게 이익이 되지 않을 것이다(참조, 14:16, 18). 이것은 하나님의 진리의 법칙(4절)이 그 백성의 거짓 속담(18:2)과 틀리다는 것을 확증했다.

18:14~20 에스겔의 세 번째 경우가 이 가상적인 가족에게 계속되었다. 가령(참조. 5, 10절의 '만일') 이 사악한 아들이 그 아버지가 행한 모든 죄를 보고 그대로 행하지 아니한 아들을 가졌다 하자. 그의 아버지의 죄를 따르는 대신에 그의 할아버지의 의의 길을 따랐다(참조, 15~19절과 6~9절).

하나님의 결론은 분명하다. "이 사람은 그의 아버지의 죄악으로 죽지 아니하고 반드시 살겠고." 의로운 아들은 그 아버지의 악한 행실로 인하여 벌을 받지 않을 것이다. 그러나 그 아버지는 자기 죄로 인하여 죽을 것이다. 인용되고 있는 속담(2절)은 틀렸다. 사람이 심판 받으면, 그것은 이전 세대의 누군가의 죄로 인한 것이 아니다. 하나님께 성실히 남아있는 자들만 구원 받을 것이다(19절. 산다는 단어에 의하면 에스겔은 이 생명이 벌을 피하게 되는 것을 의미했다. 24절에 관한 주해를 보라). 에스겔은 그때 그의 요점을 반복했다. "범죄하는 그 영혼은 죽을지라"(20절. 참조, 4절).

18:21~23 하지만 심판에서 피한다는 것은 가능했다. 죄인이 만일 자신의 죄를 돌이켜 회개하고 하나님의 율례를 지키면 심판을 피할 수 있었다(참조, 잠 28:13). 에스겔은 행위에 의한 구원을 가르치고 있지는 않았다. 첫째로, 둘째 사망에서의 영원한 구원보다는 오히려 바벨론 군대로부터의 일시적인 구원을 말하고 있었다(18:13). 둘째로, 그는 이러한 의로운 행위들은 '새로운 마음과 새로운 영'(31절)에서 나온다는 것을 분명히 지시했다. 선한 행위는 변화된 삶에서 비롯된다. 그러나 그들은 그러한 변화가 일어나지 않는다.

왜 하나님은 회개한 죄인은 심판을 피하도록 하실까? 그 답은 하나님의 성품에서 찾을 수 있다. 그는 악한 자의 죽음을 기뻐하지 않으신다(참조, 32절). 대신에 하나님은 그들이 스스로 돌이키는 것을 기뻐하신다. 하나님은 악의를 품고 있는 비열한 독재자가 아니고 그에게 잘못한 사람들에게 벌주기를 좋아하지도 않으신다. 자비의 하나님이기 때문에 사람들이 자신의 악을 버리고 의의 길로 돌이키기를 갈망하신다.

18:24 비록 하나님이 의의 길로 돌이킨 사람들의 죄를 용서한다 할지라도, 의의 길을 걷다가 악의 길로 떠난 사람의 죄는 용서하지 않으신

다. 그런 사람이 살 수 있겠는가? "그가 행한 공의로운 일은 하나도 기억함이 되지 아니하리니." 하나님은 구원 받은 이스라엘 사람이 죄에 빠지면 그의 구원을 잃을 것이라고 말하고 있는 것이 아니다. 여기에 나타난 축복과 심판은 모두 일시적인 것이지 영원한 것이 아니다. 이 심판은 육체적인 죽음이지(참조. 4, 20, 26절) 영원히 지옥에 떨어지는 것은 아니었다. 하나님의 율법을 따랐다가 나중에 우상을 숭배하거나 부도덕하게 된 이스라엘 사람은 그의 과거의 의가 현재의 죄를 무효화시켜 주는 것을 바랄 수 없었다. 하나님은 개인의 운명을 결정하기 위해 그의 악한 행위와 그의 선한 행위를 따지지 않으셨다.

심판이 임하면 하나님과의 개인적인 관계가 그가 살지 죽을지를 결정할 것이다.

18:25~32 이스라엘은 하나님이 공평치 않다고 했다. 그러나 하나님은 이에 반대하셨다. "나의 길이 어찌 공평하지 아니하냐 너희 길이 공평하지 아니한 것 아니냐"(참조, 29절; 욥 40:8).

에스겔은 그 나라의 각 개인에 의해 생긴 죄에 대한 책임을 이스라엘에게 생각나게 했다. "내가 너희 각 사람이 행한대로 심판할지라." 만일 이스라엘이 망하면, 그 자신의 세대의 죄 때문일 것이다. 그래서 그 나라가 피하기를 바란다면 회개가 필요했다. 이스라엘은 영적 부활이 필요했다. 그 백성은 그들이 범한 모든 죄악을 버리고 마음과 영을 새롭게 할 필요가 있었다(참조, 11:19; 36:26). 그 백성의 삶과 죽음은 하나님에 대한 각 개인의 태도에 달렸다. 계속 거역하는 사람들은 죽을 것이다. 그러나 회개하여 그들의 죄에서 돌이킨 자들은 살 것이다.

e. 이스라엘의 방백들에 대한 애가의 비유(19장)

에스겔은 이스라엘과 그의 지도자들에 대한 애가나 비가로 그릇된 낙관주의의 팽배에 관한 이 부분(12~19장)을 끝맺었다. 이것은 이 책의 다섯 개의 애가 중 첫 번째 것이다(참조, 26:17~18; 27장; 28:12~19; 32:1~16). 다른 애가들 중에서 세 개는 두로에 대해 쓰였고, 네 번째는(32:1~16) 이집트에 대한 것이었다. '애가'는 죽은 사람을 기리기 위해 보통 읊어지는 장례의 노래였다. 그 노래는 보통 떠난 사람의 좋은 성품이나 그의 죽음으로 인한 비극이나 상실감을 강조했다(참조, 삼하 1:17~27).

19:1~2 이 애가는 이스라엘 고관들에 대한 것이었다. '고관'은 에스겔이 예루살렘에 거주하는 왕들에게 붙여준 칭호였다(참조, 7:27 주해). 이 애가의 시대에는 시드기야가 왕이었다. 연대는 예루살렘이 몰락하기 5년 전, BC 592년이었다. 그래서 에스겔은 그 도시의 '죽음'이 아직은 미래에 있었지만 장래의 애가를 썼다. 예루살렘의 몰락은 너무 분명하여 에스겔은 그것을 피할 수 없음을 알았다. 이 애가 부분에서는 여호아하스와 여호야긴(시드기야 이전의 세 왕들 중에서 두 왕)의 운명을 밝히고 있다. 그 애가는 한 개인에 국한되지 않고 다윗 왕조와 그 통치의 '죽음'을 애도하고 있다.

에스겔의 애가에서 그는 낳은 사자들을 귀여워하는 암사자를 생각해냈다. "네 어머니는 무엇이냐 암사자라 그가 사자들 가운데에 엎드려." 사자들은 왕들이었기 때문에, 어떤 학자들은 암사자가 요시야의 아내이며 여호아하스와 시드기야의 어머니, 하무달이라고 추측한다(참조, 왕하 23:31; 24:18). 하지만 이것은 두 가지 이유로 분명치 않음이 드러났다. 첫째로, 에스겔 19장 5~9절의 왕은 여호야긴인 것 같다. 그의 어머니는 요시야의 또 다른 부인인 느후스다였다(참조, 왕하 24:8). 둘째로, 왕들의 '어머니'는 에스겔 19장 전체에 언급되었는데, 육신적 어머니 이상의 것을 묘사하는 것 같다. 10~14절에서는 그 나라 자신이 왕들의 '어머니'이다. 13절은 이스라엘의 포로를 암시하는 것 같다. 그러므로 이 장에서의 암사자, 어머니는 그 나라 이스라엘이다. 그녀는 그녀의 왕들을 세운 자였지만 그들이 멸망당하는 것을 보았다. 그리고 그녀는 사로잡혀가게 될 자였다.

19:3~4 암사자 이스라엘이 그녀의 새끼 하나를 키우매 젊은 사자(왕)가 되었다. 이 사자는 요시야의 때 아닌 죽음(참조, 서론의 '역사적 배경') 이후에 왕좌에 나아간 여호아하스였다. 세 달 동안 왕위에 있다가 그는 바로느고 2세에 의해 갈고리에 꿰어(아마 문자 그대로 가죽 끈에 딸린 그의 코의 갈고리. 참조, 9절) 애굽 땅으로 끌려갔다. 애굽에서 여호아하스는 포로로 죽었다(참조, 왕하 23:31~34; 렘 22:11~12).

19:5~9 여호아하스 이후의 왕은 여호야김이었다. 그러나 에스겔은 이 장에서 그를 언급하지 않았다. 에스겔은 시드기야가 사로잡혀 갈 것을 강조했다. 그래서 그는 비슷한 운명으로 고난당하는 왕들(여호아하스와 여호야긴)만을 언급했다. 여호야김은 예루살렘에서 죽었으므로 이 애가에 포함시키지 않았다(열왕기하 24장 주해의 '유다 최후의 다섯 왕들'의 도표를 보라).

여호야긴, 젊은 사자가 된 이스라엘의 또 다른 새끼는 단지 세 달 동안 왕위에 있은 후 느부갓네살에 의해 폐위되었다. 그의 짧은 통치 기간은(19:5~7에 묘사됨) 공포와 파멸의 시기였다. 사자처럼 잔인하게 여호야긴은 궁실들을 헐고 성읍들을 파괴했다. "그 우는 소리로 말미암아 땅과 그 안에 가득한 것이 황폐한지라." 그 '공포'는 그가 느부갓네살에 의해 폐위되어 퇴위했을 때 비로소 사라졌다. 갈고리로 꿰어(참조, 4절) 옥에 넣어 끌고(슈가르[סוּגַר]는 아카드어의 '시가루'에 근거한 목의 멍에를 뜻함) 바벨론 왕에게 이르렀다. 느부갓네살은 그의 아버지 여호야김이 시작했던 반역(왕하 24:8~17) 때문에 여호야긴을 바벨론에 감금시켰다. 여호야긴은 37년 동안 감옥에 있다가 에윌므로닥이 그의 아버지 느부갓네살의 뒤를 이어 바벨론의 왕위에 오를 때에 비로소 풀려났다(왕하 25:27~30; 렘 52:31~34). 하지만 여호야긴은 바벨론에 남았다. 그는 그가 황폐하게 했던 그 땅에 결코 돌아오지 않았다.

19:10~11 10~14절에서 에스겔은 직접적으로 시드기야 왕을 묘사했다. 시드기야는 이 애가의 나머지의 주제이다. 그 어미 이스라엘은 포도나무 같았다. 포도나무는 이스라엘에서 흔했기 때문에, 성경 저자들은 종종 이스라엘을 포도나무로 언급했다(참조, 사 5:1~7; 겔 15장; 17:5~10; 마 21:33~41; 요 15:1~8). 과거의 영광을 상징적으로 말해서, 이스라엘은 실과가 많고 가지가 무성했다. 하나님의 축복 아래 번성하여 많은 통치자들을 배출했다. 그 가지들은 강하여 권세 잡은 자의 홀이 될 만하다. 에스겔의 상징에서 의도한 권세 잡은 자의 정확한 인물은 알려져 있지 않다. 아마 에스겔은 이스라엘 과거의 특별한 통치자를 나타내려는 것이 아닐 것이다. 단지 이스라엘의 과거는 영광스러웠다는 것과 많은 강한 지도자들이 있었다는 것을 보여주고 있을 것이다.

19:12~14 포도나무의 과거의 영광은 에스겔 시대의 상황과 분명하게 대조되었다. 이스라엘인 포도나무는 분노 중에 뽑혀서 땅에 던짐을 당하였다. 그것은 시들고 그 가지들은 불에 탔다. 에스겔은 이 심판의 원인을 설명하지 않았다. 그러나 16~17장에서 이미 왜 이스라엘이 축복에서 재앙으로 갔는지를 진술했다. 그 포도나무는 하나님이 축복의 근원임을 잊었다. 그래서 하나님은 그 나라를 '뿌리째 뽑아' 그 땅에서 추방하셨다. 동풍은 이스라엘에게 두 가지 의미를 준다. 이스라엘에 주로 불어오는 바람은 서풍인데 이 바람은 지중해에서 습기 있는 공기를 실어 온다. 열풍으로 알려진 동풍은 몇 가지 문제점을 가지고 동쪽 사막에서 이스라엘로 불어온다. 그것은 초목을 말리고(창 41:6), 집들을 파괴하고(욥 1:19), 심한 재난의 원인이(욘 4:8) 될 수 있다. 하지만 에스겔의 동풍은 열풍보다 더 심한 것을 뜻했다. 바벨론도 역시 이스라엘 동쪽에 있었다. 바람, 즉 바벨론이 동쪽에서 '불어왔을' 때 그 나라는 그 압박의 열기 아래 시들었다.

결국 이스라엘은 바벨론에 망했다. 에스겔의 설명("이제는 광야, 메마르고 가물이 든 땅에 심어진 바 되고")은 아마 바벨론에 의한 이스라엘의 멸망을 말할 것이다. 열풍이 그 지나는 길의 초목을 죽인 것처럼, 이스라엘은 바벨론의 공격 아래 시들 것이다. 하지만 에스겔은 그 나라가 곧 당하게 될 바벨론 유수를 암시했을 것이다. 그 나라의 풍성한 포도나무는 본토에서 뿌리 뽑혀 이방 땅에 던져질 것이다.

하나님의 심판은 또한 왕실의 혈통에 영향을 미칠 것이다. "권세 잡은 자의 규가 될 만한 강한 가지가 없도다." 과거에 강력한 통치자를 배출했던 그 나라에(19:11) 이제는 왕이 없을 것이다. 시드기야가 바벨론에 의해 폐위된 후, 다윗 왕가에서 그를 이을 왕이 아무도 나오지 않았다. 그리스도가 '권세 잡은 자의 규'가 될 때에 비로소 다윗 혈통이 다시 일어나 이스라엘 왕으로 다스릴 것이다.

3. 유다 패역의 역사(20~24장)

유다와 예루살렘에 대한 이 예언들은 유다 역사에 초점을 둔다. 에스겔은 비유로 그 역사를 묘사했다(16장). 그러나 이 부분에서, 특히 20장과 23장에서는 좀 더 직접적인 표현을 썼다. 21장에는 예루살렘을 칠 칼에 대한 일련의 네 개의 메시지를 포함하고, 22장에는 예루살렘의 심판에 관한 세 개의 부가적인 예언이 들어있다. 이 전체 부분은 그 도시의 몰락에 관한 두 가지 예언이 들어있는 24장에서 끝난다.

a. 이스라엘의 과거의 반역과 회복에 관한 메시지(20:1~44)

(1) 이스라엘의 과거의 반역(20:1~31)
20:1~4 이 예언은 '일곱째 해 다섯째 달 열째 날'에 주어졌다. 이때는 에스겔에 의해 주어진 마지막 날짜(8:1) 이후 거의 11개월 째인 BC 591년 8월 14일이었다. 8장과 14장에서처럼, 이스라엘 장로 두어 사람이 여호와께 묻고자 왔을 때 에스겔에게 말씀이 임했다. 그들은 하나님이 그 나라를 위한 어떤 새로운 말씀을 갖고 계신지를 알고 싶어 그를 다시 찾아왔다.

장로들의 질문은 기록되지 않았지만 하나님이 응답하기를 거절하셨다. "너희가 내게 묻기를 내가 용납하지 아니하리라." 그러므로 그들의 질문이 온당하지 못했음이 분명하다. 그때 하나님이 주신 대답은 그들의 질문에 대한 응답이 아니라 그들의 역사의 재검토였다. 그 백성이 대답을 듣기 위해서는 자신의 과거를 살피는 것만이 필요할 뿐이었다. "네가 그들을 심판하려느냐"는 하나님의 질문이 반복된 것은 그 백성들에 대해 참기 힘든 하나님의 모습이 드러난 것이다. 그리고 그것은 '이 백성들을 심판하라'는 강한 명령의 의미가 들어있다. 에스겔은 그들로 그 열조의 가증한 일을 알게 해야 했다. 법정이 열렸고 증거가 제시되었다. 에스겔은 검사처럼 행동해야 했고 피고에 대한 증거를 제시해야 했다(참조, 22:2절하).

20:5~9 하나님께서 주권적으로 이스라엘을 자신의 백성으로 구별하여 냈을 때, 하나님은 그들의 하나님이 되며 보호자가 될 것을 맹세하셨다. 그분의 신실함의 첫 번째 증거는 그들에게 자신을 나타내는 것이었다. 그가 "애굽 땅에서 그들에게 나타나 맹세하여 이르기를 나는 여호와 너희 하나님이라" 하셨다. 이 사건은 하나님이 그 백성의 구원자를 지명할 때 불타는 숲에서 일어났다(참조, 출 3:1~10). 손을 드는 것(20:5[두번], 15, 23, 42. '맹세하여')은 분명히 사람이 맹세할 때 하는 몸짓이다(참조, 출 6:8; 느 9:15; 시 106:26; 겔 36:7; 44:12; 47:14).

왜 하나님은 이스라엘을 택하신 것을 모세 때까지만 추적했을까? 하나님이 아브라함과 언약을 맺었을 때 그가 이스라엘을 택하셨다는 것이 분명히 나타나 있는 창세기를 에스겔은 부인하고 있는가(참조, 창 12:1~3; 15장; 17:1~8). 그렇지 않다. 에스겔은 하나님이 한 나라로서 이스라엘을 택하신 것을 이야기하고 있었다. 하나님이 아브라함과 언약을 맺으셨을 때, 그 조상은 언약의 다음 것을 이어받을 단 한 명의 상속자조차 없었다. 요셉의 가족이 애굽에 갔을 때, 그들은 단지 유목민의 한 작은 일가에 불과했다(참조, 창 46:1~27, 31~34). 그러나 모세 시대에 아브라함의 후손은 한 나라로 성장했다.

하나님은 또한 노예에서의 해방과 축복을 예비하실 것을 약속했다. 하나님은 그들을 애굽 땅에서 인도하여 내어서 젖과 꿀이 흐르는 땅, 모든 땅 중의 아름다운 곳에 이르게 하시겠다고 이스라엘에게 보증하셨다.

은혜로 하나님은 그 나라가 단지 자신만을 신뢰하도록, 그리고 가증한 것과 애굽의 우상들에서 떠날 것을 요구하셨다. 출애굽기에는 출애굽하기 전의 이스라엘의 종교 생활이 자세히 묘사되지 않았다. 그러나 에스겔은 그때가 배교의 시대였음을 함축했다.

그러나 이스라엘은 하나님의 명령에 주의를 기울이지 않았다. 그들은 가증한 것과 애굽의 우상들을 버리지 않았다. 이러한 배반은 심판을 받아야 했다. 그래서 하나님은 애굽 땅에서 그의 분노를 쏟으려 하셨다. 그러나 진노는 임하지 않았다. 이스라엘은 용서받았다.

하나님의 진노에서 이스라엘이 용서받은 것은 이스라엘의 어떤 선함이 있었기 때문이 아니었다. 그것은 단지 하나님의 은혜와 자비, 곧 그의 이름을 위한(참조, 20:14, 22) 일이었기 때문이다. 하나님의 '이름'에는 그의 현현된 성품이 드러난다. 여러 나라 중의 하나님의 명성은 그의 백성에 대한 언약의 신실함으로 나타났다. 그들이 마땅히 받아야 할 심판을 주는 대신에 하나님은 구원을 주셨다.

20:10~12 다음으로 에스겔은 광야에서의 이스라엘의 역사(10~26절)를 살펴보았다. 먼저 제1세대와 하나님과의 관계(10~17절) 그리고 제2세대와의 관계를 논했다(18~26절).

광야의 경험은 하나님이 또 다른 은혜를 부어주심으로 시작되었다. 이 은혜로 그들은 애굽 땅에서 나와서 광야에 이르게 되었다. 에스겔의 말을 듣고 있던 사람들은 하나님이 이스라엘을 위하여 홍해를 가르고 쫓아오는 바로의 군대에서 구하신 기적에 대하여 들었던 것을 기억했을 것이다. 하나님은 단지 사막의 열기 속에 이스라엘을 버리지 않기 위해 그를 구한 것이 아니었다. 하나님은 자신의 특별한 나라로 이스라엘을 구별하기 위해서 애굽에서 그들을 구하셨다. 출애굽기와 레위기에는 하나님의 율법과 그의 택한 백성을 위한 규례가 들어있다. 하나님은 모세의 언약 중 확실한 증거로서 그의 율법 중의 하나(안식일)를 택하셨다(참조, 사 56:1~8). 그것은 이스라엘이 하나님의 특별한 민족이며 그의 규례를 지켜야 된다는 징표였다.

20:13~17 하나님의 자비로운 규례에 순종의 반응을 보인 대신, 그 나라는 불순종하여 그의 율례를 준행치 아니하고(참조, 민 10:11~14:35) 계속 우상을 섬겼다(20:16).

하나님의 반응은 애굽에서의 반응과 같았다. 그 백성은 마땅히 죽어야 했지만 그의 이름을 위하여(참조, 9, 22절), 비록 일시적인 심판이 있기는 했지만 그들을 용서했다. 그러나 범죄한 자들은 약속의 땅에 들어가지 못했다(15절).

20:18~26 하나님은 광야의 제2세대에게 축복의 기회를 반복하셨다. 그러나 똑같은 반응이 전개되었다. 하나님은 그들의 부모들에게 주었던 똑같은 계명을 그 자손에게도 주셨다(18~20절. 참조, 11~12절). 그러나 그 자손은 그들의 부모를 좇아 하나님의 율례를 어겼다(21절상).

멸망 받아야 했지만, 다시 한 번 하나님은 그의 이름을 위하여 자비를 베푸셨다(21절하~22; 참조, 9, 14절).

하나님은 죄 때문에 그 백성의 제2세대를 멸망시키지는 않았지만 그들에게 약간의 심판을 내리셨다. 첫 번째 심판은 흩어버리는 것이었다. 이스라엘이 그 땅에 들어가기 바로 직전에 하나님은 그 백성에게 그의 언약을 순종하도록 권고하셨다. 그는 순종을 통하여 오게 될 축복과 불순종으로 인해 비롯될 문제들(신 28장), 즉 여러 나라 중에 흩어버리실 것(신 28:64~68)을 포함하여 설명하셨다.

하나님의 두 번째 심판은 그 백성을 그들의 죄에 버려두는 것이었다. 그는 그들에게 선치 못한 율례와 능히 살게 하지 못할 규례를 주셨다. 혹자는 하나님이 여기서 모세의 율법을 언급하고 있다고 주장한다. 마치 하나님이 그 백성들에게 그들이 결코 지킬 수 없는 엄중한 율법을 준 것처럼 말이다. 하지만 이 견해는 하나님의 공의의 표현인 모세의 율법의 본질을 낮추는 것이다. 바울은 하나님의 율법은 '거룩하고 의로우며 선하도다'(롬 7:12)라고 선포했다. 심지어 죄인일지라도 '율법이 선한 것을 시인'해야 한다(롬 7:16). 이 견해는 또한 에스겔이 연대순으로 기록한 것을 무시한다. 이 심판은 제2세대가 반역한 후에 왔다. 모세의 율법은 수년 전 제1세대에게 주어졌다. '율례'와 '규례'(20:25)는 이스라엘이 좇았던 이방 종교의 계명으로 보는 것이 더 좋다. 이 규례는 하나님이 몹시 책망했던 의식(참조, 20:1~5) 즉 장자를 다 화제로 드리는 것을 요구했다(26절).

하나님이 그 백성에게 죄로 '준 것'은 공정한 것이었다. 그들이 하나님의 의의 길을 따르지 않았기 때문에 하나님은 그들의 행위의 결과대로 그들을 내버리신 것이다. 바울은 이방인에 대한 하나님의 비슷한 심판을 설명했다(참조, 롬 1:24, 26, 28).

20:27~29 약속된 땅의 이스라엘의 새로운 정착지도 그의 죄 많은 행동들을 바꾸지 못했다. 그 백성들은 약속의 땅을 그들의 우상숭배지로 이용하여, 높은 산과 무성한 나무 아래서 우상들에게 제사를 드렸다(참조, 6:1~4의 '산당' 주해). 에스겔은 '너희가 다니는(하바임[הַבָּאִים]) 산당(마 하바마[מָה הַבָּמָה])이 무엇이냐?'라는 말로 그들에게 물음으로써 백성들의 죄를 강조했다. 이 단어들이 비슷하게 발음되어 이스라엘이 우상에 빠졌다는 점을 강조해 주었다.

20:30~31 에스겔 시대에 이스라엘은 그들의 조상처럼 여전히 패역하고 우상을 숭배하며 아들을 화제로 삼아 예물을 드렸다. 그래서 하나님은 그들이 그에게 묻기를 용납하지 않으셨다(참조, 3절). 하나님은 그들이 원할 때마다 응답하도록 조종될 수 있는 신적인 점판(占板)이 되지 않을 것이다.

(2) 이스라엘 미래의 회복(20:32~44)

20:32~38 이스라엘 과거의 반역의 역사를 하나하나 열거한 후에, 하나님은 그의 미래 회복에 대해 말씀하셨다. 그 백성은 우상 숭배하는 그들의 이웃과 같이 되기를 원했지만, 하나님께서는 그의 백성이 자신과 완전히 분리되게 내버리지는 않으실 것이다. "너희 마음에 품은 것을 결코 이루지 못하리라." 그는 여전히 그의 능한 손과 편 팔로 분노를 쏟아 그들을 다스리는(33절) 그들의 하나님으로 남을 것이다. '능한 손'과 '편 팔'이란 단어는 애굽에서 그의 백성을 구원하신 하나님의 능력을

생각나게 할 것이다(참조, 신 4:34; 5:15; 7:19; 11:2; 시 136:12; 참조, 출 6:6의 '편 팔'과 출 32:11의 '강한 손'). 하지만 그의 손과 팔은 이제 구원이 아닌 진노를 가져올 것이다.

출애굽이 이스라엘을 노예 상태에서 광야로 이끌어 낸 것처럼, 하나님의 새로운 '출애굽'은 그들을 흩어진 열방 중에서 모아낼 것이다. 그들은 광야에 이르게 될 것이다. 그러나 여기는 심판의 광야가 될 것이다. 애굽에서와 같이, 이 '출애굽'에서 하나님은 그의 강한 손과 편 팔을 이용하여 진노를 쏟을 것을 반복하셨다(20:34).

이스라엘을 광야에서 모을 때, 하나님은 패역한 자를 제하기 시작하실 것이다. 내가 너희를 막대기 아래로 지나게 하며 언약의 줄로 맬 것이다(37절). 이것은 목자가 그의 막대기를 들고 수를 세기 위해 양들을 한 줄로 세워 그 아래로 지나가게 하는 것을 상상케 한다(참조, 렘 33:13). 그 목자는 실제로 그의 양들을 보호의 장소인 우리 안으로 들어가게 할 것이다. 이 경우 우리는 '언약의 줄'이었다. 이 '언약'은 이스라엘이 깨뜨린(참조, 16:59) 모세의 언약을 말할 수 있다. 그러나 이스라엘이 믿지 않아서 모세의 언약을 무효화시켰기 때문에 이것은 맞지 않는 것 같다. 그러므로 하나님은 이스라엘을 그에게 회복시킬 때 새로운 언약을 세우실 것이다(렘 31:31~33). 에스겔은 이스라엘의 '어릴 때' 세운 옛 언약과 그를 회복시킬 때 시행될 '영원한 언약' 사이에 같은 차이를 둔 것 같다(16:59). 하나님은 이스라엘을 그와 새로운 언약의 관계로 다시 데려오실 것이다. 그러나 이 언약은 영원할 것이다.

양들이 위대한 목자의 막대기 아래로 지나게 될 때, 그에게 속하지 아니한 자들(하나님께 패역한 믿지 않은 이스라엘 사람)은 제거될 것이다. 하나님은 그 양들이 그의 땅에 들어가지 못하게 하실 것이다. 하나님의 성별의 과정은 단지 진실한 양들만이 축복의 언약을 맛볼 수 있다는 것을 보여줄 것이다.

에스겔에 의해 묘사된 이 장면은 아직은 먼 미래의 일이다. 환난이 끝나는 때에 하나님은 천년왕국을 위하여 약속된 땅으로 이스라엘을 다시 모으실 것이다(참조, 36:14~38; 37:21~23). 그러나 먼저 이스라엘 사람은 심판을 받기 위해 하나님 앞에 서야만 될 것이다. 하나님을 신뢰한 자들은 그 땅에 들어가 그의 왕국에 참여하게 될 것이다(참조, 요 3:3). 반역한 자들은 죄로 인한 심판을 받고 영원한 벌에 처하게 될 것이다.

20:39~41 이스라엘이 새 언약에 들어가게 될 때 그들은 정말 여호와를 알게 될 것이다(39~44절). 에스겔 시대에는 비록 이스라엘이 우상을 섬겼지만(그 자신을 더럽히려고, 25~26절), 미래에 하나님은 그의 백성 중에서 그러한 죄를 용납지 않으실 것이다(다시는…내 거룩한 이름을 더럽히지 말지니라. 참조, 39:7; 43:7).

이스라엘을 위한 하나님의 이상은 마침내 천년왕국에서 실현될 것이다. 그들은 여호와를 섬기고 여호와는 그들을 기쁘게 받고, 그 백성은 예물과 첫 열매 그리고 참된 예배의 성물을 드릴 것이다(천년왕국 기간의 예물에 관한 설명은 40:38~43에 관한 주해를 보라) 그 결과 하나님은 자신의 거룩함을 나타낼 것이다. '거룩'(카다쉬[קָדַשׁ])이란 '더럽힌' 혹은 '흔한'의 반대어인 '구별되다'라는 뜻이다. 이스라엘은 죄와 우상숭배로 타락한 예배로 그들의 하나님을 더럽혔다(20:39). 그러나 미래에 그들은 하나님을 구별하여 여러 나라가 하나님의 거룩함을 알게 될 것이다.

20:42~44 이스라엘의 회복은 몇 가지 변화를 가져올 것이다. (1) 첫째 변화는 그들의 하나님에 대한 새로운 인식일 것이다. "이스라엘이 나를 여호와인 줄 알리라"라고 하나님은 말씀하셨다. '여호와'(야훼[יהוה])는 이스라엘에 나타낸 하나님의 개인적인 이름이다(참조, 출 3:13~15). 이것은 하나님의 자존함과 언약을 지키는 신실함을 강조한다. 이스라엘은 하나님이 그들을 팔레스타인으로 이끌어내실 때 하나님의 이름(과 성품)의 진정한 의미를 이해하게 될 것이다. 이 약속은 이스라엘의 성실함에 달려있지 않다. 왜냐하면 그는 절대적으로 불성실했었기 때문이다. 하나님에 의해 만들어진 그 약속은 하나님의 성실함에 달려 있다. 그는 그것을 수행함으로써 그의 언약의 충실함을 나타내실 것이다(참조, 20:44).

(2) 이스라엘 회복의 두 번째 결과는 이스라엘의 회개일 것이다. 그는 자기의 행위를 기억하고 이미 행한 모든 악을 인하여 스스로 미워할 것이다. 에스겔 시대에 이스라엘이 느꼈어야 할(그러나 느끼지 않았던) 부끄러움은 하나님이 그를 회복시키실 때 마침내 드러나게 될 것이다.

b. 숲의 불의 비유(20:45~49)

20:45~49 에스겔의 긴 메시지(1~44절) 다음에 짧은 비유가 나왔다. 히브리 성경에는 20장 45절이 실제로 21장의 첫 절이다. 그래서 이 비유는 21장의 네 개의 메시지를 소개하고 있다고 볼 수 있다. 에스겔은 얼굴을 남으로 향하여(테마나[תֵּימָנָה]) 남으로 향하여(다롬[דָּרוֹם]) 소리내어 남방의 (네게브[נֶגֶב]) 삼림에 예언해야 했다. 이 세 개의 히브리 말 중에서 첫째 것은 문자 그대로 동쪽을 향하여 보고 있는 사람의 '오

른편에 있는 것'이다. 그것은 시적인 단어였다. 비록 고유명사(테만)로 사용되어, 유다 남쪽의 에돔에 있는 한 성읍을 말했지만(참조, 암 1:12; 렘 49:7; 겔 25:13). 아마 20장 45절에 나온 뜻은 에스겔이 데만을 향해 얼굴을 대했다는 것이다. 다롬(הדרום)이란 말도 또한 시적이었다. 에스겔은 이 말을 12번 다른 곳에서, 모두 천년왕국의 성전을 묘사하는 데 사용했다(참조, 40:24[두번], 27[두번], 28[두번], 44~45; 41:11; 42:12~13, 18절).

에스겔이 사용했던 세 번째 단어(남방[נגב])도 또한 고유명사로 사용된다. 네게브는 에돔과의 이스라엘 경계 부근 팔레스타인의 남쪽 지방 이름이다(참조, 수 15:21). 오늘날 네게브는 비가 적고 수자원이 거의 없는 반건조 기후 지역이다. 그러나 에스겔이 네게브 삼림을 언급한 것으로 보아 그 땅은 그 당시에 좀 더 빽빽하게 덮였을 것이다. 네게브의 주요 거주지는 아라드, 가데스 바네아, 그리고 브엘세바였다.

유다에 대한 이 예언에서 에스겔은 하나님이 불(아마 문자적 불이 아니라, 심판의 불)로 그것을 황폐시킬 것이라고 말했다.

사람들은 에스겔의 행동들을 보았지만 그것들을 이해하려 하지는 않았다. 백성들은 에스겔이 비유나 수수께끼로만 말한다고 했다. 에스겔은 하나님께 이것에 대해 호소했다. 에스겔은 유다의 멸망을 예언하고 있었지만, 사람들은 그의 말에 어리둥절해 했다.

c. 칼에 대한 네 가지 메시지(21장)

사람들이 남방의 불에 관한 에스겔의 메시지를 이해하지 못했기 때문에(20:45~49), 그는 그 비유의 의미를 확대한 네 가지 메시지를 전했다. 이 메시지에서 에스겔은 '불'을 '칼'로 그리고 '네게브'를 유다와 예루살렘으로 바꿨다.

(1) 칼을 뺌(21:1~7)

21:1~5 앞의 비유에서(20:45~49) 에스겔은 그의 '얼굴을 남으로 향'했다. 그러나 이제 하나님은 그의 얼굴을 예루살렘으로 향하며 성소를 향하여 소리내어 이스라엘 땅을 쳐서 예언하라고 그에게 말씀하셨다. 하나님의 심판의 대상은 그의 땅 그의 거룩한 성, 그의 거주하는 처소였다.

하나님은 그의 칼을 빼어 의인과 악인을 끊을 것이라고 하셨다. 이것은 앞에 나온 에스겔의 예언, 즉 악인은 죽고 의인은 살리라 한 것과 모순이 되는 것처럼 보인다. 이 문제가 칠십인역 성경 번역자들에게는 아주 혼란스러워 그들은 '의로운'을 '불의한'으로 바꾸었다. 한 가지 가능한 해결책은 '의인'과 '악인'이 그 백성의 눈으로 관찰했을 때 의인이고 악인이었을 것으로 보는 것이다. 그 심판이 모두에게 무차별한 것이라고 보는 한, 이것은 하나님을 따르는 자라고 여겼던 사람들이나 공공연히 우상을 숭배했던 사람 모두에게 영향을 미쳤다. 그러나 단지 하나님의 눈에 악인들은 벌을 받았을 것이다. 왜냐하면 그분은 진실로 의로운 사람은 구원하신다고 약속하셨기 때문이다. 또 다른 해결책은 '끊는다'는 구절이 육신적 죽음을 말하는 것이 아니라 사로잡혀 가는 것을 말할 수 있다는 것이다. 그 정확한 뜻이 무엇이든지 간에, 에스겔은 다가오는 심판의 범위에 역점을 두고 있었다.

그 심판은 남에서 북까지(20:47에 이미 진술된) 확장될 것이다. 숲의 불의 비유를 이해하지 못한 사람들을 위해서 에스겔은 모든 유다가 심판 받을 것을 강조하기 위해 이 구절을 반복했다. 심판이 임하면 사람들은 여호와가 그의 칼을 빼낸 줄 알 것이다(참조, 21:3). 비록 사람들이 그 비유의 의미를 알지 못한다 해도(20:49) 하나님의 살육이 실제로 시작되면 무지를 내세울 수 없다.

21:6~7 에스겔은 예루살렘이 무너질 때 그 백성이 느낄 슬픔을 실연하라는 지시를 받았다. 그가 슬피 탄식하면 사람들은 어찌하여 우는지 물을 것이다. 그는 다가오는 소문 때문이라고 대답해야 했다. 그들의 나라에 무서운 붕괴가 실현되면 그들은 황폐케 될 것이다(참조, 7:17). 이 일이 일어날 것을 전혀 의심할 수 없었다. 그것이 정녕 이루리라고 주 여호와께서 선포하셨다.

(2) 칼이 날카롭게 됨(21:8~17)

21:8~10 칼에 대한 에스겔의 두 번째 메시지는 심판에 대한 시가(詩歌)였다. 그 주제는 하나님의 칼이 날카롭게 되어 살육할 준비가 되었다는 것이었다. 이 노래는 3연으로 되어 있다(8~10절상, 11~12, 14~17절). 이 부분들은 각각 '규'에 초점을 두는 두 개의 간주곡으로 나뉘어져 있다(10절하, 13절).

첫째 연에서 하나님의 심판의 칼이 숫돌에 날카롭게 되고 마광되었다. 모든 녹을 갈아 날카로운 칼날이 되었다. 전쟁을 준비하는 군인처럼 하나님은 그의 무기를 갈아서 정비하셨다.

이스라엘이 나무와 모든 충고를 업신여겼기 때문에 그 칼이 오고 있었다. 혹자는 '나무'가 왕의 규를 말한다고 주장한다(참조, 창

49:9~10). 만약 그렇다면 그 백성은 하나님의 심판의 징조를 부인하고 대신에 유다를 위한 왕통이 계속될 하나님의 약속에 의존하고 있었다. 그러나 이 해석은 이 구절에는 약간 어색한 것 같다. 아마 '나무'는 이스라엘을 죄에서 돌이켜 자신에게 돌아오게 하는 데 사용한 징계의 막대기를 말할 것이다. 막대기는 훈련을 위해 종종 사용되었다(참조, 잠 10:13; 13:24; 23:13). 그리고 하나님 자신도 훈련을 위해 '나무'를 사용하셨다(참조, 삼하 7:14[막대기]; 욥 9:34; 21:9). 이스라엘은 자기를 바르게 하기 위해 하나님이 이전에 막대기를 사용했던 일들을 멸시했다. 그래서 하나님은 이제 칼을 사용하셨다. 이렇게 해석하면 에스겔 21장 10절의 아들은 에스겔이 아니라 이스라엘과 그의 왕이다.

21:11~13 두 번째 연에서는 칼에 붙인 바 될 희생제물, 즉 하나님의 백성과 이스라엘의 모든 방백들을 보여주었다. 그 지도자들은 하나님의 충고와 징계를 거부했기 때문에 그들 모두는 칼을 기다릴 수밖에 없었다. 하나님께서는 에스겔에게 말한 멸망의 광대함으로 인하여 어찌 할까라고 탄식하셨다.

21:14~17 세 번째 연은 칼이 할 일에 역점을 두었다. 조소하며 선지자와 하나님 모두 그들의 손뼉을 칠 것이다(14, 17절. 참조, 6:11; 22:13). 그 칼이 백성과 방백들에 대해 빨리 움직이면, 그것은 마치 모든 방향에서 날아오는 것처럼 치고 또 칠(세 번 거듭 씌울) 것이다. 두려워서 그 백성은 낙담하게 될 것이다(참조, 21:7). 그 칼이 무자비하게 백성을 쫓는 것처럼, 심판은 사방('오른쪽을 치라', '왼쪽을 치라')으로 움직였다. 그것은 심판이 다 끝났을 때 비로소 멈출 것이다.

(3) 칼이 예루살렘으로 향했다(21:18~27).

21:18~23 칼에 대한 에스겔의 세 번째 메시지는 하나님이 예루살렘을 향한 바벨론의 칼을 지시하는 것을 보여주는 것이었다. 상징적인 행동으로 에스겔은 하나님이 그 성읍을 멸망시키기 위해 초자연적으로 느부갓네살을 예루살렘으로 인도하는 것을 묘사했다.

하나님은 에스겔에게 바벨론 왕의 칼이 올 두 길을 그리라고 했다. 예루살렘이 BC 588년에 바벨론에 반역하였을 때, 그는 독립을 찾는 세 성읍 혹은 나라 중의 하나였다. 다른 둘은 두로와 암몬이었다. 느부갓네살은 그의 군사를 유브라데 강을 따라 바벨론에서 북쪽과 서쪽으로 이끌어갔다. 그가 리브라(시리아에 있는 다메섹 북쪽)에 이르렀을 때 그는 어느 나라를 먼저 공격해야 할지 결정해야 했다. 그는 연안을 향해 정 서쪽으로 나아가 두로를 공격할 수도 있고 혹은 유다와 암몬으로 통하는 두 '길' 중 하나를 따라 남쪽으로 갈 수도 있었다. 두로가 세 도시 중 공격하기 가장 어려웠다(참조, 26장; 29:17~20). 그래서 느부갓네살은 그것을 그의 첫 번 대상으로 삼지 않기로 결정했다. 그때 그가 선택해야 할 것은 연안 길 아래로 내려가 유다와 예루살렘을 공격할 것인가, 아니면 요르단 길로 따라가 암몬과 랍바를 공격할 것인가였다. '랍바'는 암몬의 수도인데 요르단의 현대 암만 시와 같다.

전쟁 협의회가 그들이 취할 행동 진로를 결정하기 위해 길이 나뉘는 리브라에서 열렸다. 분명히 느부갓네살과 그의 장군들은 어느 방향으로 가야할지 의견을 일치할 수 없어서, 그들은 자신의 신에게 알아보았다.

느부갓네살은 그의 행동 진로를 결정하기 위해 세 가지 수단을 이용했다. 화살로 점을 치고, 우상에게 묻고 희생의 간을 살폈다. 화살로 점을 치는 것은 오늘날 짚을 던지는 의식과 비슷할 것이다. 두 화살을 활통에 넣고 각각에 공격할 두 도시 중 하나의 이름을 썼다. 먼저 빼지거나 던져진 화살이 공격하라고 신이 지시하는 도시였다. '우상들'(트라핌 [תְּרָפִים])에게 묻는 것은 테라핌이나 집안의 작은 우상들을 이용하는 것을 뜻했다. 이 의식의 정확한 것은 알려져 있지 않지만, 아마 이 우상들은 분리된 영들과 접촉하고 그들의 충고를 들으려고 하는 데 사용됐을 것이다. 희생 간을 살피는 것은 간을 시험해 보는 것으로 알려진 점(占)의 형태였다. 희생 동물의 간의 형태나 특징을 점쟁이들이 살펴보아 제안된 계획이 좋을지 나쁠지 알아보았다.

그들 스스로 행한 이 의식들은 아무것도 할 수 없었지만, 하나님은 그의 심판을 성취하기 위해 그것들을 통해 역사하셨다. 느부갓네살의 오른손에 예루살렘으로 갈 점괘가 나올 것이다. 느부갓네살이 진행해 나아갈 때 하나님은 연안 길과 예루살렘을 지시하는 모든 징조들을 보여주셨다. 그곳이 그가 진행하기로 결정하는 곳이 될 것이다.

유다의 통치자들은 바벨론에 충성을 맹세했지만, 그들은 반역으로 그들의 맹세를 어겼다. 그러나 심지어 느부갓네살이 성 주위에 공성퇴를 세웠을 때에도 그 백성은 그가 성공할 것을 믿지 않았다. 그들은 그의 징조가 헛되며 그는 망할 운명이라고 생각했다. 그러나 그들의 예상은 틀렸다. 그들이 느부갓네살과의 언약을 어겼기 때문에(참조, 17:11~21) 그는 그들을 사로잡을 것이다.

21:24~27 하나님은 그때 그 백성과(24절), 왕(25~27절)에 대한 심판을 말씀하셨다. 그들의 죄과가 드러났기 때문에 예루살렘 백성은 그 손에 잡힐 것이다. 그들은 자신의 성에서 안전하리라 여겼지만 강제로 거기에서 떠나 사슬에 매여 바벨론에 끌려갈 것이다.

시드기야는 불경하고 악한 왕이었다. 바벨론과의 맹약을 어겼기 때문에 그는 폐위될 것이다. 시드기야는 권위를 빼앗기고(그의 관과 면류관이 옮겨졌다), 눈이 멀게 되어 바벨론에서 일생 동안 감금되었다(왕하 25:4~7). 한때 거만했던 왕이 낮아졌다(높은 자를 낮출 것이니라). 남겨졌던 낮은 자('그 땅의 빈천한 국민', 왕하 25:12)가 바벨론을 위하여 그 땅을 다스리는 자리를 차지했다.

시드기야는 이스라엘을 다스릴 권리를 빼앗겼고 그 땅은 황폐되었다. 에스겔은 '엎드러뜨리고'라는 말을 세 번 사용하여 이스라엘의 왕좌가 절대적으로 황무케 된 것을 강조했다. "이것도 다시 있지 못하리라 마땅히 얻을 자가 이르면 그에게 주리라." 이 예언은 창세기 49장 10절을 생각나게 하는데, 여기에서는 유다 혈통의 '규'에 대해 말하고 있는 것이다. 다윗의 혈통은 의로운 하나님이 세운 왕이 오기까지 회복되지 않을 것이다. 그리스도가 통치하시려고 예루살렘에 타고 오시기까지는 그 어떤 것도 나설 수 없었다(참조, 슥 9:9; 마 21:1~11; 계 19:11~16; 20:4). 그리스도가 에스겔의 예언을 이루실 것이다. 그가 이스라엘 왕이 될 것이다.

(4) 암몬 족속에게 임할 칼

21:28~32 에스겔의 네 번째 예언은 칼이 암몬 족속에게 임한 것이다. 이들은 느부갓네살의 공격을 피했다고 생각했다(참조, 20~22절). 암몬과 예루살렘은 비록 적이었지만 바벨론에 대항하여 동맹을 맺었다. 느부갓네살이 예루살렘을 공격하기로 결정했을 때 암몬은 안심하며 기뻐했다. 그들은 예루살렘이 그들 대신 고난당하는 것에 감사했다. 사실 예루살렘이 몰락한 후 암몬 족속은 느부갓네살에 의해

지명된 그 땅의 통치자 그다랴를 살해하려는 기습단을 조직했다(렘 40:13~41:10). 암몬 족속은 바벨론에 대항할 또 다른 이스라엘 정부를 세우려 했다. 아마 그래서 느부갓네살은 암몬 대신에 유다를 다시 공격할 것이다.

예루살렘을 위해 빛나는 칼(21:9, 11)이 암몬에게도 이를 것이다. 암몬 족속은 그들이 느부갓네살의 심판을 피했다고 생각했지만 그들은 벌을 받을 것이다. 하나님의 진노와 분노로 짐승 같은 자, 곧 멸하기에 익숙한 자의 손에 암몬을 붙일 것이다. 이 침략자들은 25장 4절에 나온 '동방 사람들'(참조, 욥 1:3 주해)과 동일한 자들로서, 아마도 유목민 침략자를 언급하는 것 같다. 유다에 임했던 심판의 불이(참조, 20:45~49) 암몬 또한 태울 것이다.

d. 예루살렘의 불결과 심판에 관한 세 개의 메시지(22장)

(1) 심판의 원인(22:1~16)

22:1~5 하나님이 에스겔에게 질문하셨다. "네가 심판하려느냐 이 피흘린 성읍을 심판하려느냐." 이 질문은 예루살렘의 죄에 관한 부분을 시작할 때(참조, 20:4) 하나님이 그에게 물으셨던 것과 비슷하다. 만약 에스겔이 검사나 재판관의 역할을 한다면 그는 진상을 규명해야 할 것이다. 에스겔은 그들의 모든 가증한 일을 예루살렘에 알게 할 필요가 있었다.

그때 하나님은 그 성읍에 알게 할 두 가지 일을 에스겔에게 주셨다. 피흘리는 것과 우상을 섬기는 것. 극도로 강포한(참조, 7:23; 8:17; 12:19에 나온 '포악') 그 성읍의 죄를 철저히 인식시키기 위해, 에스겔은 피 혹은 피 흘리는 것을 이 메시지에서 7번 언급했다. 이 두 가지 죄악은 이스라엘과 하나님과의 관계 그리고 동료 이스라엘 사람들과의 관계에 대한 모세 율법의 기준에 반대되었다(참조, 마 22:34~40). 하나님을 사랑하기보다 오히려 우상숭배로 돌아가고 동료 이스라엘 사람을 사랑하는 대신에 그들을 배반했다.

예루살렘은 죄의 벌을 받을 것이다. 그의 끝날이 다가왔다. 그가 망하면 이웃들은 그를 조롱할 것이다. 다른 이들 앞에 그의 죄가 드러나면 그 더러운 성읍의 오만은 부끄러움이 될 것이다.

22:6~12 에스겔은 특히 십계명(참조, 출 20:1~17) 중에서 범한 죄악들을 예시로 들었다. 사회적 불의(22:7), 신성 모독(8절), 우상숭배(9절), 간음(10~11절), 그리고 탐욕(12절) 등이 그것이다. 여기에는 다른 죄악들의 근본적인 문제가 되는 또 다른 죄인, 네가 "나를 잊어버렸도다"(참조, 23:35)가 포함되어 있다.

22:13~16 하나님은 예루살렘을 비웃어 그의 손뼉을 칠 것이다(참조, 6:11; 21:14, 17). 하나님의 계명을 가볍게 여긴 오만하고 거만한 그 백성은 하나님의 심판을 물러가게 할 수 없을 것이다. 하나님이 그들을 여러 나라 중에 흩으실 때 그들의 용기는 사라질 것이다. 모세는 온 백성이 불순종하면 흩어지는 결과를 가져올 것이라고 이스라엘에게 경고했다(참조, 레 26:27~39; 신 28:64~68). 이스라엘은 하나님의 율법을 더럽혔다. 이제는 그가 여러 나라의 목전에서 수치를 당할 것이다. 그 나라가 흩어진 후에 그는 자신이 조롱하고 잊었던 하나님의 성품을 깨닫게 될 것이다. "내가 여호와인 줄 알리라."

(2) 심판의 방법(22:17~22)

22:17~19 에스겔의 두 번째 메시지는 예루살렘이 고난의 풀무(그 안에 남아있던 사람들을 녹일 심판의 제련 용광로)가 될 것에 역점을 두었다.

이스라엘은 하나님께 무가치한 존재가 되었다. 그는 하나님께 찌꺼기가 되었다. "곧 풀무 불 가운데에 있는 놋이나 주석이나 쇠나 납이며 은의 찌꺼기로다." 야금술은 고대 근동 전역에서 발달된 과학이었다(참조, 욥 28:1~11). 금속들이 용광로 안에서 열을 받아 순수한 금속을 쏟아내고 난 후에 남는 잉여물이 찌꺼기이다. 하나님에게 이스라엘은 찌꺼기 같았다. 이것은 그들이 죄로 인해 무가치해졌기 때문이다.

22:20~22 찌꺼기는 제련을 통해서 나온 것이었다. 그러나 하나님은 찌꺼기를 다시 제련시키려 했다. 금속이 용광로 안에서 녹는 것처럼, 하나님은 성읍 안에 사람들을 모아 그들을 녹이실 것이다. 이 개념은 세 번 서술되어 있다(20~22절). 느부갓네살이 그 땅에 침략해 들어왔을 때 유다는 예루살렘으로 후퇴했다. 그 백성에게 하나님의 맹렬한 진노와 심판의 돌풍이 불자 그 성읍은 도가니가 되었다. 하나님의 심판과 파괴를 통해 그 백성이 하나님을 알게 해주었다. "나 여호와가 분노를 너희 위에 쏟은 줄을 너희가 알리라."

(3) 심판 받을 사람들(22:23~31)

22:23~24 이 메시지에서는 심판 받을 사람들을 열거한다. 선지자들(25, 28절), 제사장들(26~27절), 백성(29절).

NIV의 24절에는 '정결함' 대신에 비(rain)라고 표현된 칠십인역 성경을 따르고 있다(참조, NIV난외주). 왜냐하면 '정결함'보다 '비'가 소나기와 훨씬 더 조화가 잘 되기 때문이다. 하지만, 히브리 성경의 '정결함'을 따르지 않아야 되는 부득이한 이유는 없다. 이스라엘은 불순종 때문에 (죄로부터)정결함을 경험하지 못했다. 그리고 그는 진노의 날에 하나님이 보낸 (축복의)비를 받지 못했다.

22:25 선지자들의 죄가 먼저 묘사되었다. 여기서 '선지자들'은 아마 시드기야 왕을 포함한 왕실의 가족을 말할 것이다(참조, 12:10~12; 19:1; 21:25). 지도자들은 사자처럼 사람을 해치며 재물을 얻기 위해 그들의 권력을 이용했다(참조, 19:1~9). 탐욕스럽게 그들은 재산과 보물을 탈취했다. 그리고 살인도 저질러 많은 아내들이 과부가 되게 했다. 지도자들은 백성들의 모범이 되기보다는 타락한 폭군들이었다.

22:26~27 종교 지도자들도 선지자들과 다를 바가 없었다. "그 제사장들은 내 율법을 범하였으며 나의 성물을 더럽혔으며"(참조, 습 3:4). 그들은 백성을 하나님의 길로 인도하지 않았고 율법에 순종하도록 가르치지 않았다. 그들은 심지어 그 눈을 가려 하나님의 안식일을 지키지 않았다(참조, 20:16, 21, 24). 하나님의 교훈을 버리고 그들은 백성들 사이에 죄가 만연하도록 내버려 두었다.

왕가에 속한 사람들(선지자들. 22:25)을 제외한 다른 정부의 고관들은 불의의 이를 취하려고 또한 범죄하였다. 정당하게 공의를 베풀며 불리한 입장에 처한 사람들의 권리를 옹호해 주는 대신에 그들은 식물을 삼키는 이리 같았다.

22:28~29 선지자들은 하나님의 대언자가 되어야 하고 이들의 사악

한 행위를 비난해야 한다. 그러나 (예레미야와 에스겔 같은 사람을 제외한)선지자들은 그들의 죄를 무시했고 그 백성에게 허탄한 이상과 거짓 복술을 주었다. 그들은 여호와가 말하지 아니하였어도 여호와의 말씀이라고 주장했다.

그때 에스겔은 백성, 즉 그들의 지도자의 모본을 따르던 백성들을 비난했다. 이 대중들도 또한 포악하고 강탈을 일삼어(참조, 25, 27절) 궁핍한 자들을 압제했다. 통치자들은 백성들을 압제했고, 백성들은 의지할 곳 없이 무력한 사람들을 압제했다.

22:30~31 타락이 너무 극대화되어, 하나님이 나라의 붕괴의 조수를 막을 수 있는(성을 쌓으며 성 무너진 곳을 막아설) 사람을 찾았을 때 한 사람도 찾을 수 없었다. 그 나라의 권위적 위치에 있는 어떤 사람도 그 나라를 옳은 길로 인도할 도덕적 자질을 갖춘 사람이 없었다. 분명히 예레미야는 이러한 자질을 갖추었지만 재앙의 찰나에서 그 나라를 인도할 권력이 부족했다.

이스라엘의 광범위한 부패에는 정의가 요구되었다. 하나님은 맹렬한 분으로 그 백성 위에 진노의 불을 쏟겠다고 맹세함으로써 예루살렘에 대한 이 메시지를 끝맺으셨다(참조, 21:31).

이스라엘은 자신의 죄 때문에 고난을 당할 것이다. 그는 하나님의 은혜를 거역했다. 그러므로 이제 그는 하나님의 진노를 맛볼 것이다.

e. 두 음녀의 비유(23장)

에스겔은 유다의 불성실함과 벌 받을 것이 확실함을 보여주기 위하여 또 다른 비유를 들었다. 23장은 16장의 비유를 반복하고 있는 것 같다. 두 장 모두 하나님에 대한 유다의 불성실함을 다루기 때문이다. 하지만 16장에서 에스겔은 유다의 우상숭배에 초점을 맞추었지만, 23장에서는 우상숭배뿐만 아니라 유다의 부정한 외국 동맹을 강조했다. 16장에서 그의 믿음은 다른 신들에게 있었고, 23장에서는 다른 나라들에 있었다.

(1) 자매들의 부정(23:1~21)

23:1~3 두 자매는 똑같이 도덕적으로 타락했다. 그들이 애굽에서 행음하되 어렸을 때에 행음했다. 에스겔이 애굽을 언급한 것에서, 이스라엘이 애굽에 있을 때 그 나라의 조상을 생각할 수도 있을 것이다(참조, 20:4~12). 그 두 자매는 성적으로 난잡한 여자들이었다.

23:4 그들의 특성을 묘사한 다음 에스겔은 그들에 걸맞은 이름을 주었다. "형은 오홀라요 아우는 오홀리바라." 이 이름들은 히브리어로 '장막'(오헬[אֹהֶל : 텐트])이란 단어에 근거하고 있다. 첫째 이름은 '그녀의 장막'이란 뜻이고 두 번째는 '나의 장막이 그녀 안에 있다'라는 뜻이다. 한 비유의 세세한 사항을 강조하지 않도록 주의해야 하지만, 아마 이 이름들은 중요한 뜻을 가지고 있을 것이다. '장막'이란 말에는 거하는 처소 혹은 성소라는 뜻이 함축되어 있다. 이 단어는 종종 이스라엘 중에 거하시는 하나님의 성소에 사용되었다(참조, 출 29:4, 10~11 30). 오홀라라는 이름(그녀의 장막)에는 그녀가 자기 마음대로 만든 성소라는 뜻이 들어있다. 반면에 오홀리바라는 이름(나의 장막이 그녀 안에 있다)은 하나님의 성소가 그녀 가운데 있다는 뜻이 포함되어 있다.

오홀라는 사마리아를 나타내고 오홀리바는 예루살렘을 나타냈다.

이 두 '자매'는 이스라엘과 유다 왕국의 수도로 이 두 왕국의 백성을 나타냈다.

이 여인들과 맺은 하나님의 언약이 분명하게 진술되지는 않았지만 함축되어 있다. 그들이 내게 속하여 자녀를 낳았다. 은혜의 하나님은 이 사랑을 받을 자격이 없는 자매에게 후한 사랑을 주었다.

23:5~10 형 오홀라의 죄는 앗수르인과 그녀(사마리아)의 결합이었다. 사마리아가 앗수르와 동맹을 맺은 것이 결국 그녀를 재앙으로 이끌었다.

이스라엘과 앗수르의 관계는 잘 기록되어 있다. 앗수르 왕 살만에셀 3세의 검은 오벨리스크에(약 BC 841년으로 추정됨) '오므리의 아들 예후'가 언급되어 있다. 그리고 앗수르 군주에게 절하고 있는 그가 묘사되어 있다. 이것이 성경에 기록되진 않았지만, 아마도 이스라엘에 대한 시리아의 협박에서 비롯되었을 것이다. 시리아는 예후의 통치기간 동안 요단 동편 길르앗 온 땅까지 영토를 확장했다(왕하 10:32~34). 그 협박에 대항하기 위해 이스라엘의 예후는 앗수르와 동맹을 맺어 자신이 가신으로서 충성하기로 굴복했다. 그 오벨리스크에는 예후와 그의 신하들이 앗수르 왕에게 조공을 가져왔다고 기록되어 있었다. 그 이후 이스라엘의 두 왕, 므나헴과 호세아도 앗수르에 조공을 주었다(왕하 15:19~20; 17:3~4). 호세아 선지자(약 BC 760~720)는 이스라엘이 여호와 대신에 앗수르에게 의존한 것을 비난했다(참조, 호 5:13~14; 7:11; 8:9; 12:1).

이스라엘이 앗수르의 가신이 된 후 그는 자신의 문제를 해결할 수 없었다. 마침내 시리아와 애굽과 연합을 결성하기 위해 그 동맹을 깨려

했을 때(왕하 17:4; 사 7:1) 그는 앗수르의 진노에 당했다. 사마리아가 도움을 청했던 바로 그 나라가 그를 멸망시킬 것이다. 하나님은 사마리아를 포함한 모든 이스라엘을 그 정든 자, 곧 그 연애하는 앗수르 사람의 손에 붙여 칼로 그를 죽이게 했다. BC 722년에 사마리아는 앗수르에게 멸망당했다(참조, 왕하 17:5~6, 18~20).

23:11~18 형 오홀라(사마리아)의 심판은 아우 오홀리바(예루살렘)에게 경고가 되어야 했다. 불행히도 그녀는 그 경고에 주의를 기울이지 않았다. 사실 그녀는 그 형보다 더 부패해졌다.

예루살렘은 그의 형이 갔던 부도덕한 길을 따라갔다. "그의 이웃 앗수르 사람을 연애하였나니." 유다는 하나님께 의존하기보다 앗수르에게 아첨했다. 아마 에스겔은 기꺼이 유다가 앗수르의 가신이 되게 했던 유다 왕 아하스의 비극적인 정치적 흐름을 기억했을 것이다. 이스라엘과 시리아가 앗수르에 대항하기 위해 결합하고, 유다를 이 동맹에 끌어들이려 했다. 아하스가 거절하자 그들은 아하스를 폐위시키고 그들의 반란을 지지해줄 왕으로 교체시키고자 유다를 공격했다(이사야 선지자가 강력히 권했던 대로). 구원해 줄 하나님을 신뢰하는 대신에 아하스는 앗수르의 도움과 보호를 얻기 위해 사신을 보냈다. 이것으로 인해 유다는 다음 세기에 앗수르의 가신이 되었다(참조, 왕하 16:5~9; 사 7장)

그러나 예루살렘의 정치적 음모는 거기서 그치지 않았다. 그가 음행을 더 자행했다. 앗수르에 도움을 청한 후에 예루살렘은 바벨론에 의지했다. 에스겔은 예루살렘의 색정을 불러일으킨 바벨론 군인의 옷차림을 자세히 묘사했다(23:15).

예루살렘은 "사절을 갈대아 그들에게로 보내매 바벨론 사람이 나아와 연애하는 침상에 올라 음행으로 그를 더럽"혔다. 앗수르의 통치는 짧았다. 요시야 왕이 독립을 이루었으나, 그는 애굽의 침략을 방어하려는 전투에서 죽었다(참조, 왕하 23:29~30). 유다는 4년 동안 애굽의 가신이 되었다. 아마 그 기간 동안 여호야김 왕은 바벨론의 도움을 얻기 위해 그와 접촉했을 것이다. BC 605년에 바벨론이 갈그미스 전투에서 애굽을 패배시키자, 여호야김은 기꺼이 동맹국을 배반하고 느부갓네살의 봉신이 되었다(왕하 24:1).

그러나 바벨론이 왔을 때, 예루살렘은 그가 연애했던 애인이 잔인한 것을 알았다. 그가 더럽힘을 입은 후에 그들은 싫어하는 마음이 생겼다. 바벨론은 앗수르나 애굽보다 더 지독한 감독이 되었다. 그러자 예루살렘은 바벨론의 통치를 피하려 했다.

예루살렘이 바벨론에서 돌아서자 하나님은 예루살렘에서 돌아섰다. 예루살렘은 그의 형의 길을 계속 따라갔고 심지어 사마리아의 부정함을 능가했다. 하나님은 마침내 사마리아의 행위 때문에 그를 저버렸고 이제는 예루살렘을 저버렸다.

23:19~21 예루살렘은 부정함 때문에 이전에 그가 가졌던 그의 유일하고 참된 보호자를 잃게 되었다. 그러나 그의 죄를 회개하는 대신에, 그는 점점 더 음행을 더하여 또 다른 인간적인 도움을 찾았다. 그의 죄의 순환은 처음에 그를 더럽히고 노예가 되게 했던 바로 그 나라(애굽)로 그를 다시 데려갔다(3, 19, 21절).

이러한 행위의 과정을 전적으로 싫어한다는 것을 나타내기 위해 에스겔은 거친 언어를 사용했다(20절). 그러나 조잡해지지 않도록 하기 위해 유다가 떨어졌던 극도의 영적 타락을 생생하게 묘사했다.

지난 14년 동안의 유다 역사는(BC 600~586) 바벨론에 반역하기 위해 애굽의 도움을 끌어들이려는 시도였다. 여호야김 왕은 애굽이 바벨론에 패배한 후 BC 600년에 바벨론에 대해 반역했다(왕하 24:1). 유다는 애굽의 불성실한 도움의 약속을 간절히 붙잡았다. BC 588년 바벨론에 대한 시드기야의 최후의 반역은 애굽이 그들을 돕겠다는 약속에서 비롯되었다(왕하 25:1; 렘 37:5~8; 겔 29:6~7).

(2) 그 자매들이 받을 벌(23:22~35)

23:22~27 여기에서 에스겔은 '나 주 여호와가 말하노라'라고 시작되는 네 가지 하나님의 말씀을 주었다(22, 28, 32, 35절). 이 말씀은 모두 다 예루살렘의 심판에 초점을 두었다. 예루살렘이 경멸했던 자들이 그를 벌할 자가 될 것이다. 하나님은 바벨론 사람과 브곳과 소아와 고아 사람과 또 그와 함께한 모든 앗수르 사람을 포함한 그녀의 애인들을 데려올 것이다. 아마 브곳, 소아, 고아는 티그리스 강 입구 근처의 세 아람 족(프쿠두, 스투, 크투)이었을 것이다. 이 세 부족은 앗수르인들과 함께 바벨론 제국의 일부이며 바벨론 군대를 대표해 주었다. 에스겔은 바벨론의 연합 군대와 그의 동맹국들이 예루살렘으로 내려올 것이라고 말하고 있다.

바벨론인들이 병기와 군대를 거느리고 예루살렘을 공격하면, 그 성읍은 잘 무장된 군인들로부터 빠져나갈 수 없을 것이다. 하나님의 분노의 벌이 바벨론을 통해 예루살렘을 불구처럼 만들 것이다. "네 코와 귀를 깎아버리고 남은 자를 칼로 엎드러뜨리며." 메소포타미아에서 얼굴 절단은 간음에 대한 흔한 벌이었다. 죄를 지은 여인은 아주 괴상하게 보이게 하여 영원히 누구에게도 달갑지 않은 사람이 되어야 했다. 그래서 그녀는 공공연히 그녀의 수치와 죄를 견뎌내야만 했다. 이와 비슷하게 예루살렘은 어떤 애인에게도 아름답지 않게 보이게 될 것이다.

또한 예루살렘의 어떤 아이들은 노예로 끌려갈 것이고, 다른 아이들은 불에 탈 것이고, 그의 재산(옷과 장식품)은 빼앗길 것이다. 하나님의 벌이 유다의 정욕을 치료할 것이다. 그리고 그는 더 이상 도움을 받기 위해 애굽을 바라보지 않을 것이다.

23:28~31 이 두 번째 하나님의 말씀은 22~27절에 진술된 몇 가지 점을 (강조하기 위해) 반복한다. 그리고 이에 더하여 바벨론인이 이 일을 행하면 예루살렘은 발가벗겨 나체가 될 것이다. 수치를 당하게 되어도, 그가 음란하게 이방을 좇고 그 우상들로 더럽혀졌기 때문에 이 벌을 받게 될 것이다. 그는 그의 형과 같은 죄를 범했기 때문에 그는 비슷한 방법(칼과 추방)으로 벌을 받게 될 것이다("내가 그의 잔을 네 손에 주리라." 참조, 32~34절 주해).

23:32~34 예루살렘에 대한 세 번째 심판의 말씀은 다른 것과는 다르다. 왜냐하면 이것은 시(詩)이기 때문이다. 이 시의 요점을 제목으로 만든다면 '하나님의 심판의 잔'으로서, 예루살렘은 사마리아와 같은 죄를 졌기 때문에 사마리아와 같은 심판을 당해야 된다는 것이다. 하나님은 말씀하셨다. "깊고 크고 가득히 담긴 네 형의 잔을 네가 마시고(참조, 31절) 코웃음과 조롱을 당하리라."

심판의 잔을 마신다는 개념은 성경 전체에 나타난다(참조, 시 75:8; 사 51:17~23; 렘 25:15~19; 51:7; 합 2:16; 계 17:3~4; 18:6). 그 잔 속에 '들어있는 것'은 그 나라에 의해 축적된 죄의 파괴적인 결과였다. 놀람, 패망, 근심이 그 결과들이다.

23:35 네 번째 말씀은 예루살렘이 심판을 받아야 되는 주된 이유를 말하고 있다. 그는 하나님을 잊었고 하나님을 그의 등 뒤에 버렸다(참조, 22:12). 예루살렘이 다른 나라와 부정한 일을 한 것은 그가 그의 보호의 근원이신 하나님을 잊고 공공연히 하나님을 거역한 것에서 비롯됐다. 이러한 거역 때문에 그는 자신의 음행의 죄를 담당해야 했다.

(3) 결론(23:36~49)

이 장의 마지막 부분에서 에스겔은 사마리아와 예루살렘의 죄와 심판을 재고해 보았다. 두 나라의 역사와 심판은 따로 묘사되어 있다(1~35절). 그러나 이제 그들을 비교하기 위해 합했다. 두 나라의 죄는 우상숭배(36~39절)와 외국과의 동맹(40~44절)이었다. 그리고 그들의 심판도 같았다(45~49절).

23:36~39 우상숭배는 1~35절의 주제는 아니었지만, 이스라엘과 유다에 흔히 행해졌다. 그들의 영적 간음의 절정은 자녀를 희생제물로 드리는 것이었다. "내게 낳아준 자식들을 우상을 위하여 화제로 살랐으며." 이것은 가나안 사람들의 종교 중에서 가장 가증한 의식 중 하나로 이스라엘과 유다에 모두 침투해 들어왔다(참조, 16:20~22 주해). 그 백성은 죄로 인해 아주 마음이 굳어져 자식들을 우상을 위하여 화제로 드린 당일에 그들의 손에 자식들의 피를 묻히고 그들의 옷에 살을 태운 냄새를 묻힌 채 성소에 들어왔다. 그들은 바로 면전에서 하나님의 성전을 더럽히고 모독했다.

23:40~44 그 두 나라의 영적 간음은 정치적 간음과 일치했다. 두 나라는 모두 부정한 동맹으로 이방 나라를 끌어들였다. 에스겔은 애인들을 위하여 스스로 준비하는(즉, 그들을 도와주도록 다른 나라를 유혹하는) 자매들에 관한 생생한 그림을 그렸다. 그 음란한 자매들은 사자를 보내어 그들이 오게 하고, 그들을 위하여 목욕하며 눈썹을 그리며 스스로 단장했다(참조, 잠 7:6~21).

두 자매는 광야에서 잡류와 술취한 사람을 유혹했다. 술취한 사람(사바임[סָבָאִים])은 사바[סָבָא : '몹시 마시다'])에서 비롯된 단어이다(참조, NIV 난외주). 아마 에스겔은 이 단어의 이중적인 의미 때문에 고의로 이것을 선택했을 것이다. 거친 유목 민족인 사바 사람은 술취한 사람처럼 행동했을 것이다. 그 자매의 명성은 아주 잘 알려져 심지어 사회의 천한 계층도 그들이 있는 곳을 잘 알았다. 에스겔은 또한 천한 계층이 그 여인들에게 유혹당했다는 사실에 주의를 끌기 위해 비슷하게 발음되는 두 단어를 사용했다. 그들은 무바임([מוּבָאִים]. 우리 성경에는 '광야'로 되어 있음)에서 '사바 사람/술취한 사람'(사바임[סָבָאִים])을 청했다.

그 자매는 다른 사람의 사랑을 얻기 위해 그들의 외모를 이용하고 있었다. 그래서 하나님은 창녀의 위치로 그들을 타락시키셨다(참조, 23:3). 이것은 분명히 도움을 받기 위해 이방 나라로 향했고 그들에 의해 희롱당한 이스라엘과 유다를 묘사한 것이다.

23:45~49 의인이 음부를 재판함 같이 재판할 것이라고 하나님은 말씀하셨다. 이 '의인들'은 누구였을까? 분명히 그들은 결국 그 자매를 멸망시킬 그 나라들은 아니었다. 왜냐하면 그 나라들은 이전에 그들과 간

음을 했기 때문이다. 가장 타당한 의인들은 죄를 비난하고 심판을 선포하기 위해 하나님이 세운 선지자들이었다. 그들은 간음으로 고소된 사람의 운명을 결정하는 장로와 같은 역할을 했다(참조, 신 22:13~21).

간음에 대한 심판은 보통 돌에 맞아(참조, 레 20:27; 요 8:3~5) 죽는 것이었다(레 20:10). 그리고 한 성읍에서 우상숭배하는 것에 대한 심판은 칼과 불이었다(신 13:12~16). 이러한 심판들이 이 '자매들'에게 실시될 것이다. 그 군대가 그들을 돌로 치며 칼로 죽이고 그 자녀도 죽이며 그 집들을 불사를 것이다. 이것들은 에스겔이 앞에서 선언했던 것과 같은 심판이었다(16:40~41). 이것은 다른 나라들에게 경고가 될 것이다.

f. 끓는 가마의 비유(24:1~14)

24장에서 유다에 관한 일련의 세 가지의 심판은 끝이 난다(4~11장; 12~19장; 20~24장). 24장은 심판의 필연성을 보여주는 두 가지 메시지와 더불어 이 예언의 절정을 이룬다.

24:1~2 에스겔의 예루살렘에 대한 재앙의 마지막 예언은 '아홉째 해('여호야긴 왕이 추방된 지.' 참조, 1:2) 열째 달 열째 날'에 임했다. 이때는 BC 588년 1월 15일(예루살렘의 국가적 대재난의 날)이었다. 바로 그 날짜에 바벨론 왕이 예루살렘을 에워쌌다. 이 날은 에스겔이 4년 이상 동안 지적해 왔던 날이었다. 이 날짜는 아주 중요해서 열왕기상하의 기자(참조, 왕하 25:1)와 선지자 예레미야에 의해서도(렘 39:1; 52:4) 언급되었다.

24:3~5 에스겔은 패역한 이스라엘 족속에게(참조, 3:9) 물로 가득 찬 가마와 삶아지고 있는 좋은 고깃덩이에 관한 비유로 말했다. 이것은 11장에 나온 메시지와 비슷한데, 여기에서는 어떤 지도자들이 예루살렘에 거짓 희망을 주기 위해 가마의 형상을 사용했다. 사람들은 가마 속에(예루살렘) 있는 것이 그들을 안전하게 지켜줄 것이라고 생각했다. 그러나 여기에서 에스겔은 그 가마가 그들의 멸망의 장소가 될 것이라고 예언했다.

24:6~8 에스겔은 '나 주 여호와가 말하노라 화 있을진저 피 흘린 성읍이여'(6,9절)라고 시작되는 두 개의 비슷한 말씀으로 그 비유를 설명했다(6~8절, 9~14절). 이 부분에서는 그 성읍의 피 흘린 죄에 대해 말했다(참조, 22:1~16).

에스겔은 예루살렘이 녹으로 덮힌 가마, 침전물이 없어지지 아니한 가마와 같다고 말했다. '녹으로 덮힌'과 '침전물'은 히브리어인 헬아(הֶלְאָה)에서 비롯되었는데 이것은 '녹슨', '녹'으로 번역할 수 있다. 하나님의 심판의 불 속에서 예루살렘의 '불결한 것들'이 표면으로 떠올랐다. 그의 타락함이 감추어질 수 없었다. 그는 마치 요리하고 있는 음식의 표면에 떠다니는 녹슨 찌꺼기처럼 역겨웠다.

그 음식은 녹슨 찌꺼기에 의해 더럽혀졌다. 그래서 그 가마 속에 든 것은 내버려졌다. 바벨론의 살육에서 안전하리라고 여겼던 예루살렘 사람들은 그들의 사회적 지위에 상관없이(제비 뽑을 것도 없이) 그 성읍에서 끌려 나와 사로잡혀갈 것이다.

흩어지게 된 원인이 반복되었다(24:7~8). 피가 바위 위에 쏟아져 티끌이 덮이지 않게 했다. 예루살렘은 무죄한 피를 흘리고 자신의 죄를 숨기려고조차 하지 않았다. 그 피가 소리치고 있었다. 이 말은 상징적으로 복수를 위해서(참조, 창 4:10; 레 17:13~14; 욥 16:18)였다. 예루살렘은 다른 사람들의 피를 공공연히 흘렸기 때문에, 하나님은 공공연히 그의 피를 맨 바위 위에 흘리게 하실 것이다.

24:9~14 심판에 관한 두 번째 메시지에서 에스겔은 특히 녹슨 가마에 대해 기록했다. 가마 속의 고기가 '잘' 요리된다는 것은, 바벨론에 의한 예루살렘 거주민의 살육을 묘사한다. 그러나 하나님의 심판은 예루살렘 성을 에워싼 거주민들을 능가할 것이다. 빈 가마(거민이 없는 예루살렘)는 숯불 위에 놓아 가마의 침전물 혹은 녹을 녹게 하여 녹이 소멸되게 해야 했다. 그 성의 불결한 것들을 없애기 위해 그 성 자체가 멸망되어야 했다.

하나님은 그들의 더러운 것들을 정하게 하려 하셨으나 그들은 그러한 모든 노력을 거부했다. 그러므로 그들은 하나님의 분노의 정화 작업을 겪어야 할 것이다. 하나님의 인내가 다했다. 드디어 하나님의 심판의 때가 다가왔다. 하나님은 돌이키지도 아니하시고 아끼지도 아니하실 것이다. 하나님의 자비가 가능한 사람들을 회개하도록 심판을 지연하게 했지만(참조, 벧후 3:8~10) 하나님은 한없이 기다리시지는 않는다. 하나님이 사악한 자를 벌하실 때가 온다.

g. 에스겔 아내의 죽음의 징조(24:15~27)

24:15~17 에스겔은 이미 사로잡힌 모든 이스라엘 사람이 겪어야 할 내적인 고통을 자신의 비탄의 경험을 통해 실현했다.

하나님이 에스겔에게 밤에 꿈으로(18절) 그 징조를 설명하셨던 것 같다. 에스겔의 아내(그의 눈에 기뻐하는 것)의 죽음의 비극은 정상적으로는 슬픔과 비탄의 탄식이 나와야 될 것이다. 그러나 하나님은 그에게 슬퍼하거나 울거나 눈물을 흘리지 말라고 하셨다. 그는 죽은 자들을 위하여 슬퍼하지 말고 종용히 탄식해야 했다. 그는 그의 개인적인 상실감을 안에 가두어야 했다. 그는 정상적인 애도의 과정을 따라가서는 안 되었다(17절하. 참조, 렘 16:5~7).

24:18~19 다음날 아침 에스겔은 자신의 환상을 백성에게 말했다. 그리고 그날 저녁 그의 아내가 죽었다. 다음날 아침 그의 부인을 매장할 때, 그는 하나님의 지시를 따라 공식적으로 애도하지 않았다. 그 사건은 미리 백성들에게 설명되었기 때문에, 그들은 그 행동이 어떤 국가적인 중요한 문제를 나타내고 있음을 알았다. 그래서 백성들은 그것이 무엇을 뜻하는지 설명해 달라고 간청했다.

24:20~24 에스겔은 그의 아내의 죽음이 하나님의 성전의 파괴와 예루살렘 백성(사로잡힌 자들이 사랑하는 사람들)의 살육을 상징한다고 설명했다. 에스겔은 그의 '눈에 기뻐하는 것'(16절)을 잃었고, 사로잡힌 자들은 그들의 눈의 기쁨(참조, 25절), 즉 예루살렘을 바벨론에 잃을 것이다. 에스겔이 커다란 개인적인 비극을 경험했던 것처럼, 이미 사로잡힌 자들도 예루살렘의 몰락과 그들이 사랑한 자들(자녀들)의 학살에 대하여 들을 때 비극을 느낄 것이다.

사로잡힌 유대인들은 예루살렘의 몰락의 소식에 낙담할 것이고, 그 파괴의 광대함으로 인해 감당할 수 없는 슬픔을 맛볼 것이다. 보통 어떤 사람에게 개인적인 참사가 생기면, 친구나 친척들이 모여 한 사람이 당하는 슬픔을 함께 나누고 고뇌와 상실의 시간에 그를 위로해 준다. 그러나 예루살렘이 몰락하면 모든 사람이 슬픔에 빠진다. 왜냐하면 모두가 피해자이기 때문이다. 그 비극은 너무 놀라운 것이어서 어떤 공공연한 슬픔의 표현도 무의미한 것처럼 보일 것이다. 이미 바벨론에 와 있는 유대인들은 에스겔이 했던 것처럼 모든 공적인 슬픔의 표현을 피해야 한다. 그들은 단지 죄악 중에 패망하여 피차 바라보고 탄식해야 했다. 그 대참사가 모든 사로잡힌 자들에게 충격을 가져다 줄 것이고 그들로 여호와를 알게 해 줄 것이다. "이 일이 이루어지면 내가 주 여호와인 줄을 너희가 알리라."

24:25~27 예루살렘의 몰락의 소식이 사로잡힌 자들에게 이르면 그 선지자의 입이 열릴 것이다. 그는 다시는 잠잠하지 아니할 것이다. 에스겔은 하나님이 그에게 준 예언을 말하는 것 이외에는 그의 동료 사로잡힌 자들 앞에서 침묵하라는 명령을 받았다(참조, 3:25~27). 그가 전했던 예언이 이루어지면 그의 일시적인 벙어리 됨도 끝날 것이다(참조, 33:21~22).

II. 이방 나라에 대한 심판(25~32장)

　예루살렘 포위가 시작되었다. 그의 멸망이 끝날 때까지 이것은 단지 시간 문제였다. 그래서 에스겔은 예루살렘에서 돌아서서 그 주변 나라들에 대한 메시지를 주었다. 만약 하나님이 죄 때문에 자기 자신의 백성을 용서하지 않으신다면, 어떻게 그 주변 나라들은 하나님의 심판에서 피하기를 바랄 수 있겠는가? 하나님의 심판은 이스라엘에서 시작되었다(4~24장). 그러나 그곳에서 다른 나라들로 확대될 것이다(25~32장).
　이러한 나라들에 대한 하나님의 심판은 아브라함의 언약에 근거한다(참조, 창 12:1~3; 15장). 아브라함의 후손을 축복한 자들은 축복을 받을 것이다. 그러나 아브라함의 후손을 저주한 자들은 저주를 받을 것이다. 에스겔은 유다의 멸망의 원인이 된 일곱 나라들에 대한 하나님의 저주를 선포했다.
　첫 번째 세 나라(암몬, 모암, 에돔)는 유다의 동쪽 경계선에 위치했고, 네 번째 나라 블레셋은 서쪽 경계 지역에 있었다. 베니게의 도시국가 두로와 시돈은 유다 북쪽의 근본 세력이었고, 애굽은 남서쪽의 중요 세력이었다. 하나님의 심판은 유다에서부터 모든 방향으로 확산되어 갈 것이다.
　에스겔의 처음 네 예언(암몬, 모압, 에돔, 블레셋에 대한)은 각각 하나님의 심판을 조장한 죄에 대해서, 그 다음엔 그 심판에 대해 묘사했다. 이 두 부분은 '때문에/그러므로' 형식으로 이루어진다. 그 나라가 하나님의 백성에 대해 범죄했기 때문에(야안[יַעַן]), 그러므로(라켄[לָכֵן]) 하나님이 그들을 벌하실 것이다. 각 예언은 그 심판의 결과에 관한 진술로 끝맺는다. 그러한즉 "내가 여호와인 줄을 너희가 알리라."

A. 암몬에 대한 심판(25:1~7)

25:1~2 에스겔은 이미 암몬에 심판을 선포했다(21:28~32). 이제 암몬은 신의 심판의 가시를 맛볼 나라들의 목록 중 먼저 뽑혔다.

암몬과 이스라엘은 사사시대의 입다의 때 이래로(삿 10:6~11:33) 분쟁관계에 있었다. 사울은 길르앗 야베스를 구하기 위해 암몬 족속과 싸웠고(삼상 11:1~11), 다윗은 암몬을 정복했다(대상 19:1~20:3). 솔로몬의 죽음 후 때때로 암몬 족속은 그들의 독립을 얻었고 유다와의 적대관계를 새롭게 했다. 여호사밧의 통치 기간 동안 암몬 족속은 모압 족속과 에돔 족속과 합하여 유다에 대해 실패로 끝난 공격을 시도했다(대하 20:1~30). 암몬은 이스라엘을 희생시켜 자신의 영토를 넓히려 했다(참조, 렘 49:1). 그리고 심지어 약 BC 600~597년경 여호야김의 혁명 후 또 다른 영토를 얻기 위한 시도로 맨 먼저 느부갓네살의 편을 들기까지 했다(왕하 24:1~2).

BC 593년 암몬은 바벨론에 반역하기 위해 또 다른 잠재세력의 공모자들과 비밀 회합에 가담했다(참조, 렘 27:1~7). 그 계획은 실현되지 않았다. 그러나 BC 588년 그는 바벨론에 대항하기 위해 유다와 두로와 함께 연합했다. 그래서 두 고대의 적들, 유다와 암몬은 공동의 적에 대항하기 위해 힘을 합했다.

느부갓네살이 암몬 대신에 유다를 공격하기로 결정했을 때(21:18~27) 암몬은 자신이 살아났다고 안심했다. 유다를 돕기보다는 유다의 불행을 기뻐했으며, 유다의 멸망으로 영토의 이익을 얻기를 바랐다.

25:3~7 이런 배경에 대하여 에스겔은 이 예언을 주었다. 그는 암몬의 멸망을 보여주기 위해 '때문에/그러므로/알게 될 것이다'라는 문구를 두 번 반복했다(3~5, 6~8절). 암몬은 성소가 파괴되고 유다 족속이 살육 당하고 사로잡혀 가는 것을 보고('아하 좋다'라고 조롱하며) 기뻐했다. 암몬 족속은 유다의 불행을 기쁜 듯이 바라보았다(6절).

하나님의 심판은 암몬의 죄 대로 이뤄질 것이다. 그들이 유다의 몰락을 기뻐했기에 그들은 멸망할 것이다. 하나님이 그들을 동방사람, 사막의 유목 부족에게 기업으로 붙일 것이다. 이 유목민들이 암몬 족속을 황폐케 하고, 암몬의 수도 랍바로 약대의 우리를 만들며 암몬 족속의 땅으로 양무리의 눕는 곳이 되게 할 것이다. 암몬이 이스라엘을 멸시했기 때문에 암몬은 여러 나라에 의해 패망하며 멸망케(끊어버리게) 될 것이다.

B. 모압에 대한 심판(25:8~11)

모압과 이스라엘 사이의 적대감은 모세가 이스라엘 백성을 팔레스타인으로 인도하면서 모압 왕 발락이 이스라엘에 대항하려 했을 때부터 시작되었다(참조, 민 22~24). 사사시대에 이스라엘은 모압 왕 에글론의 압제를 받았다(삿 3:12~30). 그 이후 두 나라 사이는 차츰 개선되었다. 그리고 어떤 이스라엘 사람은 기근 동안에 모압 땅으로 갔다. 이 접촉을 통해 모압 여인 룻이 이스라엘의 역사와 다윗 왕의 혈통에 들어왔다.

모압과 이스라엘의 관계는 사울의 통치 기간에 다시 악화되었다(참조, 삼상 14:47). 다윗은 모압을 정복하여 이스라엘의 봉신으로 만들었다(삼하 8:2). 그래서 솔로몬이 왕위에 있는 동안 모압은 이스라엘의 지배 아래 있었다. 모압은 이스라엘과 유다로 나누어진 수년 후인 여호사밧의 통치 기간 동안에 이스라엘에 반역했다(참조, 왕하 3:4~27). 모압은 역시 여호사밧의 통치 기간 동안 유다를 패배시키려는 불행한 시도의 일환으로 암몬과 에돔과 연합했다(대하 20:1~23). 나중에 모압은 바벨론을 지지하여 여호야김 반역 이후 유다를 공격했다. 아마 또 다른 영토를 얻고 싶어서였을 것이다(참조, 왕하 24:2). 모압은 그러나 BC 593년 다른 나라들과 연합하여 바벨론에 대한 충성을 저버린 것 같다(참조, 렘 27:1~7). 그러나 그 했던 일에 대한 어떤 증거도 나타나지 않는다.

25:8~11 모압의 죄는 하나님의 백성을 경멸한 것이었다고 에스겔은 말했다. "모압과 세일이 이르기를 유다 족속은 모든 이방과 다름이 없다 하도다." 세일은 에돔 땅을 에워싼 사해 남쪽의 산맥 이름이었다. 이 단어는 에돔 땅과 동의어가 되었다(참조, 대하 20:10; 민 20:14~21). 에돔은 시기와 경멸의 동일한 죄를 범했기 때문에(그녀 자신이 받는 심판이 다음에 나오지만) 여기에서 모압에 포함되었다. 모압과 에돔은 조소하며 이스라엘에 대한 하나님의 약속을 부인하고 있었다. 여러 나라 중의 중심인 유다의 위치를 얕잡아보고, 유다에게 그 위치를 약속했던 하나님의 이름을 더럽히고 있었다.

모압이 유다를 경멸했기 때문에, 하나님은 북쪽 변경을 공격받게 하여 모압의 영화를 제거하실 것이다. 하나님이 세 성읍(벧여시못, 바알므온과 기랴다임)을 멸망시킬 것이다. 벧여시못은 요단강가 모압 평원에서부터 메데바 고원까지의 구릉을 수호했다. 바알므온과 기랴다임은 메데바 고원의 중요한 요새였다.

모압은 자신의 방어지를 잃을 뿐만 아니라 자유까지 잃을 것이다. 하나님은 암몬 족속과 같이 모압을 동방 사람에게 붙이겠다고 하셨다(참조, 4절). 암몬 족속을 황폐케 했던 사막의 유목 부족이 모압을 또한 황폐케 할 것이다.

C. 에돔에 대한 심판(25:12~14)

암몬과 모압처럼 에돔은 이스라엘과의 오래된 갈등 속에 있었다. 그 분쟁은 실제로 이스라엘이 광야를 방황하던 시기, 곧 에돔이 자신의 영토를 지나가지 못하게 했던 때에 시작되었다(참조, 민 20:14~21). 사울은 에돔 족속과 싸웠다(삼상 14:47). 그리고 마침내 다윗이 에돔을 빼앗아 이스라엘의 봉신국가가 되게 했다(삼하 8:13~14). 솔로몬은 더 나아가 에돔을 개발하여 이스라엘의 항구로 엘롯을 세웠다(참조, 왕상 9:26~28). 그러나 에돔은 그의 통치 후기에 솔로몬을 거역했다(왕상 11:14~18). 그 나라는 유다와 이스라엘이 나뉜 후에도 계속해서 봉신국가로 남았고, 여호사밧 시대 이후까지 유다의 관료에 의해 통치를 받았다(왕상 22:47~48).

여호람 시대에(약 BC 845년) 에돔은 성공적으로 유다에 반역하여(왕하 8:20~22절상) 자유를 되찾았다. 그 이후 유다와 에돔은 요단 땅

남쪽 끝의 사막의 주요 대상로와 항로를 누가 장악하느냐를 두고 투쟁했다. 아마샤(왕하 14:7)와 웃시야(혹은 아사랴, 왕하 14:21~22) 모두 에돔에게 잃었던 영토를 되찾았다. 그러나 아하스의 통치 기간에 에돔이 반격하여 유다에 큰 타격을 입혔다(대하 28:17).

BC 605년 느부갓네살에 의해 애굽이 대패한 후 에돔은 바벨론의 봉신이 되었다. 그리고 BC 593년 바벨론에 반역하기 위해 모의하는 공모자들과 함께했다(참조, 렘 27:1~7). 그러나 그 계획은 실행되지 않았다. BC 588년 유다가 반역했을 때, 에돔은 바벨론의 편을 들어 유다를 습격하는 바벨론을 도왔다(참조, 시 137:7; 렘 49:7~22).

25:12~14 에스겔은 에돔의 죄는 유다 족속을 쳐서 원수를 갚은 것이라고 말했다. 에돔은 유다와 바벨론과의 분쟁을 그의 적수를 방해할 기회로 여겼다. 만약 그때 그의 적이 멸망당했다면, 에돔은 사해 남단을 장악할 수 있었다.

에돔이 유다의 멸망을 도왔기 때문에 하나님은 자신이 에돔의 멸망을 돕겠다고 하셨다. 하나님은 에돔의 사람과 짐승을 끊어 데만에서부터 드단까지 칼에 엎드러지게 하실 것이다. 데만은 셀라에서 약 5킬로미터 떨어진 에돔 중심에 있는 도시(나중에 페트라로 알려짐)에 있었다. 드단은 북 아라비아에 있는 에돔의 남동쪽에 있었다. 아마 드단이 여기서 언급된 것은 약간의 에돔 사람이 거기에 살고 있었기 때문일 것이다. 에돔은 성경이 쓰인 시대에 네바다인들에 의해 정복당했다. 에돔의 남은 자들은 네게브 서쪽으로 옮겨갔다. 나중에 그들은 유대인으로 개종해야만 했다(요세프스[Josephus], *The Antiquities of the Jews* 13. 9. 1). 그래서 에돔 사람들은 그들의 나라와 민족성 모두를 잃었다.

하나님은 이스라엘을 통해 에돔에 대한 그의 원수를 갚겠겠다고 하셨다. 그 결과 에돔 사람들은 하나님이 원수 갚은 줄 알게(경험하게) 될 것이다. 이것은 암몬과 모압에 대해 말한 것(7, 11절)과 다르다.

D. 블레셋에 대한 심판(25:15~17)

블레셋은 정복시기부터 이스라엘의 적이었다. 이스라엘은 하나님께 불순종했고 연안 평야의 블레셋 군사의 우세 때문에 약속된 모든 땅을 얻지 못했다(참조, 삿 3:1~4). 그러자 블레셋 사람들은 이스라엘의 모든 영토를 통치하려고 구릉지대 안으로 들어왔다. 그들은 삼갈(삿 3:31), 삼손(삿 13~16), 그리고 사무엘(삼상 7:2~17) 사사와 대립했다. 이스라엘에서 사울의 중요한 전쟁은 베냐민 평원의 중심(삼상 13:1~14:23)과 이스르엘 골짜기(삼상 28:1~4; 29:1~2, 11; 31:1~3, 7~10)로 블레셋 사람들이 나아오는 것을 막기 위해 고안되었다.

다윗이 마침내 블레셋을 진압했다. 그의 통치 초기에 계속된 전쟁으로 이스라엘 왕국에 대한 블레셋의 도전이 약해진 후에(삼하 5:17~25), 다윗은 계속 공격하여 블레셋을 패배시킬 수 있었다(삼하 8:1). 블레셋은 솔로몬의 통치 기간과 왕권이 분리된 때까지 계속 봉신국가로 남아 있었다.

왕권이 나뉜 동안에 블레셋과 유다 사이의 전쟁이 다시 시작되었고 서로가 서로를 통치하려 했다. 여호사밧은 블레셋을 가신국으로 통치할 수 있었다(대하 17:10~11). 그러나 블레셋이 그의 아들 여호람에게 반역하여 유다와 예루살렘을 약탈했다(대하 21:16~17). 웃시야가 블레셋에 대한 유다의 통치를 재확립했으나(대하 26:6~7), 아하스 시대에 블레셋이 다시 우세해졌다(대하 28:16~18).

블레셋과 유다의 싸움이 바벨론의 개입에 의해 저지되었다. 느부갓네살이 두 나라 모두를 지배하게 되었다. 그러나 경쟁은 계속되었다. 블레셋은 또 다시 유다를 정복할 기회를 기다렸다.

25:15~17 에스겔은 블레셋의 근본적인 죄를 지적했다. "블레셋 사람이 옛날부터 미워하여 멸시하는 마음으로(참조, 6절) 원수를 갚아(참조, 12절) 진멸하고자 하였도다." 블레셋의 역사는 약속된 땅에서 이스라엘을 쫓아내려고 하는 공격의 연속이었다.

블레셋이 유다를 멸망시키려 했기 때문에 하나님은 그를 멸망시키실 것이다. 하나님이 블레셋 사람 위에 손을 펴서(참조, 13절) 그렛 사람을 끊으며 해변에 남은 자를 진멸하실 것이다. 그렛 사람(크레팀[כְּרֵתִים])은 블레셋 사람의 동의어이다(참조, 삼상 30:1~14; 습 2:5). 이 단어는 구약시대에 '갑돌'로 알려진(참조, 암 9:7) '그레데'에서 비롯되었을 것이다. 에스겔은 흥미로운 비슷한 발음을 가진 낱말을 사용하기 위해 '블레셋 사람' 대신에 '그렛 사람'을 사용했다. 하나님은 '그렛 사람'(크레팀[כְּרֵתִים])을 '끊으실'(히크라티[הִכְרַתִּי]) 것이다.

성경 시대의 블레셋 사람들은 한 나라로서 존재하다가 사라져 없어졌다. 하나님의 백성을 침해하려 했던 이 나라는 하나님이 그들의 죄에 대해 심판할 때 하나님의 진정한 성품을 알았을 것이다("내가 여호와인 줄을 그들이 알리라." 참조, 25:7, 11).

E. 두로에 대한 심판(26:1~28:19)

이스라엘의 동서쪽에 있는 나라들에 대한 네 개의 짧은 예언 후에(25장) 에스겔은 이스라엘의 북쪽에 있는 두로의 성읍(나라)에 대한 긴 예언을 주었다. 이 부분은 "여호와의 말씀이 내게 임하여"로 시작되는 네 개의 분리된 하나님의 말씀으로 되어 있다(26:1; 27:1; 28:1, 11). 첫 번째 말씀은(26:2~21) 두로의 멸망에 대한 직접적인 예언이다. 두 번째 예언은(27장) 몰락한 성읍에 대한 애가 혹은 장례의 조가이다. 세 번째와 네 번째 메시지는 두로의 '통치자'(28:1~10)와 두로의 '왕'(28:11~19)에 대해 예언되었다.

1. 두로의 멸망(26장)

26:1~2 이 장에서 네 부분의 각 첫째 절은 '여호와가 말하노라'로 시작된다(7, 15, 19절). 이 예언은 '열한째 해 어느 달 초하루'에 임했다. 여호야김이 사로잡힌 지 열한째 해는 BC 587~586년이었다. 그러나 에스겔은 어느 달인지는 말하지 않았다. 예루살렘이 바벨론에 무너진 때가 BC 586년 7월 18일이기 때문에, 아마 두로에 대한 에스겔의 예언은 예루살렘의 임박한 붕괴에 의해 조장되었을 것이다.

1~6절에서 에스겔은 25장에서 사용된 '때문에/그러므로/알게 될 것이다'의 형태를 따랐다. 두로의 죄는 예루살렘의 멸망을 탐욕스럽게 기뻐하며 '아하 좋다(참조, 25:3) 이제 예루살렘이 멸망했으니 만민의

문이 두로에게 돌아와 두로가 충만함을 얻으리라'고 말한 것이었다. 두로와 예루살렘은 모두 애굽과 중동의 다른 지역 사이의 이익이 많은 무역 때문에 서로 경쟁했다. 두로는 해상로를 지배했고, 예루살렘은 대상로를 장악했다. 두로는 예루살렘의 몰락에 대해 경쟁자의 재난을 기뻐하는 탐욕스런 상인과 같은 반응을 보였다. 예루살렘이 육로의 대상로를 지키지 못하면 훨씬 더 많은 상품을 배로 실어 보내게 될 것이다. 그래서 두로는 예루살렘의 몰락을 무역 '독점'의 기회로 여겼다.

26:3~6 두로에 대한 하나님의 심판은 죄에 대한 대가이다. 하나님은 말했다. "내가 너를 대적하여 바다가 그 파도를 굽이치게 함 같이 여러 민족들이 와서 너를 치게 하리니." 두로의 자랑은 항해 능력이었다. 두로는 그 어떤 나라들보다 지중해를 장악하는 것이 더 좋다는 것을 알았다. 그래서 에스겔은 하나님의 심판을 묘사하기 위해 파도가 굽이치는 바다의 이미지를 사용했다. 대양의 파도처럼, 침략해 들어오는 나라들은 성벽과 망대를 강타하여 두로의 방어를 부술 것이다. 하나님은 티끌을 그 위에서 쓸어버려서 맨 바위가 되게 하겠다고 덧붙였다. 재미있게 비슷한 발음의 단어를 이용하여 에스겔은 두로의 운명을 묘사했다. '두로'(초르[צֹר])는 '반석'이나 '단단한 자갈'이란 뜻이다. 하나님은 '반석'(초르[צֹר])을 맨 바위(셀라[סֶלַע])가 되게 하실 것이다. 더 이상 상업의 중심 도시가 아니라 그물 치는 곳이 될 것이다. 어부들은 보통 그들의 그물을 말릴 때 나무나 수풀에서 엉키지 않도록 메마른 바위 위에 편다. 두로는 아주 황폐하게 되어 한때 번잡했던 도시가 그물을 말리는 곳으로 사용될 정도로 황무케 될 것이다. 두로 성읍은 대륙의 본토와 연안에서 약 1킬로미터 떨어진 곳의 섬도 포함되었다. 본 성읍은 주

위의 많은 위성 도시들과 촌락들에 의해 지탱되었다. 본 성의 위성도시(브노테하[בְּנוֹתֶיהָ : '그의 딸들']. 한글 성경에는 이렇게 번역 됨)에 사는 사람들은 칼에 죽을 것이다.

26:7~14 하나님은 북방에서 느부갓네살을 데려오겠다고 했다. 예루살렘의 몰락에 대한 두로의 기쁨은 오래가지 않을 것이다. 예루살렘을 멸망시켰던 왕이 또한 두로를 공격할 것이다. 예루살렘을 패배시킨 후, 느부갓네살은 BC 585년 두로의 북쪽으로 그의 군대를 옮겼다. 그리고 그의 딸들이 모두 죽을 때까지 13년 동안 그 성읍을 포위했다. 두로는 그 모든 햇수 동안 한편 고갈될 뻔 한 식량을 해군이 실어왔기 때문에 버틸 수 있었다. 느부갓네살은 섬의 요새를 제외하고 두로 본토를 멸망시켰다(8~12절, 에스겔에 의해 생생하게 묘사된 대로). 하지만, 또 다른 증거가 그 섬이 BC 573~572년에 느부갓네살에게 항복한 것을 보여준다. 그 해에 바알 2세가 에드바알 3세의 왕위를 계승했다. 아마 이것은 분명 반역적인 왕을 제거하고 충성스런 가신의 왕을 취임시키려는 느부갓네살에 의한 정치적인 변화였을 것이다. 혹자는 에드바알 3세가 바벨론으로 추방되었다고 생각한다. 그러나 28장 8~9절에 의하면 느부갓네살이 그를 암살한 것 같다.

에스겔은 단수 '그'에서 복수 '그들'(26:12)로 바꾸었다. 아마 이 변화는 느부갓네살이 두로를 공격할 때, 그가 시작한 파괴를 완성시키기 위해 그를 따라왔던 '여러 민족들'(3절)을 강조하려는 것일 것이다. BC 332년 알렉산더 대왕의 진격해오는 군대에 굴복하지 않았을 때 이 성읍은 황폐되었다. 알렉산더는 본토 성읍을 멸망시킨 다음 그가 멸망시킨 섬의 요새로 가는 길을 만들었다. 이 일을 위해, 그는 돌들과 재목과 흙을 물 가운데 던졌다. 비록 두로가 느부갓네살과 알렉산더의 맹공격에서 회복했지만, 이 공격 전 그가 지녔던 세력을 다시는 얻을 수 없었다.

두로의 최후의 멸망이 이루어질 것이다. 하나님이 다시는 건축되지 못할 것이라고 예언하셨기 때문이다. 한때 위대했던 상업 중심 도시가 오늘날 폐허로 남아 있다. 비록 그 주위 지역은 재건되었지만 그 본 터는 하나님의 무서운 심판에 대한 말없는 증거가 되고 있다.

26:15~18 이 예언의 세 번째 부분에서는 두로의 멸망에 대한 이웃들의 반응을 보여주었다. 무역과 상업을 위해 두로에 의존했던 연안 세력들은 두로의 멸망에 낙담할 것이다. 두로의 멸망은 해상무역 국가 전체에 충격의 파문을 보낼 것이다(모든 섬이 진동할 것이다). 바다의 모든 왕은 그들의 사치스런 옷(조복과 수 놓은 옷)을 버리고 탄식 중에 앉아 그들의 최고의 은인의 믿을 수 없는 운명에 대해 떨며 놀랄 것이다. 탄식 중에 앉아 있는 것은 사랑하는 사람이나 친구에 대한 애도를 표현하는 흔한 관습이었다(참조, 욥 2:11~13).

두로의 동맹국들이 와서 앉아 그의 멸망을 애도할 때, 그들은 또한 그의 이전의 영광과 현재의 상태를 대조하며 장례의 애가를 불렀다. 두로는 동 지중해 연안을 통치했던 바다의 최강자였다. 두로의 몰락은 그와 접촉했던 모든 연안에 공포의 파문을 보냈다. 그들의 공급 근원이 사라지자 그 나라들은 굉장한 경제적 손실로 고통을 당했을 것이다.

26:19~21 두로는 멸망하여 다시는 오를 수 없는 구덩이로 내려갈 것이다. 에스겔은 두로의 운명이 바다가 그 위로 덮어버리는 것과 같을 것이라고 말했다(3절). 이제 다시 그는 깊은 바다가 두로 위에 덮을 것

이라고 말했다. 고대 선원들에게 임할 가장 무서운 예상은 폭풍을 만나 '난파되는 것'이었다. 두로는 바다 속에 빠지고 그의 모든 행적은 사라질 것이다. 이와 같은 요점이 27장 26~35절에 다시 나왔다.

에스겔은 여기서 이미지를 살짝 바꾸었다. 깊은 바다에 내려가는 대신에 두로는 구덩이(보르[בוֹר])에 내려갈 것이다(구덩이는 죽음에 대한 상징적 표현임). '구덩이'는 '음부'나 '무덤'의 동의어이다(잠 1:12; 사 14:15, 19; 38:18). 구약시대에 죽음은 무서운 사건이었다. 믿음의 사람들은 부활의 사상을 갖고 있었지만(참조, 히 11:17~19) 대부분은 무덤을 다시 돌아올 수 없는 곳으로 여겼다. 에스겔은 두로에 대하여 이 사상을 표현했다. 그는 죽은 자의 처소로 들어가 다시는 산 자의 땅으로 돌아오지 못할 것이다. 사람들이 그를 찾을 것이나 다시는 만나지 못할 것이다.

2. 두로에 대한 애가(27장)

27:1~4 두로에 대한 에스겔의 두 번째 메시지는 그 성읍의 몰락에 대한 애가였다(참조, 장례의 애가에 대한 19장 주해). 두로의 멸망은 너무 확실하여(26장) 장례의 애가를 시작할 수 있었다. 27장은 두로를 배에 비유하여 '두로의 배의 함몰'이라 부를 수 있다. 첫 번째 부분(1~9절)은 운문으로 쓰였으며, 두로의 이전의 영화를 아름다운 배로 묘사한다. 두 번째 부분(10~25절)은 시와 산문으로, 두로의 많은 무역 대상자들을 열거한다. 세 번째 부분(26~36절)은 다시 운문으로, 두로의 재난인 파선을 묘사한다. 이 장에서는 두로와 상업적으로 관련된 많은 나라와 도시들에 초점을 두고 있다(참조, 예레미야 서론 '예레미야와 에스겔의

세계' 지도).

에스겔은 바다 어귀에 거하여 여러 섬 백성과 통상하는 자, 두로에 대한 애가를 지으라는 말을 들었다. 애가는 주요 항구와 상업 세력이었던 두로의 명성에 중점을 두었다. 두로는 오만한 바다의 배와 같았다. "네 땅이 바다 가운데에 있음이여 너를 지은 자가 네 아름다움을 온전하게 하였도다." 애가의 시작 부분은 두로의 오만에 초점을 두어(3~4절) 이것이 그의 몰락의 원인임을 시사한다(참조, 28:2~10).

27:5~9 두로의 '배'를 짓는 데 사용된 재료들이 그 성읍의 완전한 건설을 강조했다. 다른 나라와의 연결이 아마 그의 안전을 보장해 주었을 것이다. 판자(아마 배의 선체에 사용된)는 스닐(나중에 갈릴리 바다라 불린 긴네렛 바다의 북쪽 헤르몬 산의 아모리 족속의 이름, 신 3:9)에서 가져온 가장 좋은 잣나무에서 뽑혔다. 배의 돛대는 레바논 백향목으로 만들어졌다. 레바논 백향목은 그 크기와 단단함으로 높은 평가를 받았으며 건축에 사용하기 위해 수출되었다(참조, 왕상 4:33; 5:6; 대상 17:1~6; 스 3:7; 사 2:13). 배에 사용되는 견고한 상수리나무는 바산(상수리나무로 유명한 긴네렛 바다 동쪽 지역. 참조, 사 2:13; 슥 11:2)에서 가져온 상수리나무로 제조되었다.

배의 갑판은 깃딤의 황양목으로 만들어졌고, 상아로 꾸며졌다. 그래서 두로는 네 종류의 목재, 즉 잣나무, 백향목, 상수리나무, 황양목이 사용되었다.

이 배의 돛은 애굽의 수 놓은 가는 베로 만들어졌다. 애굽은 가는 베로 유명했다(참조, 창 41:42; 잠 7:16). 엘리사 섬의 청색 자색 베의 차일은 아마 나쁜 기후에서 선원들을 보호하는 장막 같은 덮개였을 것이다. 엘리사의 위치는 알려져 있지 않다. 비록 어떤 학자들은 깃딤의 고대 이름인 알라시아와 같다고 하지만 다른 이들은 엘리사가 그리스, 이태리 혹은 시리아에 있었다고 주장한다. 염색 공업은 지중해 전역에 흔했다.

배의 선원들은 가장 유능한 사람들이었다. 시돈과 아르왓 거민은 (27:8) 노를 저었고 두로 사람은 선장이었다. 시돈, 두로 북쪽 32킬로미터 또 다른 항구(참조, 28:20~23)는 가장 오래된 해상 세력 중 하나였다(참조, 창 10:15~19). 아르왓은 시리아 연안의 섬이었다. 두 도시는 모두 선박으로 유명했다. 초기 페니키아의 배에는 각 50인의 사공이 있었고 그 배는 아주 빨랐다. 나중의 상업용 배는 훨씬 더 컸으며 양편에 둘 혹은 셋의 노 젓는 줄이 있었고 200명에 육박하는 승무원을 태웠다.

또한 경험 많은 수리공, 그발의 노인들이 배에 승선했었다. 배의 선체는 나무로 만들어졌기 때문에 방의 방수를 돕기 위하여 역청으로 나무 사이의 틈을 메웠다(참조, 창 6:14). 대양의 마찰로 인해 메워진 틈이 느슨해져 안으로 물이 새는 수가 있었다. 그래서 조선공이 필요한 수리를 위해 승선했다. 그발은 시리아의 지중해 연안에 위치한 현대 요벨시의 이름이었다. 그발의 장인들은 유명한 건축자였다(참조, 왕상 5:18).

에스겔은 두로를 강하고 항해에 잘 견디는 배로 묘사했다. 그 배는 최고의 재료로 만들어졌고, 최고의 선원들에 의해 운항되는 함대를 자랑스럽게 여겼다. 바다의 모든 배(즉, 다른 나라들)와 그 사공들은 그 가운데서 무역했다.

27:10~11 그리고 에스겔은 이 강력한 도시의 군사적 경제적 활동을 묘사했다(10~25절). 두로는 모집할 수 있는 최상의 고용된 군대에 의

해 보호받았다. 병정들은 바사, 룻, 붓에서 온 용사들이었다. 바벨론의 동쪽, 바사는 결국 BC 539년 바벨론에 의해 패했다. 소아시아 서해안에 있는 리디아는 종종 룻으로 번역된다. 붓이라는 나라는 종종 동아프리카의 '펀트'(소말리아)로 연결된다. 하지만 이 연결은 애매하다. 붓을 현재의 리비아 지역으로 연결하는 것이 더 좋을 것 같다. 리디아와 붓은 애굽의 군대를 위하여 고용된 군인을 공급했다(참조, 렘 46:8~9). 이 고용된 군인들은 아르왓(참조, 27:8), 헬레크(Helech), 가마드(Gammad) 용사들(네 군대)과 합해졌다. 헬레크는 소아시아 남동쪽의 길리기아(바울의 고향인 다소가 위치한 곳)의 종교에 대한 아카디안의 이름이었다. '가마드'의 위치는 알려져 있지 않다.

27:12~25 이 구절들은 우리에게 두로의 상업 대상자(참조, '두로의 무역 대상자' 도표)는 그 당시 세계에 알려진 자들이었으며, 그들의 산물도 엄청나게 많은 종류의 상품임을 보여준다. 두로가 약 20여 개 나라와 도시와 무역한 사실은 그의 광대한 영향력과 상업적인 숙련을 보여준다. 두로의 무역은 아주 번창하여 다시스의 배들이 두로의 물품을 무역하였다(25절). 다시스의 배의 기원에 대해서는 언급되지 않고 있다. '다시스의 배들'은 아마 대양에서 물품을 운반하는 큰 배를 말했을 것이다. 이것은 이스라엘로 물품을 가져오기 위하여 히람과 솔로몬이 지었던 것과 같은 종류였다(대하 9:21. 참조, 대하 20:36~37; 사 2:16).

27:26~27 에스겔은 여기에서 절정을 이루어가고 있었다. 그는 배의 아름다운 건축(1~9절)과 성공적인 상업(10~25절)을 묘사했다. 그리고 그는 애가로 그 배의 재난의 침몰을 묘사했다(26~36절). 에스겔은 시

의 본론으로 되돌아가 그 비극을 강조했다.

두로의 파멸은 그가 가장 익숙했던(대양) 곳에서 비롯되었다. 큰 물에서 동풍이 그 배를 파할 것이다. 대부분의 배들은 거센 풍랑을 피하기 위하여 해안 가까이에 머무르려고 애썼다. 그러나 두로의 배는 상관습(商慣習)에 의해 '큰 물'로 나가는 모험을 하여 격렬한 풍랑을 만났다. 가을과 겨울 동안 지중해의 기후는 예측할 수가 없어서 여행은 위험했다(참조, 행 27:9~26). 동쪽이나 북동쪽에서 불어온 폭풍은 배를 연안에서 밀어내 구조될 가망이 거의 없는 대양으로 몰아낸다. 에스겔은 이중적인 의미로 '동풍'을 다시 사용하고 있었다(참조, 19:12 주해). 여기에서 동쪽에서 불어온 거센 폭풍은 두로의 동쪽인 바벨론을 말했다. 두로의 배는 그의 모든 사람들과 재물을 잃고 가라앉으려 했다. 그는 바다의 중심에 빠질 것이다.

27:28~32 주위의 나라들은 두로가 망함을 슬퍼할 것이다. 그들은 크게 소리질러 티끌을 머리에 쓰고 재 가운데 구를 것이다. 그들은 머리털을 밀고 굵은 베옷을 입을 것이다. 이것들은 개인의 죽음과 연결되는 격렬한 슬픔의 표시였다(참조, 에 4:1~3; 욥 1:20; 2:8; 렘 6:26). 이 사람들은 두로를 위하여 애가를 불러 그들의 상실을 슬퍼할 것이다. 에스겔은 그의 대 애가 안에 두 번째 애가를 기록했다. "바다 가운데에서 적막한 자 누구인고." 한때 번잡했던 두로 시와 무역했던 자들은 그의 갑작스런 멸망과 침묵에 놀라 무서워할 것이다.

27:33~36 두로의 상업적 활동이 다른 이들을 부요케 했다. 그는 여러 백성을 풍족하게 하였고 세상 왕들을 풍부케 하였다. 그와의 무역에

서 막대한 이익을 얻었기 때문에 그 다른 나라들은 낭패감을 맛볼 것이다. 그로부터 이익을 얻었던 자들은 놀라고 세상 왕들은 심히 두려워 떨며 근심했을 것이다. 이 왕들은 두로처럼 거대한 도시가 바벨론에 의해 멸망하면 그들이 도망갈 희망이 사라지기 때문에 두려워했다. 많은 민족의 상인들이 두로의 몰락에 놀라 혀를 찰(비웃을) 것이다. 이 행동은 꼭 조소와 멸시를 나타내는 것은 아니다(참조, 왕상 9:8. '비웃다'가 '혀를 차다' 대신에 잘못 쓰였다. 렘 49:17; 50:13). 이것은 오히려 놀람을 나타낼 때 더 많이 쓰인다. 상인들은 '오만한 함대'가 무서운 최후를 맞게 되었기 때문에 놀랄 것이다.

두로의 무역 대상자들
에스겔 27:12~25

지명	위치	상품
1. 다시스	스페인(?)	은, 철, 주석, 납
2. 그리스	현대 그리스	노예, 놋그릇
3. 두발	동 터키	노예, 놋그릇
4. 메섹	중앙 터키	노예, 놋그릇
5. 벳 도갈마	동 터키	말, 전마, 노새
6. 로데스* (드단)	현대 로데스	상아, 오목
7. 아람 (혹은 에돔)**	시리아(혹 요르단)	남보석, 자색 베, 수놓은 것, 가는 베, 산호, 홍보석
8. 유다	팔레스타인	밀, 과자, 꿀, 기름, 유향
9. 이스라엘	팔레스타인	밀, 과자, 꿀, 기름, 유향
10. 다메섹	시리아	포도주, 흰 양털
11. 다니트***	아덴(?)	백철, 육계(향료를 위한 나무껍질), 창포(식용식물)
12. 우잘의 그리스****	예멘(혹은 남동 터키)	백철, 육계, 창포
13. 드단	아라비아	말안장의 담
14. 아라비아	아라비아	어린양, 수양, 염소
15. 게달	아라비아	어린양, 수양, 염소
16. 스바	남 아라비아	상등 향재료, 각종 보석, 황금
17. 라아마	남 아라비아	상등 향재료, 각종 보석, 황금
18~23. 하란, 간네, 에덴, 스바, 앗수르, 길맛	메소포타미아	청색 옷, 수놓은 물품, 빛난 옷

> * 칠십인경에는 '로데스'로 되어 있지만, 히브리경에는 '드단'(דדנ)으로 되어있다. 'd'(ד)와 'r'(ר)의 히브리 자음에 차이가 있다. '드단'은 20절에 다시 나오기 때문에 여기서는 '로데스'라 하는 것이 더 좋다.
> ** 대부분의 히브리 사본에는 '아람'(ארם)으로 되어 있지만 어떤 히브리 사본과 시리아경에는 '에돔'(אדם), 그리고 칠십인경에는 '남자'(men, 아담[אדם])으로 되어 있다. 히브리 자음 'r'(ר)과 'd'(ד)에 차이가 있다.
> *** '다니트'(Danites)는 이미 포로로 잡혀간 단의 부족과 다르다. NASB는 '워단'(Vedan)이란 단어로 번역한다. 페르시아 만의 아덴 도시로 보는 것이 가장 좋은 추측이다.
> **** 그리스는 '야완'(Javan)으로 번역된다(참조, 13절). 그러나 19절의 야완은 13절의 것과 다른 것이 분명하다. 야완은 예멘에 있는 이 이름의 부족으로 볼 수 있다. 혹은 '우잘'(Uzal)은 소아시아의 아니토리안 산기슭의 이잘라를 말할 수도 있다.

3. 두로 왕의 몰락(28:1~19)

28:1~5 두로에 대한 에스겔의 세 번째 메시지는 특별히 두로 왕을 향한 것이었다. '지도자'(나기드[נגיד])란 '최고의 지위에 있는 사람'을 뜻한다(참조, 삼상 9:16; 10:1; 13:14; 삼하 7:8). 에스겔은 전 도시에 대해 예언했다. 그러나 이제 그 도시의 지도자만을 가려내어 하나님으로부터 온 특별한 말씀을 전하고 있다. 그 당시의 지도자는 에드바알 3세였는데, 그는 BC 591~590년부터 BC 573~572년까지 왕위에 있었다.

두로 왕의 근본적인 죄는 그의 교만이었다. 이것이 두로 왕 자신을 신으로 보도록 만들었다. 그가 신이라는 주장은 에스겔 28장 6, 9절에서 다시 언급되고 있다. 분명히 에스겔 시대의 두로 왕들은 그들이 신이라고 자인했다.

신이라는 왕들의 주장은 거짓이었다. 하나님은 "너는 사람이요 신이 아니거늘"이라고 하셨다. 에드바알 3세는 단지 인간에 불과했다. 분명히 그는 신만이 가질 수 있는 지혜를 가졌다고 여겼다. 빈정대는 말로 에스겔은 그 왕에게 물었다. "네가 다니엘보다 지혜로워서 은밀한 것을 깨닫지 못할 것이 없다." 여기서 '다니엘'은 분명 선지자 다니엘일 것이다(참조, 14:14, 20 주해). 그는 그의 지혜로 느부갓네살의 왕궁에서 이미 명성을 얻고 있었다(참조, 단 1:19~20; 2:46~49). 에드바알 3세가 나중에 두로를 멸망시킬 나라를 섬겼던 다니엘의 지혜를 능가한다고 여긴 것은 아이러니였다. 그의 모든 지혜는 하나님으로부터 비롯되었다고 하는 다니엘이(참조, 단 2:27~28) 신이라고 주장했던 에드바알 3세보다 훨씬 더 현명했다.

에드바알 3세는 그의 지혜와 총명으로 재물을 얻을 수 있었다. 그는 이익이 많은 무역을 하여 금과 은을 포함한 거대한 재물을 모았다. 그러나 그것은 또한 그의 교만을 자라게 했다.

28:6~10 하나님은 두로 왕의 교만(2, 5절)이 계속되도록 내버려 두시지 않을 것이다. 하나님이 두로를 치기 위해 거느리고 올 여러 나라가 바벨론임은 이미 밝혔다(26:7~11). 바벨론은 다른 사람들을 대할 때 강포(아리츠[עָרִיץ: 공포를 주는])했다(참조, 30:11; 31:12; 32:12). 바벨론은 에드바알의 지혜와 아름다움을 살육당한 자의 죽음같이 바다 중심에서 죽게 할 것이다(참조, 27:26). 그의 적에 의해 살육당할 때 그가 신이 아니었다는 것이 증명될 것이다. BC 573~572년에 에드바알 3세는 느부갓네살에 의해 왕위에서 폐위되었다. 그리고 바알 2세가 그 자리에 앉았다. 에드바알 3세는 느부갓네살에 대항하여 톡톡한 대가를 지불했다. 사실 에드바알은 외국인들에 의해 할례받지 않은 자처럼 죽게 될 것이다. 페니키아인들은 할례를 행했으므로 에스겔의 이러한 말은 문화적 의식 이상의 의미를 전달하고 있는 것이다. "할례받지 않은 자의 죽음같이 하리니"는 수치 가운데 죽을 것이라는 뜻이다(참조, 32:30;

삼상 17:26, 36). 신이라고 주장했던 이 왕은 인간으로서 비열한 죽음을 맞게 될 것이다.

28:11~19 두로에 대한 에스겔의 마지막 예언은 두로 왕에 관한 애가였다. '지도자'(2절) 대신 '왕'(멜렉[מֶלֶךְ])을 사용한 것은 중요한 의미를 내포하고 있다. 에스겔은 조심스럽게 왕이라는 단어를 사용했다. 여호야긴 왕을 제외하고(1:2) 그는 이스라엘의 어떤 군주에게도 '왕'이라는 칭호를 사용하지 않았다.

'지도자'에서 '왕'으로 바뀐 것은 이 두 예언의 내용에 비추어 보아 또한 중요했다. 28장 1~10절에서 에스겔은 단지 사람이면서 신이라고 주장했던 지도자를 비난했다. 그러나 11~19절에서 에스겔은 단순한 사람에게 적용될 수 없는 말로 왕을 묘사했다. 이 '왕'은 에덴동산에 나타났고(13절), 덮는 그룹이었고(14절상) 하나님의 성산을 왕래할 자유를 가졌고(14절하) 지음을 받던 날로부터 완전하였다(15절).

혹자는 에스겔이 에드바알 3세를 아담과 비교하여 고상한 시적 언어로 묘사하고 있다고 주장한다(둘 다 위대한 잠재력을 가지고 있었지만 범죄를 저지르고 심판 받았다는 점 등). 그러나 그 말 중 어떤 것은 아담에게 적용되지 않는다. 예를 들면, 아담은 덮는 그룹도 아니었고 하나님의 성산을 왕래할 자유도 없었다. 또한 13절과 16절의 묘사는 에덴동산의 최초의 사람에게 맞지 않는다. 아담이 범죄하였을 때에 하나님의 성산에서 땅으로 던져지지 않았고(16~17절), 그의 몰락에 놀랄 어떤 나라들도 존재하지 않았다(19절).

다른 학자들은 에스겔이 두로 왕 배후의 '신'(아마도 바알)을 묘사하고 있다고 한다. 하나님은 두로의 지도자(1~10절)와 그 지도자에게 권능을 준 그 도시의 신(11~19절)을 심판하셨다. 그러나 에스겔은 그의 책 여러 곳에서 이방 신앙의 거짓을 보여주고 있는데, 그가 두로의 지도자를 지지해 주는 신에 대한 신화적인 이야기를 믿는다는 것은 맞지 않은 이야기로 보인다. 또한 에스겔의 이미지는 창조에 대한 성서적인 근거에서 비롯된 것이지, 이방의 신화에서 비롯된 것이 아니었다.

에스겔은 11~26절에서 이상적인 인간이나 거짓 신을 묘사하고 있지 않았다. 그러나 '지도자'에서 '왕'으로 바꾼 것과 에덴동산을 언급한 것에는, 묘사된 개인적 존재가 인간 이상임을 함축하고 있다. 가장 좋은 해석은 에스겔이 두로의 인간 '지도자'를 움직였던, 두로의 참 '왕'인 사탄을 묘사하고 있었다는 것이다. 사탄은 에덴동산에 있었고(창 3:1~7), 그의 최고의 죄는 교만이었다(딤전 3:6). 그는 또한 하나님의 현존에 출입했다(참조, 욥 1:6~12). 그의 교만으로 인한 두로의 인간 '지도자'에 대한 하나님의 심판을 말하고(28:1~10), 선지자는 또한 교만으로 심판 받은 두로의 사탄의 '왕'을 애도했다(11~19절). 두로는 사탄과 똑같은 죄에 의해 자극되었고 똑같은 운명을 당하게 될 것이다.

에스겔은 하나님이 원래 창조했던 사탄의 아름다움과 완전함을 묘사했다(12~15절상). 그는 완전한 인간이었고 지혜가 충족하며 온전히 아름다웠다. 하나님은 사탄을 어떤 악의 수석 대사로 창조하지는 않았다. 하나님의 모든 창조와 같이, 사탄은 완전하게 창조된 존재로서 하나님의 천사의 왕국에서 더할 나위 없는 성취 중의 하나였다.

사탄에게는 고귀한 지위가 주어졌다. 그는 하나님의 동산 에덴에 있었다. 에덴은 지상에서 하나님의 아름다운 창조의 전형이었다(참조, 창 2:8~14). 사탄의 아름다움은 에덴과 잘 어울렸다. 그는 각종 보석으로 단장하였다. 에스겔은 사탄의 아름다움을 묘사하는데 9가지 보석을 나열했다. 이것들은 이스라엘의 대제사장의 흉패를 장식한 12가지 보석 중 9가지였다(참조, 출 28:15~20; 39:10~13). 그 보석은 분명 사탄의 아름다움과 높은 지위를 상징했을 것이다.

하나님은 사탄을 덮는 그룹으로 기름 부었다(28:14). 그 그룹들('그룹'의 복수형)은 하나님께 가장 가까이 출입하며 그의 거룩함을 호위했던 천사의 '범주 안에' 있었다(참조, 10:1~14). 사탄은 또한 하나님의 성산(천국)에 자유롭게 왕래할 수 있었다(28:14). 그리고 그는 '불타는 돌들' 사이를 왕래했다(참조, 16절). 혹자는 이 '불타는 돌들'은 각종 보석들(13절)이라고 주장한다. 그러나 거기에 나온 보석들은 사탄의 옷차림의 일부인 반면에 14절과 16절에 나온 불타는 돌들은 사탄이 거하는 처소의 일부였다. 다른 사람들은 이 불타는 돌들을 하나님의 불 성곽(참조, 슥 2:5)과 동일시한다. 그들은 사탄이 천국의 '안뜰'에서 하나님의 외부를 방어하며 안과 뒤에 거한다고 생각했다. 이 견해는 가능하다. 그리고 '사이에'(미토크[מִתּוֹךְ])로 번역된 단어가 '중간에', '안에'라는 개념의 정확한 뜻이 무엇이든지 간에, 에스겔은 사탄이 하나님의 현존에 왕래했다는 것을 묘사하고 있었다.

원래 하나님에 의해 창조되었기 때문에, 사탄은 불의가 드러나(28:15) 범죄하기(16절)까지는 완전했다. 사탄을 타락시킨 죄는 자생되었다. 흠 없이 창조되었지만 그의 아름다움으로 인한 교만이 그의 죄였다(딤전 3:6). 사탄은 그가 영화롭기에 자신의 지혜를 더럽혔다(참조, 에드바알의 비슷한 문제. 28:1~2, 5, 7). 사탄의 교만이 그를 멸망과 심판으로 이끌었다.

에스겔은 사탄의 몰락을 한 가지 행동으로 묘사했지만 사실은 다양하게 일어났다. 사탄의 맨 처음의 심판은 하나님의 보좌 앞에 그의 기름부음 받은 그룹의 위치에서의 추방이었다. 하나님은 그를 하나님의 성산에서 쫓아냈다(천국, 16절. 참조, 14절). 사탄은 하나님의 나라에서 던져졌다(참조, 눅 10:18). 그러나 여전히 하나님과 왕래할 수 있었다(참조, 욥 1:6~12; 슥 3:1~2). 환난 기간에 사탄은 천국에서 던져져 지구에 한정될 것이다(계 12:7~13). 천년왕국 기간에는 무저갱에 있게 될 것이다(계 20:1~3). 그리고 천년왕국 끝에 잠깐 해방되었다가(계 20:7~9), 영원한 불 못에 던져질 것이다(계 20:10).

사탄의 죄의 요소 중 한 가지는 그의 만연한 '불의한 무역'이었다. 무역이라는 단어는 '이리 저리 돌아다니다'라는 뜻의 라칼([רכל])이란 동사에서 비롯되었다. 에스겔은 그 명사를 두로의 상업적 행위를 말하는 데 사용했다(28:5). 이 뜻은 사탄이 장사에 영향을 미쳤다는 뜻인가? 분명히 그것은 아니다. 대신에 에스겔은 두로의 인간 '왕자'와 그의 사탄의 '왕'을 비교하고 있다. 그래서 에스겔은 광범위한 의미를 전달할 수 있는 단어를 사용했다. 천국에서 사탄의 위치는 두로 왕의 위치가 많은 나라와 접촉할 수 있게 한 것처럼 하나님의 창조물 중 많은 것들과 광범위한 접촉을 한다는 뜻이 들어 있다.

에스겔은 두로의 '궁극적인' 지배자 사탄을 묘사하고 있지만, 애가의 목적은 그 도시의 몰락에 대해 말하려는 것이었다. 그래서 그는 인간 지배자와 사탄 왕의 특성을 합하기 시작했다. 사탄은 땅에 던져질 것이고(17절), 두로 왕도 또한 그의 적인 다른 왕들 앞에 던져질 것이다. 사탄의 종국의 운명은 불 못이 될 것이며(참조, 계 21:10), 두로의 인간 지배자의 패배와 죽음은 불로 살라지는 것으로 묘사되었다(28:18). 사탄과 두로 모두의 패배는 그들을 따랐던 나라들에게 충격을 줄 것이다. 그들은 사탄과 두로의 무서운 종말을 보고 두려워하게 될 것이다(참조, 27:35~36).

F. 시돈에 대한 심판(28:20~26)

28:20~24 시돈에 대한 이 심판은 두로에 대한 말씀과 같은 방법으로 시작된다. "여호와의 말씀이 또 내게 임하여"(참조, 26:1; 27:1; 28:1, 11). 두로의 자매 도시인 시돈(참조, 렘 25:22; 47:4; 욜 3:4; 슥 9:2; 눅 6:17; 10:13~14)은 지중해 연안에서 32킬로미터 더 멀리 있다. 그들이 밀접하게 연합되어 있기 때문에 에스겔은 심판 당할 두 도시를 연결시키는 똑같은 도입 형식을 사용했을 것이다. 시돈은 두로와 아주 밀접한 동맹을 맺고 있어서 아마 에스겔은 똑같은 죄를 예증하는 것은 불필요하다고 여겼을 것이다. 그는 하나님의 거룩한 성품을 범했다. 그리고 하나님은 그의 죄를 벌하지 않고 남겨두지 않으실 것이다. 하나님은 시돈 안에서 영광을 얻고 그의 거룩함을 나타낼 것이다. 하나님의 심판은 전염병과 칼에 의해서 성취될 것이다.

시돈에 대한 심판은 두 가지 결과를 가져올 것이다. (1) 시돈 사람들은 하나님의 의로운 성품을 모를 수 없을 것이다. "무리가 나를 여호와인 줄을 알지라"(28:22에 진술되고 23절에 반복됨). (2) 그 심판은 하나님과 이스라엘과의 관계의 장애물을 제거할 것이다. 이스라엘에 악한 영향을 미쳤던 악한 이웃들은 이스라엘 사면에서 찌르는 가시와 아프게 하는 가시의 고통과 같았다. 바알을 숭배하는 죄 많은 의식은 '시돈 사람의 왕 엣바알의 딸 이세벨'을 통하여 이스라엘에 들어왔다(왕상 16:31).

28:25~26 시돈에 대한 에스겔의 예언의 두 번째 부분에서는 그 멸망의 결과가 이스라엘을 위한 것임에 역점을 두었다. 하나님은 멸망하는 시돈을 통하여 그의 거룩함을 나타내실 것이기 때문에(22절) 열방에서 이스라엘 족속을 구함으로써 그의 거룩함을 나타내실 것이다. 에스겔서에서 하나님은 여러 번 말씀하셨다. "내 거룩함을 나타낼" 것이다(20:41; 28:22, 25; 36:23; 38:16; 39:27). 하나님은 죄 때문에 이스라엘을 벌했지만 그를 버리지는 않으셨다. 하나님이 그와 언약을 맺었기 때문에 그는 여러 나라 중에 독특할 것이다. 모든 나라가 벌을 받는다 할지라도 이스라엘만은 회복이 약속되었다. 아브라함과 언약하고(창 13:14~17; 15:17~21) 야곱에게 새롭게 언약하신(창 35:11~13) 그 약속의 땅은 취소되지 않았다. 이스라엘은 자신의 고국 땅에 거할 것이다. 왜냐하면 하나님이 그 땅을 야곱에게 주셨기 때문이다.

그의 땅이 회복되면, 이스라엘은 평안과 번영이 깃든 하나님의 축복을 누릴 것이다. 에스겔을 통하여 세운 이 약속은 전혀 말 그대로 수행되지 않았다. 그러나 그것은 지금 천년왕국에서 이루어지기를 기다리고 있다. 바벨론 포로 이후 일부 이스라엘 사람들이 그 땅에 돌아갔지만(참조, 느 1:3) 그들은 거기에서 평안히 살지는 못했다. 하나님이 마침내 이스라엘의 적들을 벌하시고 그의 택한 백성을 축복하실 때에만 그들은 그들의 여호와를 알게 될 것이다. "그들이 평안히 살며 내가 그 하나님 여호와인 줄을 그들이 알리라."

G. 애굽에 대한 심판(29~32장)

에스겔이 일곱 번째 예언한 마지막 나라는 애굽이다. 이 예언은 사실상 애굽과 바로에 대한 7개의 하나님 말씀이었다. 각 말씀은 '여호와의 말씀이 내게 임하여'라는 절로 시작된다. 그리고 일곱 말씀 중 6개는 연대가 기록되었다(29:1, 17; 30:1[날짜가 기록되지 않았음], 20; 31:1; 32:1, 17). 29장 1절, 30장 20절, 31장 1절, 32장 1절과 32장 17절은 연대순으로 되어있지만, 29장 17절(두 번째 말씀)은 다른 것들보다 그 이후의 날짜이다. 그의 정상적인 연대적 배열에서 이렇게 이탈한 것은 아마 에스겔이 논리적 진행으로 말씀을 배열하기 원했기 때문일 것이다. 그는 아마 29장 17~21절을 그의 첫 번 예언(29:1~16)을 명백히 하려는 곳에 배치했을 것이다. 바로와 애굽이 멸망할 것을 예언한 후(29:1~16), 누가 그들을 칠 것인가를 구체적으로 설명했다(29:17~21).

1. 애굽의 죄(29:1~16)

이 예언은 세 부분으로 되어 있다. 각 부분은 에스겔에서 자주 사용되었던, '그러면 그들이 나를 여호와인 줄 알리라'(6절상, 9, 16절)로 끝을 맺는다.

29:1~6상 애굽에 대한 일곱 예언 중 첫째 것은 '열째 해 열째 달 열두째 날'에 임했다. BC 587년 1월 5일 그날은 예루살렘 포위가 시작된 후

거의 일 년이 지난 후였다(참조, 24:1~2).

    그 당시 애굽의 바로는 BC 589년부터 570년까지 통치한 호브라였다. 그의 원조의 약속은 유다로 하여금 바벨론과의 언약을 깨뜨리게 했다. 애굽과 그의 지도자 모두 심판을 위해 뽑혔다.

    에스겔은 바로를 애굽의 강의 큰 괴물(우리 성경에는 '큰 악어'로 되어 있다)에 비유했다. '괴물'(타님[מִנִּים]), 타닌 [תַּנִּין]의 다른 철자)은 큰 뱀에서(출 7:9~10) 거대한 바다 괴물(창 1:21)에 이르기까지의 파충류를 묘사한다. 이것은 분명 악어의 종류를 포함할 것이다. 이 단어는 또한 세상이 창조되었을 때 멸망당한 혼돈의 괴물을 묘사하는 셈족의 신화에서도 사용되었다. 아마 에스겔은 두 개의 개념을 모두 염두에 두었을 것이다. 나일강의 파충류(특히 악어들)는 애굽의 힘과 잔인성을 상징했다. 애굽인들은 바로가 혼돈의 괴물을 정복할 수 있다고 믿었다. 그러나 여기서 역설적이게도 하나님은 바로를 그 괴물이라 불렀다. 바로는 신으로 여겨졌다. 그러므로 그는 자신을 나일강을 창조한 자로 생각했다(참조, 29:9). 하지만 바로는 곧 진정한 창조주 하나님과는 전혀 상대가 되지 않는다는 것을 알게 될 것이다. 하나님은 애굽을 나일 강의 보호지에서 끌어내어 들에 버려두겠다고 하셨다. 이것은 하나님이 악어를(혹은 물속에 사는 신화적인 '신') 진압하고 그가 곧 멸망할 광야로 그를 끌고 갈 것을 묘사한다. 하나님은 그의 거대한 힘에도 불구하고 애굽을 패배시킬 것이다.

29:6하~9 이 예언의 두 번째 부분에서는 애굽의 근본적인 죄를 다룬다. "애굽은 본래 이스라엘 족속에게 갈대 지팡이라." '지팡이'는 이스라엘의 거친 지역에서 걷는 것을 돕는 막대기로 사용되었다(참조, 슥

8:4; 막 6:8; 히 11:21). 이스라엘은 바벨론에 대한 반역의 원조를 받기 위해 애굽에 의존했다. 그러나 애굽의 원조는 나일 강가에 무성히 자라는 갈대처럼 연약했다. 압박이 왔을 때 그 갈대는 끊어졌다. 그리고 이스라엘은 스스로 설 수 없음을 알았다. 아마 에스겔은 믿을 수 없는 동맹국으로 명성을 지녔던 애굽에 흔히 적용되었던 속담을 인용했을 것이다(참조, 왕하 18:20~21).

이 예언의 시기는 느부갓네살의 포위 기간 동안 예루살렘을 돕기 위한 애굽의 마지못한 시도와 아마 일치했을 것이다(참조, 렘 37:4~8). 애굽이 손을 떼자 예루살렘은 그 결과로 고통을 당했다. 예루살렘은 가느다란 갈대가 버팀이 될 수 없다는 것을 너무 늦게 알았다. 그가 바벨론으로부터 구원 받기 위해 애굽을 의지했을 때 애굽은 꺾이게 되었다(갈대처럼 찢어지고 부러졌다).

유다를 돕는다는 애굽의 거짓 약속 때문에, 하나님은 그가 칼로 애굽을 벌하겠고 애굽은 사막과 황무지가 되리라고 말씀하셨다.

29:10~16 에스겔의 예언의 이 부분에서는 애굽에 대한 하나님의 심판의 범위를 논한다. 그 황무함은 믹돌에서부터 수에네, 곧 구수 지경까지 미칠 것이다. '믹돌'은 북쪽(아래) 애굽의 델타 지역이었다. '아스완'(혹은 수에네)은 남쪽(위)애굽의 첫 호우지이며 애굽과 구스 사이의 남쪽 경계였다. 구스는 현재의 남쪽 애굽, 수단과 북쪽 에디오피아와 같다.

애굽에 대한 하나님의 완전한 황무화는 40년 동안 계속될 것이다. 유다는 애굽에 의존했기 때문에 멸망당했다. 애굽도 그와 같은 운명으로 고통당할 것이다. 하나님은 애굽을 여러 나라 가운데 흩으실 것이다. 그도 또한 사로잡혀 가게 될 것이다.

어떤 고고학적 발견도 애굽인의 국외 추방이 이스라엘이 당한 것과 비슷하다는 것을 아직 확증해 주지 못하고 있다. 하지만 불완전한 고고학적 자료를 근거로 하여 성경의 분명한 진술을 간단히 처리해 버리는 것은 현명하지 못하다. 느부갓네살은 애굽을 실제로 공격했다(29:17~21. 참조, 렘 43:8~13; 46:1~25). 그가 그 나라를 정복했다면, 그가 정복했던 다른 나라들에게 한 것처럼 사람들을 바벨론으로 추방했으리라고 예상할 것이다. 그렇다면 아마 애굽의 포로들은 BC 539년(느부갓네살의 공격 후 약 33년 후)에 바벨론을 패배시킨 페르시아의 고레스의 통치 기간에 고국에 돌아가도록 허락 받았을 것이다. 그 백성이 돌아와 재건하기까지 7년을 더한다면, 40년 동안 그 땅은 전적으로 황폐해졌을 것이다.

하나님은 그때 애굽인들을 그들의 고국의 땅인 바드로스로 돌아가게 할 것이다. '바드로스'(30:14)는 지리학상 남쪽(위) 애굽에 위치한 지역이었다. 혹자는 이곳을 애굽의 전통적 고향이라고 말한다. 아마 바드로스는 여기서 애굽의 이전 땅을 나타내는 데 쓰였을 것이다.

하나님이 애굽인들을 그들의 땅에 돌아오게 할지라도, 애굽은 그가 한때 가졌던 세력을 성취할 수 없을 것이다. 대신에 그는 가장 미약한 나라가 될 것이다. 페르시아가 부흥한 이후 애굽은 성경시대에 결코 다시 중요한 국제적 세력이 되지 못했다. 성경시대 동안 그는 세력을 얻기 위해 노력했다. 그러나 그는 그리스, 시리아와 로마에 의해 저지당했다. 애굽의 정치적 약함은 이스라엘에 계속적인 교훈의 대상이 될 것이다. 이스라엘은 애굽을 바라보고 하나님 대신에 사람을 의존했던 자신의 어리석음을 기억할 것이다.

2. 바벨론에 의한 애굽의 패배(29:17~21)

29:17~21 애굽에 대한 에스겔의 두 번째 예언은 '스물일곱째 해 첫째 달 초하루'에 임했다. 이것은 에스겔서에서 가장 늦은 연대의 예언이다. 그날은 BC 571년 4월 26일이었다. 앞에서 언급했듯이, 에스겔은 그의 논리적 진행에 관심을 끌게 하기 위해 이 예언을 연대기적 순서에 포함시키지 않았다. 그는 바로 앞에서 애굽에 다가오는 심판을 묘사했다(1~16절). 그는 누가 그 심판을 가져올 것인가를 지시하기 위해 그 뒤 17~21절을 두었다. 느부갓네살 자신이 애굽을 공격할 것이다.

이 예언은 BC 572년 두로가 바벨론에 항복한 직후에 쓰였다. 13년 동안 느부갓네살은 두로의 성읍을 포위했다(BC 585~572). 오랫동안 투구를 썼기에 머리털이 무지러진 것과 포위 방축을 쌓기 위해 나무와 돌을 운반해 어깨가 벗어진 것의 묘사는 눈에 보이듯 생생하다. 느부갓네살은 빈약한 결과를 위해 열심히 일했다. 그러나 그는 그 수고한 보수를 두로에서 얻지 못했다. 두로는 느부갓네살에게 항복했지만, 거기에는 그의 군대가 포획할 어떤 거대한 전리품도 없었다. 분명히 두로는 항복하기 전 그의 재물을 수송해버린 것이다.

느부갓네살은 그의 군대가 수고한 대가를 지불할 돈이 필요해서 애굽으로 향했다. 경제적 필요에 의해 바벨론은 애굽을 공격하였고 그 군대의 보수를 주기 위해 물건을 노략했다. 그러나 실제로 바벨론이 애굽을 공격할 때 '보수를 준 것'은 하나님이었다. "그 대가로 내가 애굽 땅을 그에게 주었느니라."

애굽에 대한 에스겔의 두 번째 예언은 이스라엘에 대한 약속으로 끝났다. 그 날은 다양한 방법으로 해석된다. 혹자는 하나님이 이스라엘을 그 땅에 회복시켜 그 주위의 여러 나라를 심판할 여호와의 먼 미래의 날을 말한다고 본다. 하지만 그런 비약은 문맥상 어색한 것 같다. 문제의 그 '날'은 아마 하나님이 바벨론을 통하여 애굽을 심판하고 나서 애굽을 자기 땅으로 회복시킬 때일 것이다.

하나님이 마침내 이스라엘과 애굽의 나라를 회복시킬 때 그는 이스라엘에게 한 뿔이 솟아나게 하실 것이다. 뿔은 힘을 상징했다(참조, 삼상 2:1; 삼하 22:3; 왕상 22:11; 렘 48:25). 그리고 궁극적인 의미로는 이스라엘을 구원할 그리스도, 메시야의 힘을 말했다(참조, 눅 1:69). 하지만 여기서 '뿔'은 아마 느부갓네살이 멸망시켰던 이스라엘의 힘을 말할 것이다. 애굽이 회복되면 이스라엘 또한 한 나라로서 회복될 것이다.

한 나라로서 이스라엘의 힘이 새로워지면 하나님은 그들 중에서 에스겔의 입을 열게 하겠다고 말씀하셨다. 이것은 두 가지 이유 때문에 에스겔이 하나님에 의해 벙어리 되었던 것(참조, 3:26)이 끝난다는 뜻일 수가 없다. (1)에스겔의 벙어리 됨은 여호야긴이 사로잡힌 지 12년에 이미 끝났다(33:21~22). 그리고 이 예언은 27년에 임했다(29:17). (2)이 예언은 이스라엘이 포로생활에서 회복된 후에 실행될 것이다. 에스겔은 BC 592년에 30세였다(1:1~2). 그래서 이스라엘이 본국으로 돌아가도록 한 고레스의 칙령이 발표된 때는 그가 83세였을 것이다. 아마 83세의 노인이 바벨론에서 이스라엘까지 그렇게 힘든 여행에서 살아남지 못했을 것이다. 에스겔이 이스라엘로 돌아온 것에 관한 포로생활 후의 기록은 전혀 없다. 이 말에 대한 최선의 해석은 '백성들이 이해하지 못했던 에스겔의 예언이 성취되어질 때 그 뜻이 분명해질 것이다'로 보는 것이다. 이스라엘은 하나님이 충실히 그의 약속을 이루신 것으로 하나님의 성품을 알게 될 것이다.

3. 애굽과 그 동맹국들의 멸망(30:1~19)

30:1~5 애굽에 대한 에스겔의 다른 예언들과는 달리, 그는 애굽과 그 동맹국들에 대한 바벨론의 심판에 역점을 둔 이 예언의 연대를 기록하지 않았다. 이것은 네 부분으로 되어 있는데, 각각 '나 주 여호와가 말하노라'로 시작된다(2, 6, 10, 13절).

2~5절에서 에스겔은 여호와의 날에 대해 말했다. "너희는 통곡하며 이르기를 슬프다 이 날이여 하라 그 날이 가깝도다 구름의 날일 것이요 여러 나라들의 때이리로다." 구름은 종종 재앙으로 묘사된다(참조, 18절; 32:7~8; 34:12; 욜 2:2; 습 1:15). 혹자는 하나님이 죄로 인해 이 세상을 심판하실 여호와의 미래의 날을 말한다고 생각한다. 하지만 그 견해는 문맥상 맞지 않아 그 구절을 분리시키게 된다. 사실 '여호와의 날'은 보통 지상에 대한 하나님의 미래의 심판을 말한다(참조, 사 13:6~16; 34:8; 말 4장). 이때는 이스라엘과 그 나라가 심판받을 때 그리고 이스라엘이 국가적 축복의 자리로 회복되어질 때일 것이다. 그러나 여호와의 '날'은 하나님이 심판을 내릴 어떤 때라도 될 수 있다(참조, 애 2:21~22과 요엘 서론의 '중요한 해석상의 문제들'의 주해를 보라). 이스라엘과 유다는 모두 그들의 죄로 벌을 받았을 때 하나님의 심판의 '날'을 경험했다(참조, 7:1~14, 특히 7, 10, 12절). 이제 하나님의 심판의 날은 애굽으로 확대될 것이고, 그는 바벨론에 의해 멸망할 것이다(참조, 30:10~12).

하나님의 심판('재앙의 때')은 죽음과 멸망으로 이끌 것이다. 이스라엘에 대해 빼진 칼이(21:1~17) 애굽에도 임할 것이다. 그리고 애굽 남방에 인접한 구스에 심한 근심이 이르러 다음에 공격받게 될 그들을 두

렵게 할 것이다(참조, 30:9). 애굽 사람들은 살육 당할 것이고 그들의 재물은 탈취 당할 것이다.

애굽의 동맹국들도 또한 심판을 당할 것이다. 애굽 군대에는 많은 고용된 군인이 있었다(렘 46:8~9, 20~21). 구스는 앞에서 말한 대로, 현재의 남애굽, 수단과 북에디오피아를 말한다(에 1:1; 렘 46:9; 겔 27:10). 붓은 현대의 리비아이며(사 66:19; 렘 46:9; 겔 27:10), 리디아는 소아시아 서해안에 있었다(참조, 27:10). 모든 아라비아는 '모든 섞인 백성'으로 읽을 수 있다. 히브리어에서 단지 하나의 모음이 이 차이를 만든다. 예레미야는 이와 똑같은 단어를 애굽에 거주하는 모든 외국인들을 말할 때 사용했다(참조, 렘 25:20).

리비아로 번역된(우리 성경에는 '굽'으로 되어 있다) 히브리말은 실제로 '쿱'(כוב)이다(NIV 난외주). 나훔 3장 9절처럼, 리비아의 정상적인 히브리 단어는 룹(לוב)이다. 쿱(כוב)에서 룹(לוב)으로의 변화를 정당화 할 수 있는 성경적인 증거는 전혀 없다. 'Cub'(쿱)으로 읽고 이 나라의 정확한 위치가 알려져 있지 않다는 것을 인정하는 것이 더 나을 것 같다. 동맹한 땅의 백성들은 유다에 대한 느부갓네살의 공격을 피하려고 애굽으로 도망간 이스라엘 사람을 말할 것이다(참조, 렘 42:19~22; 44:1~14).

30:6~9 에스겔은 계속해서 애굽의 경계 안에 있는 애굽의 고용된 '붙들어 주는 자'의 패배를 이야기했다. 이 경계는 믹돌에서부터 수에네까지 이르는(애굽의 남쪽과 북쪽 국경[서론의 지도를 보라]. 참조, 29:10) 모든 땅이다. 이 돕는 자들은 멸망될 것이고 그들이 거주하는 성읍들은 황무할 것이다. 그 멸망은 이 나라들로 하여금 그들의 몰락을 예언했던

하나님을 알게 할 것이다. 그 "때에 그들이 나를 여호와인 줄 알리라."

애굽의 멸망 소식은 그의 동맹국들 사이에서 공포를 불러일으키며 급속히 퍼져갈 것이다. 사자들이 배로 나아가서 나일 강 남쪽에서 구스까지 이르러 애굽의 패배 소식을 전할 것이다. 그 소식은 구스에서 공포를 불러일으킬 것이다. 바벨론에 대항하여 애굽 편에 선 그들은 이제 공격받기 쉬운 곳이 되었기 때문이다. 그들에게도 심한 근심이 있을 것이다(참조, 30:4). '여호와의 날'(3절)은 이제 애굽의 재앙의 날로 설명되었다. 애굽에 대한 하나님의 심판의 날은 반드시 일어날 것이다.

30:10~12 이 예언의 세 번째 부분에서는 다시 애굽 무리들에 대한 패망의 수단에 대한 논의로 돌아갔다. '무리들'은 에스겔에 의해 30~32장에서 14번 언급되었는데, 분명히 그 교만한 나라의 많은 인구를 강조하는 것이다. 애굽의 심판은 느부갓네살의 손으로 될 것이다(참조, 29:17~21). 하나님은 그의 심판을 성취하기 위해 여러 나라 중에 강포한(참조, 28:7; 30:10~11; 32:12) 바벨론을 뽑았다. 바벨론은 그의 포로들을 잔인하게 다루었다. 유다의 시드기야 왕이 반역한 후, 느부갓네살은 군인들이 그의 아들들을 죽이는 것을 그에게 보게 했다. 그러고 나서 시드기야의 눈은 뽑혀져 그가 보았던 마지막 것은 그의 아들들의 죽음이 되었다(왕하 25:7). 에스겔은 바벨론이 유다를 패배시킨 후에 그의 잔인한 전쟁 기계를 애굽으로 돌려 칼로 애굽 사람들을 죽일 것이라고 말했다(참조, 30:4).

바벨론의 공격을 묘사하면서 에스겔은 신중하게 파괴의 궁극적인 근원을 지적했다. 10~12절에서 세 번, 하나님은 이 일을 '내가 하겠다'고 말씀하셨다. 바벨론은 단지 하나님이 그의 심판을 이루기 위해 사용한 도구에 불과했다. 하나님은 타국 사람의 손으로 그 땅을 황무케 하리라고 선포하시고, 이 책에서 다섯 번 바벨론 사람들을 '타국 사람'이라 부르셨다(7:21; 11:9; 28:7, 10; 30:12).

30:13~19 이 예언의 네 번째 부분에서 에스겔은 멸망당할 애굽의 여러 지명을 낱낱이 열거했다. 어떤 중요한 도시도 하나님의 진노를 피할 수 없을 것이다. 첫째로, 하나님은 그가 우상들을 멸하며 멤피스에 있는 신상들을 끊을 것이라고 말했다(참조, 16절). 신화에 의하면, 멤피스는 통합된 이집트의 처음 수도였다(약 BC 3200년경). 그러나 나중에 멤피스가 더 이상 수도가 아니었을 때 그 도시는 종교 중심지로 부상했다. 수많은 신전이 거기에 세워졌다. 유대인 거류민들이 멤피스에 정착했다(참조, 렘 44:1).

다른 도시들도 역시 심판의 고통을 당할 것이다. 바드로스는 카이로와 아스완 사이의 중간쯤에 있는 지역이었다. '바드로스'는 상(上) 애굽과 동의어였다(참조, 렘 44:1). 그리고 아마 모든 애굽을 일컫는 말일 것이다(참조, 29:14). 소안은 델타 지역에 있는 왕실 거류지였다(참조, 시 78:12, 43; 사 19:11, 13). 나중에 소안은 그리스에 의해 타니스라고 불리워졌다. 테베(혹은, 노)는 이 구절에서 세 번 언급되었는데(30:14~16), 현대의 카르낙(Karnak)과 룩소르(Luxor) 지역에 있는 카이로의 남쪽 약 643킬로미터에 위치한 남상단 애굽이었다. 오랫동안 그곳이 그 나라의 수도였다. 그 도시는 BC 663년에 앗수르인들에 의해 멸망했으나(참조, 나 3:8~10) 재건되었다. 예레미야도 또한 테베의 멸망을 예언했다(참조, 렘 46:25). 그곳의 무리들은 살육될 것이며 그 시는 갑자기 찢겨져 나뉠 것이다.

애굽의 견고한 성(펠루시움[Pelusium])은 하나님의 분노를 받을 것이다(30:15). 불이 애굽 전역에 번져갈 때 펠루시움은 심히 근심할 것이다(16절). 펠루시움(혹은 신)은 지중해에서 약 1.6킬로미터 된 델타 지역에 있었다. 그 시는 중요한 군사 기지였으며 애굽의 북쪽 입구를 호위했다. 적절하게도 에스겔은 그곳을 애굽의 견고한 성이라 불렀다.

에스겔은 17~18절에서 애굽의 8개 시 중에서 마지막 세 개의 이름을 불렀다. 아웬, 비베셋, 드합느헤스. 헬리오폴리스('아웬' 혹은 온)는 델타 지역의 정남쪽의 북하단 애굽에 있었다. 그곳은 애굽 고대 역사 중 많은 기간 동안 중요한 종교의 중심지였다. 아마 예레미야가 '애굽의 태양 신전'의 멸망을 예언했을 때(참조, 렘 43:13) 헬리오폴리스를 염두에 두었을 것이다. 부바스티스(혹은, 비베셋)는 북하단 애굽에 있는 현대 카이로 시 북동쪽에 있었다. 비베셋은 잠시 동안 애굽의 수도였으며 그곳도 역시 중요한 종교 중심지였다. 드합느헤스는 현재 수에즈 운하 근처에 있었다. 기후적 영향으로 인해 예레미야 시대에 바로의 궁전이 그 도시에 있었다. 이것이 에스겔이 그곳을 가장 나중에 언급한 이유가 될 것이다. 예레미야는 멤피스와 함께 그 도시를 저주했다(참조, 렘 2:16). 그달랴가 암살된 후 그는 거기에 가야만 했다(렘 43:7~8).

애굽의 중요한 도시들의 이름을 열거하면서 하나님은 그 모든 나라의 권세가 멍에가 꺾이는 것처럼 끝날 것이라고 말씀하셨다. 그 성읍에는 구름, 재앙과 심판을 나타내는 상징적인 표현(참조, 30:3; 32:7~8; 34:12; 욜 2:2; 습 1:15)이 덮일 것이다. 구름이 모이는 것은 다가오는 폭풍을 예고하는 것처럼, 애굽이 구름으로 덮이는 것은 다가오는 심판을 예고할 것이다. 중요한 성읍들은 멸망될 것이며 그 딸들은 포로가 될 것이다.

4. 애굽이 흩어짐(30:20~26)

30:20~26 애굽에 대한 에스겔의 일곱 예언들 중에서 네 번째 예언은 '열한째 해 첫째 달 일곱째 날'에 임했다. 그 날은 애굽에 대한 에스겔의 첫 번째 예언(29:1) 이후 거의 네 달만인, BC 587년 4월 29일이었다. 첫째 예언은 애굽의 군대가 바벨론으로부터 이스라엘을 '구하기 위하여' 나갔던 때를 나타냈다(참조, 렘 37:4~5). 네 번째 예언은 바벨론이 애굽을 패배시킨 후에 기록되었다. 예언의 주제는 하나님에 의한 애굽의 패배였다. "내가 애굽의 바로 왕의 팔을 꺾었더니." 이 바로는 호브라였고, BC 589년부터 570년까지 애굽을 통치했다. 아마 첫 번째와 네 번째 예언 사이의 날들은 대략 바벨론이 애굽의 공격에 맞서기 위해 그 군대를 재배치했을 때 예루살렘에 대한 포위가 걷혀졌던 기간이었다.

느부갓네살이 애굽의 '팔'을 꺾었기 때문에 그는 유다를 방어할 수 없었다. 사실 애굽이 당한 손해는 회복할 수 없는 것이었다. 힘을 상징하는 애굽의 팔은 칼을 잡을 힘이 있도록 그저 그것을 싸매지도 못하였다.

애굽은 이스라엘을 구하기 위한 연약한 시도로 인해 '그의 팔이 꺾였다.' 그러나 이것은 단지 하나님의 완전한 심판의 서곡에 불과했다. 하나님은 애굽의 그 두 팔 곧 성한 팔과 이미 꺾인 팔을 꺾겠다고 말씀하셨다. 즉 하나님은 애굽의 세력을 완전히 멸하실 것이다. 다른 이들과 자신을 보호할 능력은 사라지게 될 것이다.

하나님은 애굽의 힘은 멸하겠지만 애굽의 강적, 바벨론의 힘은 강하게 할 것이다. 느부갓네살의 팔은 하나님에 의해 강해질 것이고, '죽게 상한 자의 고통하듯' 할 바로는 바벨론 사람들 앞에서 완전히 무방비 상태가 될 것이다.

에스겔의 요점은 애굽이 당한 최근의 패배(그의 '꺾인 한 팔')와 앞으로 당하게 될 더 큰 패배를 대조시키는 것이었다. 그는 예루살렘에 대한 바벨론의 공격을 중재하려 했을 때 팔을 잃었다. 그러나 그는 나중에 바벨론에 의해 멸망당할 것이다. 느부갓네살이 애굽을 공격하면 그는 함락될 것이다(참조, 29:1~20). 하나님은 애굽을 여러 나라 가운데로 흩으실 것이다(강조하기 위해 두 번 반복됨; 30:23, 26. 참조, 29:12). 애굽은 유다를 따라 사로잡혀 가게 될 것이다.

5. 애굽과 앗수르의 유사점(31장)

애굽에 대한 에스겔의 다섯 번째 예언은 바로의 몰락에 대한 비유이다.

a. 앗수르에 대한 백향목의 비유(31:1~9)

31:1~9 이 예언은 '열한째 해 셋째 달 초하루'에 임했다. 이때는 30장 20~26절에 기록된 예언 이후 두 달이 못된 BC 587년 6월 21일이었다. 에스겔은 애굽 왕 바로와 그 무리에게 그의 메시지를 선포했다. 그는 똑같은 말로 그것을 선포했다(31:18). 이 통치자(호브라)와 그의 막강한 군대는 분명히 그들의 군사력과 능력으로 아주 안전하리라고 믿었다. 에스겔은 '네 큰 위엄을 누구에게 비하랴'라고 수사학적으로 표현했다. 분명히 애굽은 자신이 비길 데 없이 뛰어나다고 생각했다.

에스겔은 애굽이 비교될 수 있는 한 예시를 제공했다. '앗수르를 볼지어다.' 왜 에스겔이 애굽에 대한 예언에서 앗수르를 언급했는지는 이해하기가 어렵기 때문에 어떤 학자들은 '앗수르'(אַשּׁוּר)를 '사이프러스

나무'(혹은 '소나무', 트아쑤르[תְּאַשּׁוּר])로 고쳐 읽어야 된다고 생각한다. 하지만 원문을 고칠 필요는 없다. 앗수르는 두 가지 이유로 애굽에 굉장한 중요성을 지니고 있었을 것이다. 첫째로, 앗수르는 애굽을 침략했던 유일한 메소포타미아 국가였다. BC 633년에 앗수르는 애굽을 침략하여 테베 수도를 함락시켰다(참조, 나 3:8~10). 그래서 애굽과 비교할 수 있는 유일한 나라는 앗수르였다. 둘째로, 앗수르는 바벨론에 의해 멸망했다. 에스겔이 말한 동일한 나라가 애굽에 쳐들어와 멸망시킬 것이다.

에스겔은 앗수르를 레바논 백향목에 비유했다(우뚝 솟은 백향목은 또한 이스라엘의 지도자를 묘사했다. 참조, 17장). 그 세력이 절정에 달해 앗수르는 들의 모든 나무보다 높은(31:5) 백향목처럼 높이 솟아 중동을 지배했다. 앗수르의 중요한 몇 개 도시들은 티그리스 강가나 그 근처에 위치해 있어서 필요한 물을 충분히 공급 받았다. 그곳에 위치하여 앗수르는 깊은 물(4절)과 풍부한 물(5, 7절)로 자라난 백향목처럼 성장했다. 백향목 가지에는 새와 그 그늘 아래에는 동물들이(6절. 참조, 12, 17절) 거했다. 앗수르는 마치 키가 큰 나무처럼 그의 모든 이웃에게 그늘을 드리우고 보호해 주었다.

에스겔은 앗수르의 웅장함을 과장하여 강조했다. "하나님의 동산(에덴. 참조, 28:13)의 백향목이 능히 그를 가리지 못하며." 이 '나무'는 하나님의 어떤 다른 '나무들'과 견주지 못했다. 사실 이 나무는 에덴에 있는 모든 나무가 다 시기했다.

앗수르는 이전의 높은 위치에서 애굽을 훨씬 능가할 세력과 영향력을 가졌다. 앗수르는 하나님의 심판의 결과를 애굽에게 보여줄 완전한 본보기였다.

b. 앗수르의 멸망(31:10~14)

31:10~14 앗수르는 그의 교만 때문에 멸망했다. 하나님은 백향목처럼 키가 높고 꼭대기가 구름에 닿아서 높이가 빼어났으므로 마음이 교만하였기 때문에 그 나라를 심판하셨다. 유다(16:56), 두로(27:3; 28:2)와 애굽(30:6)은 모두 그들의 교만 때문에 심판 받았다.

하나님은 여러 나라의 능한 자의 손에 붙여 앗수르를 심판했다. 이 능한 자는 느부갓네살이었다. 그는 그의 아버지의 발자취를 따라 앗수르를 희생하여 바벨론의 국경을 계속 확장시켰다. 하나님이 앗수르의 몰락을 정했다(참조, 나훔서). 니느웨 성읍은 BC 612년, 나보볼라살(느부갓네살의 아버지)에게 함락되었다. 그리고 앗수르의 나머지 군대는 BC 609년 하란에서 느부갓네살에 의해 진멸당했다(참조, 서론의 '역사적 배경').

여러 나라의 강포한 다른 민족이(즉, 바벨론. 참조, 28:7; 30:11; 32:12) 큰 나무를 자르듯이 앗수르를 찍어버렸다. 그러자 앗수르의 그늘 아래 보호를 받던 자들도(참조, 31:6, 17) 그를 버리게 되었다.

앗수르의 몰락은 다른 나라들에게 교훈의 대상이었다. "물 가에 있는 모든 나무는 키가 크다고 교만하지 못하게 하며"(14절). 중동에서 막강한 세력을 지속시키려 했던 애굽의 욕망은 실패할 것이 뻔했다. 그와 모든 다른 나라들은 영광 대신에 무덤(죽음과 구덩이)에 가야할 운명이었다('구덩이'는 죽은 자들이 가는 곳이다. 참조, 26:20~21 주해). 어떤 나라도 다른 나라 위에 자신을 높이 올릴 수 없었다. 그들 모두 다 앗수르와 같은 운명을 당할 것이기 때문이다.

c. 음부로 내려간 앗수르(31:15~18)

31:15~18 죽음을 언급한 후(14절), 에스겔은 앗수르의 몰락에 대한 다른 나라들의 반응에 초점을 맞추어 그 사실을 확대 적용시켰다(15~18절). 여러 나라가 그를 위하여 애곡하며(그들이 애곡함으로 큰 물이 말랐다) 앗수르가 음부에 떨어뜨리던 때에 그 강력하고 거대한 자의 소리로 인해 (열방이 진동하여) 놀랐다. 만약 그 강한 '백향목'이 무너졌으면 어떻게 그보다 약한 '나무들'(나라들)이 견뎌낼 수 있으리라는 희망을 가질 수 있겠는가?

열방이 놀라는 반면 이미 멸망당한 자들(에덴의 모든 나무)은 안위함을 받고 지하에서(무덤에서) 위로를 받았다. 더 약한 나라들인 앗수르의 그늘 아래 거하던 자들(참조, 6, 12절)이며 이제는 음부에 있던 자들은 앗수르조차 그들이 있는 곳에 내려왔다는 것에 스스로 위로 받을 수 있었다. 죽음 앞에서는 모두 동등했다.

앗수르의 '여러 나라 중의 동맹자들' 중에서, 다음 차례는 애굽에게 돌아갔다. 앗수르가 바벨론에게 함락될 때 애굽이 앗수르의 최고 동맹자였기 때문이었다. 에스겔은 그의 비유의 요지를 철저히 인식시켰다(18절). "너의 영광과 위대함이 에덴의 나무들 중에서 어떤 것과 같은고." 이것은 2절의 질문과 비슷했다. 그러나 그 대답은 이제 명백했다. 애굽(앗수르와 비슷했던 자)은 그와 같은 운명을 당할 것이다. 그도 역시 에덴 나무와 함께 지하에 내려갈 것이다. 애굽의 종말은 할례 받지 못한 자와 같은 수치를 당할 것이다(참조, 28:10; 32:19 주해). 그의 몰락은 칼에 살육될 숙명적인 것이었다. 이를 강조하기 위해 에스겔은 그의 이야기의 주제를 반복했다. "이들은 바로와 그의 모든 군대니라"(참조, 31:2).

6. 바로를 위한 애가(32:1~16)

32:1~2상 애굽에 대한 에스겔의 여섯 번째 예언은 '열두째 해 열두째 달 초하루'에 임했다. 그때는 BC 585년 3월 3일, 예루살렘의 몰락 소식이 바벨론 포로들에게 이른 지 두 달 후였다(참조, 33:21). 애굽의 멸망이 이제 너무 확실하여 에스겔은 애굽 왕 바로에 대하여 애가를 부르라는 말을 들었다. 애가, 혹은 장례 애가는 보통 사람이 매장될 때 부르는 것이다(애가에 대한 설명은 19장에 관한 주해를 보라). 에스겔은 이미 유다와(19장) 두로의 성읍(26:17~18; 27), 두로 왕(28:12~19)을 위한 애가를 썼다. 애굽에 대한 애가는 세 부분으로 되어 있다(32:2절하, 3~10, 11~16). 두 번째와 세 번째 부분은 각각 '나 주 여호와의 말이니라'(3, 11절)로 시작된다.

32:2하 에스겔은 강력한 힘을 지닌 바로(호브라)가 여러 나라에서 젊은 사자(참조, 유다의 왕. 19:2~9)와 바다 가운데 큰 악어 같다고 했다(참조, 29:2~5). 그 '괴물'은 바로의 잔인성과 마치 불사신같아 보이는 것을 묘사하기 위해 악어 혹은 신화적인 혼돈의 괴물을 언급했을 것이다. 바로가 잔잔한 물을 요동했다고 에스겔이 말한 것으로 보아 아마 악어로 여겨진다(참조, 욥 41:31~32). 바로의 행위는 그가 바벨론의 세력을 약화시킴으로써 국제 정세를 교란시키는 것이었다.

32:3~10 에스겔은 그때 바로의 심판에 대해 이야기했다. 만약 바로

가 악어라면 하나님은 바로의 적들을 '악어 사냥'으로 이끌 것이다. "내가 많은 백성의 무리를 거느리고 내 그물을 네 위에 치고 그 그물로 너를 끌어오리로다"(참조, 29:3~5). 바로는 그의 적들의 덫에 걸려 그의 세력의 범위에서 제거될 것이다. 이것은 놀라운 표현이었다. 애굽에서는 바로가 악어를 진멸할 수 있다고 상상했기 때문이었다(참조, 욥 41장 주해). 하나님은 바로를 그의 세력의 장소에서 끌어내어 그를 뭍에 버리며 들에 던질 것이다. 바로의 세력은 깨지고 그의 백성은 흩어질 것이다.

바로와 애굽의 파멸은 출애굽 시대의 애굽에 대한 심판의 광경을 떠오르게 하는 말로 표현되었다. 하나님은 애굽의 피로 그 땅에 물을 대겠다고 하셨다(32:6). 이것은 애굽의 물이 피로 변한 첫 번째 재앙을 생각나게 했다(출 7:20~24). 그러나 이번에는 피가 애굽의 살육당한 자로부터 나올 것이다. 하나님은 별들, 해와 달을 어둡게 하여 어두움을 그 땅에 베풀 것이다(32:7~8). 이러한 격변의 징조들은 여호와의 날에 임하게 될 것들과 비슷하지만(욜 2:30~31; 3:15) 여기서는 에스겔이 아홉 번째 재앙의 어둠(출 10:21~29)을 암시하고 있었던 것 같다.

애굽의 멸망에 대한 반응으로 주위의 여러 나라는 놀라며(참조, 26:16; 27:35; 28:19) 그 왕들이 심히 두려워할 것이다. 애굽의 심판을 통하여 하나님은 자신의 거룩한 성품을 나타내셨다. 이것이 다른 나라들에 막대한 영향을 미칠 것이다. 만약 막강한 애굽이 멸망될 수 있다면 그들도 역시 그렇게 될 것이다.

32:11~16 에스겔의 애가의 세 번째 부분에서는 멸망에 대한 상징적인 묘사(3~8절)를 멈추고, 문자 그대로 바벨론에 의한 애굽의 몰락을 묘사하고 있다. "바벨론 왕의 칼이 네게 오리로다." 바로의 군대는 잔인

한 바벨론 사람들에 의해 진멸될 것이며(참조, 29:17~21; 30:10~12, 24) 애굽의 땅은 황무케 될 것이다. 애굽의 교만은 깨어질 것이며 그 무리들은 멸할 것이다(참조, 30:10의 '무리들'에 관한 주해). 그리고 나일의 짐승들과 강들은 죽을 것이다. 사람과 짐승에게 모두 임하는 공격에 의해 피해를 당할 것이다.

한때는 사람의 발이나 짐승의 굽으로 흐려졌던 물들이 이제는 맑아질 것이다. 상징적으로 바로는 그의 국제적인 음모로 '물들을 흐리게' 했다(32:2). 말 그대로 나일 강은 사람과 짐승들의 매일의 활동으로 흐렸다(13절). 그러나 이제는 죽음과 국외 추방으로 인해 그들의 활동이 줄어들 것이기 때문에 내(川)와 강들이 맑아질 것이다. 그 강들이 기름처럼 조용히 동요하지 않고 흐를 것이다.

주위의 여러 나라('여러 나라 여자들.' 참조, 18절)에서 직업적으로 노래하는 사람들처럼 애굽의 몰락에 대한 애가를 부르기 위해 '고용될' 것이다.

7. 애굽이 구덩이로 내려감(32:17~32)

32:17~21 애굽에 대한 에스겔의 일곱 개의 예언 중 마지막 것은 '열두째 해 어느 달 열다섯째 날'에 임했다. 달이 나오지 않았지만, 많은 해석가들은 앞의 예언과 같은 달로(1절) 추정한다. 만약 그렇다면 이 메시지의 날짜는 앞의 메시지 후 정확히 두 달째인, BC 585년 3월 17일이었다. 메시지의 주제는 애굽 무리들의 영혼이 구덩이로 내려가는 것이었다. 이 예언은 매우 시적인 언어로 기록된 것으로서, 에스겔의 목적이 사후에 대한 자세한 묘사를 하는 것에 있지 않았다. 에스겔은 사람이

죽은 후에는 그의 운명을 바꿀 수 있는 어떤 기회도 없다는 것을 나타내고자 했다.

애굽에 대한 장례 애가에서 에스겔은 애굽이 주위의 나라들('그 유명한 나라 여자들' 참조, 18절)과 구덩이에 내려가는 자와 함께 지하에 내려갈 것이라고 했다(죽음에 대한 상징으로서 '구덩이'에 관하여 26:19~21의 주해를 보라). 심판에 대한 하나님의 말씀은 너무 확실하여 무덤으로 갈 애굽의 운명은 이미 정해졌다.

에스겔은 바로와 그의 나라를 모두 비웃었다. "너의 아름다움이 어떤 사람들보다도 뛰어나도다 너는 내려가서 할례를 받지 아니한 자와 함께 누울지어다." 애굽의 교만은 그 백성이 멸할 때 깨어질 것이다. 그는 '할례 받지 않은 자와 함께 죽음을 나란히 해야만 할 것이다. 이 구절은 32장에서 10번 사용되었는데(19, 21, 24~30, 32절), 수치와 패배의 죽음을 묘사했다(참조, 28:10; 31:18 주해). 매번 에스겔은 적의 손의 칼에 의한 패배와 관련된 죽음에 이 구절을 사용했다.

애굽의 패배한 군대와 그를 돕는 자들이 함께 구덩이로 내려가서 이미 거기에 있던 군사들에게 조롱을 받을 것이다. 그들은 그가 할례 받지 않은 자, 곧 칼에 살육당한 자들이 내려와서 누워있는 것을 보게 될 것이다. 애굽은 그의 군대의 용맹으로 뽐냈지만, 죽어서 다른 패배한 나라들과 함께 어깨를 나란히 하게 됨으로써 낮아지게 될 것이다.

32:22~32 에스겔은 애굽이 음부에서 함께하게 될 나라들을 묘사했다. 그는 각 나라가 칼에 살육당하여 무덤에 있다고 말했다. 묘사들이 비슷하다. 모두 다(에돔을 제외한) 그들이 공격한 자들을 두렵게 하였다고 말했다. "앗수르와 그 온 무리가 있음이여"(22절. 참조, 23절). 앗

수르는 이미 에스겔에 의해 교훈의 대상으로 사용되었다(31장). 전장에서 죽은 앗수르의 모든 군인이 그 사방에 묻혔다.

에스겔에 의해 언급된 그 두 번째 나라는 그 모든 무리와 무덤 사면에 있는 엘람이었다(32:24~25). 바벨론의 동쪽에 있는 엘람은 호전적인 나라였다(참조, 창 14:1~17). 앗수르에 의해 진압되고 느부갓네살에게 정복당했지만(렘 49:34~39) 엘람은 다시 세력을 확보하여 나중에 페르시아 제국의 중요한 일부가 되었다. 그러나 에스겔은 단지 이미 무덤에 있던 과거의 패배한 엘람 사람들만을 언급하고 있었다.

무덤에서 애굽을 기다리고 있던 세 번째 무리는 메섹과 두발의 나라들이었다(32:26~27). '메섹과 두발'은 앞에서 언급했는데(27:13) 아마 지금의 동중앙 터키의 북쪽 외변에 위치했을 것이다. 그들은 곡의 동맹국으로 38~39장에서 다시 나타난다. 전투적인 메섹과 두발은 흑해 남쪽 지역을 장악하기 위해 앗수르와 오랫동안 전쟁을 해왔다. "그들이 할례를 받지 못한 자 가운데에 이미 엎드러진 용사와 함께 누운 것이 마땅하지 아니하냐." 어떤 학자들은 이 진술을 메섹과 두발에 대해 앞으로 있게 될 심판이라고('그들은…함께 누워있지 않다') 주장하며 그렇게 번역한다. 메섹과 두발은 심판 받은 자들 속에 포함된 다른 나라들로부터 제외돼 있지 않다. 한때 용사의 두려운 힘이 있던 자들은 사라졌다. 그리고 이제 그들은 자기의 죄악으로 인해 심판을 당하고 있었다.

에스겔은 그가 왜 무덤에 대해 말하고 있는지 설명하기 위해 잠깐 멈췄다. "오직 너는 할례를 받지 못한 자와 함께 패망할 것임이여 칼에 죽임을 당한 자와 함께 누우리로다"(32:28). 이러한 다른 나라들의 운명은 애굽에게 교훈의 대상이었다. 한때 강력했던 나라들이 이제 무덤에 있는 것처럼, 바로와 그의 막강한 군대는 똑같은 운명을 기다려야 했다.

그런 후 에스겔은 다른 나라들을 다시 열거했다. "거기 에돔 곧 그 왕들과 그 모든 고관이 있음이여"(29절). 에돔은 이미 하나님의 심판에 대한 통지를 받았다(참조, 25:12~14). 이미 죽은 그의 지도자들이 음부에서 애굽의 도착을 기다리고 있었다.

음부에 있던 마지막 무리는 북방 모든 방백과 모든 시돈 사람이었다(32:30). 시돈과 연결된 이 '북쪽 방백들'은 페니키아의 도시 국가일 것이다. 이러한 모든 막강한 해상 세력들이 똑같은 굴욕적인 운명을 당했다. "그들이 본래는 강성하였으므로 두렵게 하였으나" 살해되어 수욕을 당했다. 그들의 과거의 공적이 죽음의 유령에서 그들을 구할 수 없었다. 그들도 역시 음부에서 애굽이 나타나기를 기다리고 있었다.

에스겔은 다시 애굽의 운명을 언급했다(31~32절). 바로는 그와 그의 무리들이 마침내 음부에 도착했을 때 수치와 굴욕 속에 홀로 있지 않다는 것을 보게 될 것이다. 때문에 그들은 왜곡된 안도감을 갖게 될 것이다('위로를 받을 것임이여').

III. 이스라엘에 대한 축복(33~48장)

이 책의 마지막 중요한 부분에서는 이스라엘의 회복의 축복에 초점을 맞추고 있다. 이스라엘은 죄로 인해 심판 받을 것이고(1~24장) 주위의 여러 나라도 마찬가지가 될 것이다(25~32장). 그러나 이스라엘은 영원한 심판 아래 남아있지 않을 것이다. 하나님은 이스라엘을 그의 특별한 백성으로 구별해 놓으셨다. 그리고 하나님은 그에 대한 약속을 이루실 것이다.

A. 이스라엘의 새 생활(33~39장)

이스라엘 회복의 첫 단계는 국가적인 부활이 될 것이다. 이스라엘은 사로잡혀 갔을 때 한 나라로서 '죽었다.' 그의 고국은 사라졌고 성전은 파괴되었고 왕들은 폐위됐다. 이스라엘의 적들이 승리했다. 안으로는 거짓 지도자들이 백성들을 나쁜 길로 이끌었고, 밖으로는 그의 이웃들이 그 땅을 약탈하고 황폐케 하였다. 이스라엘을 위한 하나님의 축복을 경험하기 위하여 그는 한 국가로서 '새로운 탄생'이 필요할 것이다. 거짓 지도자들은 그 백성을 인도할 참 목자로 바뀌게 될 것이다(34장). 이스라엘 외부의 적들은 심판 받을 것이다(35장). 그 백성은 땅과 그들의 하나님을 다시 찾게 될 것이다(36~37장). 그리고 그들의 안전은 하나님 자신에 의해 보장 받게 될 것이다(38~39장).

1. 재임명 받은 파수꾼 에스겔(33장)

a. 파수꾼으로서 에스겔의 사명(33:1~20)

33:1~20 에스겔은 다가오는 심판에 대하여 이스라엘에게 고해야 하는 하나님의 파수꾼으로 임명 받은 바 있다(참조, 3:16~27 주해). 에스겔의 첫 번째 소명은 심판의 사역이었다. 그러나 그 사역은 이제 다 이루었다. 하나님은 그때 두 번째로 에스겔을 파수꾼으로 임명했다. 그러나 이번 메시지는 달랐다. 초점은 여전히 개인적인 책임에 있었지만, 그 메시지의 핵심은 이스라엘에 대한 하나님의 회복이었다.

b. 에스겔의 입이 열림(33:21~33)

33:21~22 예루살렘 몰락의 소식이 바벨론 포로들에게 전해졌을 때 에스겔은 그의 새로운 사역의 절정에 이르렀다. 그들이 사로잡힌 지 '열두째 해 열째 달 다섯째 날', BC 585년 1월 9일이다. 몰락의 소식은 예루살렘의 생존자 중 한 사람에 의해 전달되었다. 그는 에스겔에게 소식을 전하기 위해 몇 개월 동안 수백 킬로미터를 여행했다. 그때서야 비로소 에스겔이 예언한 무서운 사실이 사람들의 마음을 뒤흔들어 놓았다.

이제 에스겔의 메시지는 확증되었다. 그가 더 이상 침묵할 필요가 없었다. 그래서 그 메신저가 오기 전날 밤 그의 입이 열렸다. 에스겔은 7년 동안 잠잠히 있었고, 단지 하나님의 심판을 말하기 위해서만 입을 열었다(참조, 3:26~27).

33:23~29 33장의 나머지 부분에서 에스겔은 두 그룹의 사람들에게 말했다. 첫째로 그는 이스라엘 땅에 거하여 바벨론 유수가 곧 끝나기를 바라는 이스라엘 사람들을 책망했다(23~29절). 그리고 그는 바벨론에서 그의 말을 듣기 위해 모여든 사람들을 비난했다(30~33절).

예루살렘 몰락 이후 이스라엘에 남아있던 사람들은 하나님의 심판을 인정하려 들지 않았다. 그들 자신을 아브라함에 비유하여, 그들은 언약의 땅을 소유하기 위하여 하나님에 의해 남겨진 자들이라고 주장했다. 만약 한 사람, 아브라함이 그 땅에 대한 권리가 있었다면 분명히 거기에 남아있는 많은 이스라엘 사람도 그 땅에 대한 권리를 갖고 있다고 주장했다.

그러나 아브라함과 그 땅에 있던 자들과는 한 가지 큰 차이점이 있었다. 아브라함은 의로웠지만 그들은 사악했다. 그들은 피 있는 고기를 먹으며(참조, 레 17:10~14), 우상을 숭배하며(출 20:4~6), 피를 흘렸다(참조, 출 20:13). 그 땅을 소유할 권리는 숫자의 강세에 달려있지 않고 영적 순종에 달려있었다. 그들의 죄 때문에 그 백성은 약속의 땅을 차지할 권리를 잃어버렸다.

그 땅의 기업에 대해 독선적인 오만함을 가졌던 사람들은 곧 심판의 고통을 당하게 될 것이다. 그 성읍의 황무지에 있는 자들은 칼에 엎드러질 것이며, 들로 도망친 자들은 들짐승에게 먹힐 것이다. 그리고 산성과 굴에 숨은 자들은 전염병에 죽게 될 것이다. 그것들은 예루살렘 사람들이 앞에서 당했던 것과 똑같은 심판이었다(참조, 5:17; 14:21). 뿐만 아니라 그 땅(유다)은 황무하게 될 것이다.

33:30~33 그리고 나서 에스겔은 바벨론 포로들에게 말했다. 그는

선지자로서 그를 알아본 사람들 사이에서 인정을 받았다. 그들은 그의 메시지를 듣기 위하여 자주 모였다. 그 사람들은 하나님의 말씀 듣기를 좋아했다. 그러나 그것에 순종하는 것을 소홀히 했다(참조, 약 1:22~25). 그들은 그 선지자의 말씀대로 행치 않았다. 그들은 입술로는 하나님께 예배를 드렸지만, 마음속엔 여전히 죄를 품었다. "그 입으로는 사랑을 나타내어도 마음으로는 이익을 따름이라." 에스겔의 말씀은 마치 아름다운 사랑의 노래처럼 그 백성의 귀를 간지럽혔다. 그러나 그 메시지는 결코 그들의 마음을 뚫지는 못했다.

그러나 응보의 날이 올 것이다. 그가 예언한 모든 말이 응할 때가 올 것이다. 그러면 그들은 그가 선지자였음을 알 것이다. 에스겔은 예루살렘의 몰락에 대한 그의 예언들을 말하고 있지 않았다. 그것들은 이미 '실현되었기' 때문이다(33:21). 혹자는 그가 유다에 남은 자들에게 대한 그의 예언을 하고 있다고 말한다(23~29절). 그러나 남은 자들에 대한 심판의 메시지가 그 성읍의 몰락보다 사로잡힌 자들에게 더 지대한 영향을 미치리라는 점은 의심스럽다. 그러므로 에스겔은 아마 개인적인 책임과 하나님이 모든 백성에게 가한 심판의 사실을 말하고 있었을 것이다(참조, 12~20절). 각 사람은 자신의 행위와 하나님의 말씀에 대한 자신의 반응에 책임을 지게 될 것이다. 그들이 책임져야 할 날이 오면, '말씀을 들은 자들'은(약 1:22, KJV) 에스겔의 메시지의 예언적인 성질이 진리임을 알 수밖에 없을 것이다.

2. 현재의 거짓 목자와 미래의 참 목자와의 대조(34장)

a. 현재의 거짓 목자들(34:1~10)

34:1~6 하나님은 선지자에게 이스라엘 목자들을 쳐서 예언하라고 했다. 그 백성의 지도자들은 종종 목자들로 불렸다(참조, 시 78:70~72; 사 44:28; 63:11; 렘 23:1~4; 25:34~38). 그들은 양의 무리와 같은 그들의 나라를 이끌 강하고 보호해 주는 지도자들이어야 했다. 에스겔은 먼저 목자들의 죄를 설명했고(34:1~6), 그다음 그들에 대한 심판을 선포했다(7~10절).

이스라엘의 지도자들은 그들의 무리를 돌보지 않았다. 그들의 첫째 잘못은 그 백성들보다 자신의 이익을 취한 것이었다(2~3절). "자기만 먹는 이스라엘 목자들은 화 있을진저." 이스라엘의 왕들은 백성들을 희생시켜 자신의 부를 더했다. 그들은 양의 무리를 보호받아야 할 의무가 있는 자로 여기기보다 오히려 착취할 수 있는 부의 출처로 여겼다.

그 지도자들의 두 번째 잘못은 백성들에 대한 가혹한 처사였다. 목자는 양떼를 꼴로 인도하며 공격으로부터 그들을 보호하고 상한 양을 건강해지도록 간호하며 길을 잃거나 잃어버린 양을 찾아야 했다. 그러나 이스라엘의 목자들은 그 백성을 인자하게 먹이지 않았다. 그들은 강포로 백성들을 다스렸다.

지도자들의 세 번째 잘못은, 그 백성들을 돌보지 않고 흩어지도록 내버려둔(5~6절) 지독한 무관심이었다. 5~6절에서 에스겔은 세 번씩 양의 무리가 흩어졌다고 말했다. 목자가 해야 할 가장 중요한 일은 그러한 재난을 막는 것이었다. 에스겔은 아마 여러 나라 중에 이스라엘과 유다가 흩어졌던 앗수르와 바벨론 유수를 암시했을 것이다. 목자들은 그들이 지켜야 할 바로 그 일을 막을 수 없었다.

34:7~10 목자들은 자신의 임무를 소홀히 했고 양떼는 흩어졌다. 이 때는 그들의 행동에 대한 심판을 받도록 목자들을 부를 때였다. 하나님은 그의 양떼들에 대한 책임을 목자들에게 찾으실 것이다. 하나님은 지도자들을 심판하여 그들의 권세의 자리에서 그들을 제거할 것이다. 그들은 더 이상 백성들을 희생하여 이익을 취하지 못할 것이다. 지도자들이 백성들을 이용한다는 의미에서 하나님은 말씀하셨다. "내가 내 양을 그들의 입에서 건져내어서 다시는 그 먹이가 되지 아니하게 하리라." 이 말씀은 다음 부분으로 넘어가는 다리가 되었다. 거짓 목자들은 이스라엘을 망하게 했다. 그래서 하나님 자신이 나서서 그의 백성을 구하실 것이다.

b. 미래의 참 목자(34:11~31)

거짓 목자들이 그들의 탐욕으로 인하여 이루지 못한 것을(1~10절) 하나님이 이루실 것이다. 그가 그의 양떼를 돌볼 것이며(11~16절), 양과 양 사이를 심판하며(17~24절), 평화의 언약을 세우실 것이다(25~31절).

34:11~16 양떼는 잔인하고 무관심한 목자들 때문에 흩어졌다(2~6절). 만약 양떼들이 구원되고 회복될 예정이라면 위대한 목자 자신이 그들을 구할 필요가 있다. "나 곧 내가 내 양을 찾고 찾되." 하나님은 개인적으로 이스라엘 편이 되어 간섭하실 것이다.

하나님의 첫 번째 역사는 이스라엘을 열방에서 모아 그의 본토로 회복시켜 좋은 우리에 누운 양처럼 꼴을 먹이는 것이 될 것이다. 하나님은 거짓 목자들이 하지 못했던 것을 하실 것이다('누워있게 하며', '찾으며', '돌아오게 하며', '강하게 하며', '공의대로 먹이리라'). 이 예언은 이스라엘이 바벨론 유수 이후 그의 본토에 돌아왔을 때 성취되지 않았다. 이 예언은 미래의 천년왕국 때에 성취될 것이다.

34:17~24 하나님이 공의를 수행하실 때는 각 개별적인 양들 사이를 심판하는 것으로 시작하겠다고 말씀하셨다. "내가 양과 양 사이와 숫양과 숫염소 사이에서 심판하노라." 천년왕국이 시작되기 전에 하나님은 불의한 자들에게서 의인들을 골라내실 것이다(참조, 마 25:31~46). 그리고 의인들만이 천년왕국에 들어갈 수 있을 것이다.

그러나 하나님은 어떻게 해서 한 사람을 다른 사람에게서 구별해 내실 것인가? 양의 성격은 그들의 행동에 나타난다(34:17~21). 악한 양들은 목자들의 행위를 따라서 더 약한 양들을 괴롭힌 자들이다. 그들은 초장을 발로 밟고 심지어 물들을 더럽혔다. 그래서 다른 양들은 훨씬 더 좋지 않은 꼴을 얻고 물을 마시기 위해 떠났다. 이 살찐 양들은 파리한 양들을 잔인하게 괴롭혔다. 사악한 양들은 심지어 그들의 뿔로 모든 병든 양을 받아 그들을 흩어지게 했다. 하나님은 이런 사악한 행위가 계속되는 것을 용납하지 않으실 것이다. 억압받는 자들을 구하는 대신에 그는 압제자들을 심판하실 것이다. 그는 양과 양 사이에 심판할 것이다(22절. 참조, 17절).

각 양을 심판한 후에 하나님은 새로운 목자를 지명하여 지도자로 세우실 것이다(23~24절). '이 목자'는 그의 종 다윗이 될 것이라고 하나님은 말씀하셨다. 많은 사람들은 '이 목자'가 그리스도이신 선한 목자를 암시하고 있다고 여긴다(참조, 요 10:11~18). 이 분은 이스라엘의 왕이 되기 위하여 다윗의 혈통에서 나셨다. 그런데 에스겔 34장 23절은 다윗 왕 그 자신이 부활하여 의로운 왕이 되지 않을 것이라고 말하지는 않는다. 다윗의 이름은 미래의 이스라엘의 회복에 관한 이 밖의 다른 구절에도 언급되어 있다(참조, 렘 30:9; 겔 37:24~25; 호 3:5). 또한 에스겔은 다윗이 회복된 백성의 왕(나쉬[נשׂיא])이 될 것이라고 표현했다(34:24; 37:25). 이와 동일한 '왕'은 천년왕국 기간 동안에 자기를 위하여 속죄제를 드릴 것이다(45:22; 46:4). 그러한 행위들은 죄 없는 하나님의 아들에게는 거의 맞지 않다. 그러나 다윗에게는 맞다. 그래서 그것은 말 그대로 부활한 다윗을 말하고 있다고 여겨진다. 거짓 목자 대신에 하나님은 그의 양을 먹일 참 목자를 부활시킬 것이다.

34:25~31 하나님의 관심과 보호는 결국 그 백성을 위한 평화를 가져오게 될 것이다. "내가 또 그들과 화평의 언약을 맺고." 이스라엘이 언제나 갈망해 왔던 평화는 실현될 것이다. 빈 들, 악한 짐승, 그리고 산 사방 모든 곳의 불안한 것과 예측할 수 없는 기후는 변화될 것이다. 땅은 평화와 번영을 누리게 될 것이다. 나무가 열매를 맺으며 땅이 그 소산을 내리니 그들이 그 땅에서 평안할 것이다.

하나님의 '화평의 언약'은 이스라엘이 천년왕국에서 누리게 될 축복들을 손꼽아 기다리고 있다. 이 언약은 다윗을 목자로 세워 그 땅에 영원한 이스라엘을 건설할 것이다. 그 후 에스겔은 하나님의 현존하심을 생생하게 생각나게 해 줄 하나님의 성전을 재건하거나 화평의 언약 안에 포함될 것이라고 말했다(37:26~28).

하나님은 이스라엘과 자신과의 특별한 관계 때문에 이스라엘을 회복시킬 것이다. "내 양 곧 내 초장의 양 너희는 사람이요 나는 너희 하나님이라."

3. 적(에돔)의 멸망(35장)

왜 에스겔은 에돔에 대한 두 번째 예언(참조, 25:12~14)을 열심히 전하고 있으며, 이스라엘의 회복에 관한 이 부분에 그것을 삽입시켰는가? 아마 분명히 에돔은 이스라엘을 대적한 모든 나라에 임할 하나님의 심판을 받는 대표자로 여기에 기록되었을 것이다. 에돔은 후기 이스라엘의 모든 적들의 대표였다. 에돔의 멸망은 이스라엘에 대한 여러 나라의 대우(참조, 창 12:3)에 근거를 둔, 온 지구 위에 임할 하나님의 심판의 시작을 알리는 신호가 될 것이다.

에돔에 대한 예언은 세 부분으로 되어 있는데, 각각 에스겔의 상용 표현인 '너희가/무리가 나를 여호와인 줄 알리라'(35:4, 9, 15)로 끝맺는다.

35:1~4 에돔에 대한 심판의 직접적인 말씀에서 하나님은 "세일 산아 내가 너를 대적하여"라고 말씀하셨다. 세일은 에돔의 지리적인 이름으로, 사해 남쪽 와디 아라바(Wadi Arabah)의 동쪽 산맥이었다. 여기는 에돔 사람들이 살았던 고향 산맥이었다. 하나님은 그들의 땅처럼 그 사람들을 황무케 하실 것이다.

35:5~9 에스겔은 두 번째 부분에서 에돔이 심판 받을 이유를 설명했다. '때문에/그러므로'의 형식을 따랐다(25:1~17에서 사용되었다). 에

돔의 죄는 이스라엘에 대한 그의 적개심이었다. 에돔은 옛날부터 적개심을 품고 계속해서 이스라엘에게 칼을 들이댔다(참조, 옵 10:14절). 이스라엘이 손해 보는 것에서 이익을 취하기를 원했고 이스라엘의 멸망을 부추겼다.

에돔이 이스라엘의 살육을 도왔기 때문에 하나님이 그의 살육을 도울 것이다. 에스겔 35장 6절에서 네 번 피(담 [דָּם : 문자 그대로 '살육'])를 언급했다. 이것은 에돔의 이름에 대한 말장난이 될 것이다(에돔 [אֱדוֹם]은 아돔[אָדַם : '붉게 되다']에서 비롯됨). 붉은 산이 있는 에돔은 이제 피로 붉게 되었다. "네가 피를 미워하지 아니하였은즉 피가 너를 따르리라." 에돔은 이스라엘에 가하려고 했던 똑같은 운명으로 고통을 당할 것이다(오바댜에 관한 주해를 보라). 많은 사람들이 살육당할 것이며, 그의 성읍은 황무케 되어 다시는 거하는 자가 없게 될 것이다.

35:10~15 에스겔은 다시 '때문에/그러므로' 형식을 사용했다. 에돔은 하나님이 유다와 이스라엘에게 약속했던 땅을 소유하려는 욕심의 죄도 범했다. 에돔은 그 두 땅이 그의 기업이 될 것이라고 말했다. 하나님은 이스라엘과 유다의 죄 때문에 그들을 가혹하게 징벌했다. 그러나 그는 결코 아브라함과 그의 후손에게 했던 약속을 폐지하지 않았다. 에돔은 하나님에 의해 보장되었던 이스라엘에 할당된 땅을 횡령하려 했다.

하나님의 심판은 에돔의 죄에 상응했다. "네가 그들을 미워하여 노하며 질투한 대로 내가 네게 행하여"(11절). 에돔은 감히 하나님의 선민에 대적할 음모를 꾸몄다. 그래서 이제 그 결과를 경험하게 될 것이다. "너희가 나를 대적하여 입으로 자랑하며"(13절). 에돔은 이스라엘 족속의 기업이 황폐해진 것을 보고 즐거워하였다. 그러므로 하나님은 에돔을 황무케 할 것이다. 이스라엘에 대한 그의 태도가 그 자신의 운명을 결정했다.

에돔은 모든 나라에게 중요한 교훈이 되었다. 하나님이 미래에 이스라엘을 회복시킬 때, 이스라엘에 대한 그들의 태도에 근거하여 세계의 다른 나라들을 심판하실 것이다(참조, 마 25:31~46). 그들은 이스라엘에 대한 그들의 행위에 의해 평가받을 것이다.

4. 축복받은 민족(36장)

36장은 35장과 대조를 이루고 있다. 하나님이 이스라엘 편에서 간섭하시면, 이스라엘의 적들의 '산들'은 심판받을 것이다(35:1~3, 8). 그러나 '이스라엘의 산들'(참조, 35:12)은 축복받을 것이다(36:1). 1~7절에서 에돔은 다시 이스라엘이 해를 당하기 바라는 모든 나라를 대표하여 묘사되었다(참조, 5, 7절). 이 예언의 첫 번째 부분에서는(1~15절) 이스라엘의 회복과 함께 다른 나라들에 대한 심판을 비교하기 위하여 '때문에/그러므로' 형식을 사용했다. 예언의 두 번째 부분은(16~38절) 이스라엘 산들에서 하나님의 축복을 받을 이스라엘 사람들로 바뀌었다.

이스라엘의 미래의 회복에 대한 사실은 바벨론이 몰락된 이후 아주 먼 미래에 실행될 것이다. 그래서 하나님은 예언을 성취할 것에 대한 근거로서 (외부적인 환경보다는 오히려)하나님 개인의 특성을 매우 강조하고 있다. 열 번씩 선지자는 이렇게 진술했다. '나 주 여호와의 말이니라'(2~7, 13, 22, 33, 37절).

a. 번영하게 될 이스라엘의 산들(36:1~15)

에스겔은 이스라엘 적들 앞에서의 현재의 굴욕과 그의 미래의 영화를 대조시켰다.

36:1~7 하나님은 이스라엘의 적들이 이스라엘을 황무케 하고 비방거리가 되게 하고(3절), 노략하고(4~5절), 즐거워하는 마음과 천시하는 심령을 가졌던 죄를 벌하시겠다고 약속하셨다. 그러므로 하나님은 이스라엘을 모욕한(36:6) 사방에 있는 이방인이 자기 수치를 정녕 당하리라고 손을 들어(맹세를 나타내는 몸짓. 참조, 20:5, 15, 23; 47:14) 맹세하셨다. 주위의 나라들은 승리한 것처럼 보였다. 그러나 그들의 승리는 단지 일시적일 뿐이었다. 그들은 자신의 죄로 인한 고통을 당할 것이다.

36:8~12 이스라엘의 적들에게 가해질 심판과 대조를 이루어 이스라엘 자신은 회복과 축복을 기대할 수 있었다. 하나님이 이스라엘 산들에 대하여 앞에서 선포하신 대재난(6:1~7)과는 반대로 산들이 가지를 내고 그의 백성을 위하여 과실을 맺으리니 올 때가 가까이 이르렀음이라고 말씀하셨다. 하나님은 회복된 남은 자에게 주기 위하여 그 땅을 회복시킬 것이다.

하나님의 축복에는 수적인 성장이 들어있다. 그래서 사람의 수가 많아질 것이다. 그 땅에서 인구가 감소되었던 나라에(6:3, 5~7) 그 수가 다시 충당될 것이다. 이스라엘의 나중의 상태가 이전의 상태보다 훨씬 더 좋아질 것이다. 하나님이 마침내 그 땅에 백성을 회복시킬 때 그 땅을 번성하게 하실 것이다. 하나님이 이러한 회복의 영원성을 보장하고 계신다. 일단 이스라엘이 그 땅에 회복되면 그의 기업이 보장될 것이다. "다시는 그들이 자식들을 잃어버리지 않게 하리라." 가뭄과 기근과 죽음이 있는 잔인한 황무지가 되기보다는(참조, 레 26:18~22; 민 13:32; 신 28:20~24), 오히려 축복의 장소가 될 것이다. 이 일은 그리스도의 천년왕국 동안에 이스라엘이 그 땅을 소유할 때 일어날 것이다.

36:13~15 이스라엘의 적들을 벌하고(1~7절) 이스라엘 땅을 회복시키는 것(8~12절) 외에, 하나님은 또한 이스라엘의 수치를 없애실 것이다(13~15절). 이스라엘이 당해야만 했던(3~6절) 조롱과 굴욕(수치와 비방)은 그칠 것이다(참조, 16:57~58). 이스라엘은 하나님의 선민으로서 특권의 자리로 다시 한 번 회복될 것이다(참조, 신 28:13; 슥 8:13, 20~23).

b. 다시 모아질 이스라엘 백성(36:16~38)

이스라엘의 죄 많은 과거를 말씀한 후에(16~21절) 그 나라의 미래의 회복에 대해 에스겔은 대언했다('나 주 여호와가 말하노라'로 각각 시작되는 세 부분. 22, 33, 37절).

36:16~21 이스라엘의 미래의 정결함을 말하기 전에, 에스겔은 그들의 심판의 원인이 되었던 과거의 죄로 인한 추방을 생각나게 했다. "이스라엘 족속이 그들의 고국 땅에 거주할 때에 그들의 행위로 그 땅을 더럽혔나니"(참조, 19절). 이러한 부정은 여자가 종교적으로 불결하여 그녀가 만진 모든 것을 더럽히게 하는 월경기의 유출과도 같았다(참조,

레 15:19~23). 그 백성은 어떻게 그 땅을 더럽혔는가? 피를 쏟아낸 것과 우상숭배에 의해서였다(참조, 33:25). 그 결과 하나님은 그 더럽혀진 땅에서 그들을 제거하셨다. 그러나 심지어 여러 나라에 흩어진 때에도 그들은 하나님의 거룩한 이름을 더럽혔다.

36:22~23 여러 나라는 하나님의 거룩한 이름을 더럽힌, 이스라엘의 행위를 통하여 하나님이 여호와인 줄 알았다. 그러므로 하나님은 이스라엘을 위함이 아니라 하나님의 거룩한 이름을 위하여 이스라엘을 회복시키겠다고 말씀하셨다. 이스라엘은 하나님을 자기편에 서서 역사하시도록 하기 위해 스스로 갖추고 있는 자격이 전혀 없었다. 단지 하나님의 명예가 걸렸기 때문에 하나님은 그 나라를 회복시키실 것이다. 하나님의 큰 이름의 거룩함을 나타낼 것이다(참조, 20:41; 28:22, 25; 38:16; 39:27). 하나님은 죄로 인해 이스라엘을 벌하실 때에 그의 공의를 나타내셨다. 하나님은 이스라엘을 회복하고 그의 언약의 약속들을 새롭게 할 때에 그의 자비와 충실함을 나타내실 것이다.

36:24~32 하나님이 그의 거룩함을 보여주기 위해 사용하실 수단이 이 구절들에 설명되어 있다. 그는 먼저 그 나라를 육체적으로 회복시킬 것이다. 그는 이스라엘을 여러 나라 가운데에서 모아 데리고 고국 땅에 들어갈 것이다(24절). 하나님의 미래의 프로그램의 제목은 회복된 나라 이스라엘이 될 것이다.

하지만 이스라엘의 회복은 육체적인 것 그 이상이 될 것이다. 하나님은 약속하셨다. "맑은 물을 너희에게 뿌려서 너희로 정결하게 하되 곧 너희 모든 더러운 것에서와 모든 우상 숭배에서 너희를 정결하게 할 것이며." 이것은 물로 주는 세례를 말하는 것이 아니다. 구약시대에 물을 뿌리거나 물로 씻는 것은 종교적으로 부정한 것을 정결하게 하는 것을 묘사했다(참조, 레 15:21~22; 민 19:17~19). 이스라엘의 죄는 월경의 종교적인 불결함과 같았기 때문에(36:17) 이제 그를 정결케 하는 것이 종교적인 정화의 행위에 비유되었다. 요점은 하나님이 이스라엘을 그의 죄에서 정결하게 하실 것이라는 사실이다. 이런 정결함은 새 생명을 부여받음으로써 나타날 것이다. 하나님은 변화된 나라에 새 마음과 새 영을 주실 것이다. 굳은 마음 대신에 하나님은 이스라엘에게 부드러운 마음을 줄 것이다(참조, 11:19). 그들 가운데 하나님의 신이 거하여 그들은 하나님의 율례와 규례를 복종하게 할 것이다(참조, 37:24). 하나님의 회복은 이스라엘에게 중용의 상태를 가져다주어 단지 이스라엘이 죄를 행하지 않게 되는 것이 아니다. 오히려 이스라엘 사람을 의롭게 할 새로운 본성을 그들 안에 심는 긍정적인 것을 포함할 것이다. 예레미야는 이러한 하나님의 역사를 '새 언약'이라고 불렀다(참조, 렘 31:31~33 주해). 믿음이 있는 이스라엘 사람들 안에 하나님의 영을 심는 것은 이스라엘과 하나님 사이에 새로운 관계를 이루게 될 것이다. 너희가 "내 백성이 되고 나는 너희 하나님이 되리라"(참조, 11:20; 14:11; 37:23, 27). 하나님은 그의 백성에게 그의 모든 자비를 베풀 것이다. 그들의 죄에서 구원 받았기 때문에 그들은 기근이 없이(참조, 34:29) 곡식, 나무의 열매, 그리고 밭의 소산(참조, 34:27)이 풍성한 땅이 예비된 것을 경험할 것이다.

이스라엘이 하나님의 자비와 자신의 이전의 성품(그의 악한 길과 불선한 행위)을 반성해 보면 그가 하나님의 은혜를 받을만한 가치가 없다는 것을 깨닫게 될 것이다. 사실 그는 그의 가증한 일 때문에 스스로 밉게 보며 두려워하며 그것들을 되돌아 볼 것이다. 그의 과거 행위의 흉악함이 하나님의 자비의 빛과 뚜렷하게 대조될 것이다. 미래에 이스라엘이 자신의 과거 행위를 회상해 보면 그의 공로 때문에 하나님이 그를 구하지 않았다는 것을 깨닫게 될 것이다. 하나님이 이렇게 행하심은 그를 위함이 아니라 하나님 자신의 이름을 높이기 위함인 것이다.

36:33~36 이스라엘이 회복되고 땅이 경작이 되면 이 황무한 땅이 에덴동산같이 될 것을 사람들은 알 것이다. 이전에 황량한 이스라엘의 성읍들에 성벽과 거민이 있게 될 것이다. 주위 여러 나라들에게 이스라엘은 하나님의 자비에 대한 중요한 교훈이 될 것이다. 그들은 그의 백성을 회복시킨 하나님의 전능한 힘을 알 수밖에 없을 것이다. "너희 사방에 남은 이방 사람이 나 여호와가 무너진 곳을 건축하며."

36:37~38 하나님은 또한 그 나라를 수적으로 증가시킬 것이다. 이것은 하나님의 축복의 표시로 간주되었다(참조, 창 12:2; 15:1~6; 삼상 1:5~6; 2:1~11; 슥 8:4~5). 제사장 에스겔은 이스라엘에 거주하는 인구를 정한 절기에 모인 예루살렘의 희생 제물 양떼에 비유했다. 빽빽이 한 떼를 이루는 짐승들이 그들의 많은 수로 인해 공간을 차지하기 위해 서로 밀치는 것처럼, 그 당시 비어 있고 황량했던 이스라엘의 황폐한 성읍이 사람의 무리로 채워질 것이다.

5. 회복된 나라(37장)

37장에서는 36장의 약속을 생생하게 예증하고 있다. 하나님은 이스라엘이 축복을 받아 다윗 왕의 지도 아래 그의 땅으로 회복될 것이라고 선포했다. 하지만 이스라엘의 현재 상황을 보면 이 일은 너무 먼 미래의 일 같았다. 그는 한 나라로서 '죽어 있는' 상태였다. 그의 땅, 왕 그리고 성전을 빼앗겼다. 그는 너무 오랫동안 분리되어 있었고 흩어져 있어서 통일과 회복은 불가능해 보였다. 그래서 하나님은 에스겔에게 두 가지 징조(37:1~14절과 15~28절)를 주어서 회복의 사실을 예증하고 말씀하신 약속을 확증하셨다.

a. 마른 뼈가 부활하는 환상(37:1~14)

대부분의 이스라엘 사람들은 회복에 대한 하나님의 약속을 의심할 것이다. 그들의 현재의 상황이 성취될 가능성을 희박하게 했다. 그래서 하나님은 그의 전능한 힘과 이러한 현저한 약속들을 이행하실 능력에 역점을 두었다. 그들의 성취는 하나님께 달려있지 환경이 아니었다. 에스겔은 그 환상을 설명한 후(1~10절) 그것을 해석했다(11~14절).

37:1~10 하나님은 에스겔을 그의 영으로(참조, 3:14; 8:3; 11:1, 24; 43:5) 데리고 가서 뼈가 가득한 골짜기에 두셨다. 거기에서 그는 뼈가 심히 말랐고 뜨거운 햇볕 아래서 하얗게 되고 구워져 있는 것을 알았다.

하나님은 그 선지자에게 놀랄만한 질문을 하셨다. "인자야, 이 뼈들이 능히 살 수 있겠느냐." 이 죽어 있는 뼈대들이 살아날 가능성이 있었을까? 에스겔은 인간적으로 말해서 그것이 불가능하다는 것을 알았다. 그래서 그의 대답은 다소 조심스러웠다. "주 여호와여 주께서 아시나이다." 오직 하나님만이 그러한 일을 이루실 수 있다.

하나님은 그때 이 뼈들에게 대언하라고 에스겔에게 지시하셨다. 그 메시지의 내용은 하나님의 약속된 회복이었다. "내가 생기를 너희에게 들어가게 하리니 너희가 살아나리라." '생기'(루하[רוח])는 '바람'이나 '영'으로 해석될 수 있다. 37장 14절에서는 똑같은 단어가 '신'으로 번역된다. 아마 하나님은 창세기 2장 7절을 염두에 두셨을 것이다. 사람을 창조하실 때, 하나님은 '생기'를 그 코에 불어넣으심으로써 아담을 살아 있는 존재로 바꾸셨다. 하나님께서 바람, 육체적 호흡, 생명의 원리를 말씀하는지 혹은 성령인지는 불확실하다. 하지만 그 결과는 분명했다. 하나님은 이 죽은 뼈들에게 생명을 주셨다. 에스겔이 대언했을 때 그는 놀랄만한 일을 보았다. 뼈들이 서로 연결되고(37:7) 살이 오르고 가죽이 덮이고(8절) 생기가 그들에게 들어가매 그들이 일어나 섰다(10절).

37:11~14 이 환상은 무엇을 의미하는가? 하나님은 그것이 그 당시 포로로 잡혀간 이스라엘 나라(이스라엘 온 족속)에 관한 것이라고 말했다. 매장되지 못한 해골처럼 그 백성은 수척해졌고 그들의 심판의 끝을 볼 수 없었다. "우리의 소망이 없어졌으니 우리는 다 멸절되었다." 살아남은 이스라엘 사람들은 그들의 국가적 희망이 꺾였다고 여겼다. 이스라엘은 바벨론의 공격의 화염 속에서 '죽었고' 부활의 소망은 전혀 없었다.

마른 뼈가 살아나는 것은 이스라엘의 국가적인 회복을 의미했다. 이 환상은 이스라엘의 새 생활이 하나님의 힘에 달려있고 외부적 환경에 달려있지 않다는 것을 보여주었다. "내가 너희 무덤을 열고 너희로 거기에서 나오게 하고 이스라엘 땅으로 들어가게 하리라." 또한 하나님이 이스라엘을 국가적으로 회복시킬 때 그들을 영적으로도 새롭게 할 것이다. 하나님이 이스라엘 안에 그의 영을 둘 것이다. 시체들이 받아들인 생기는 이스라엘의 새 언약에서 약속된 성령을 상징했다(참조, 36:24~28).

오늘날 팔레스타인에 거주하고 있는 이스라엘 사람들이 이 예언을 성취하지 않았다. 그러나 그리스도가 그의 왕국을 건설하기 위해 다시 오실 때(참조, 마 24:30~31), 하나님이 그 땅에 믿음 있는 이스라엘 사람들을 다시 모으실 때 성취될 것이다(렘 31:33; 33:14~16).

b. 두 막대기를 연합한 징조(37:15~28)

이 장에 나오는 에스겔의 두 번째 징조는 하나님이 그 나라를 회복할 것을 보여준 것이었다. 먼저 징조가 주어졌고(15~17절) 그 다음 설명했다(18~28절).

37:15~17 에스겔은 두 막대기를 취하여 그 중 하나에는 유다의 이름을 쓰고 또 다른 것에는 에브라임과 요셉의 이름을 쓰라는 말을 들었다. 에스겔은 그 다음에 그 막대기들을 서로 연합하여 하나가 되게끔 해야 했다. 혹자는 그 두 막대기가 성경(유다의 막대기)과 몰몬경(요셉의 막대기)을 나타낸다고 주장한다. 하지만 이 주장은 18~28절에 나온 분명한 해석을 무시하고 막대기에 대한 전혀 다른 의미를 부여하려는 것이다.

솔로몬이 죽은 이후 이스라엘 나라는 BC 931년에 산산이 분열되었다. 남쪽 왕국은 유다로 알려졌다. 유다가 더 큰 지파였고 그 나라는 유다 지파에서 나온 왕에 의해 다스려졌기 때문이다(참조, 왕상 12:22~24). 북쪽 왕국은 이스라엘, 혹은 종종 에브라임으로 불렸다(예를 들면, 호 5:3, 5, 11~14). 왜냐하면 에브라임이 가장 강하고 영향력 있는 지파였기 때문이다. 혹은 이스라엘의 첫 번째 왕 여로보암 1세가 에브라임 족속이었기 때문이다(왕상 11:26). 이스라엘은 BC 722년에 앗수르에 의해 포로로 잡혀갔다. 그리고 유다는 BC 605, 597 그리고 586년에 바벨론에 의해 추방당했다.

37:18~28 막대기를 연합하는 것은 단일 국가로서 그 땅에 그의 백성을 하나님이 회복시키고 재결합시키시는 것을 묘사했다(참조, 호 1:11). 그들이 범죄한 처소에서 정결케 한즉, "나는 그들의 하나님이 되고 그들은 내 백성이 되리라"고 하나님은 말씀하셨다(참조, 11:20; 14:11; 36:28; 37:27).

연합되었을 때 이스라엘은 다윗 왕에 의해 인도받을 것이다(참조, 34:23~24 주해). 하나님의 종으로서 다윗이 그들의 한 목자가 될 것이다.

그리고 나서 하나님은 그 땅의 백성들에게 부어줄 축복들을 반복하셨다. 그들은 거기에서 영원한 기업을 갖게 될 것이다. 그리고 다윗이 그 왕이 될 것이다. 하나님이 그들과 화평의 언약(참조, 36:15; 사 54:10)을 세우실 것이다. 그리고 하나님의 현존이 영원히 그들과 함께 할 것이다(하나님의 영광이 떠나는 것과 대조된다. 9~11장). 하나님의 임재하심을 생생하게 생각나게 해주는 것은 그의 성소, 그의 처소가 될 것이다. 그리고 나서 하나님은 또 다시 덧붙이셨다. "나는 그들의 하나님이 되고 그들은 내 백성이 되리라"(참조, 11:20; 14:11; 36:28; 37:23). 이러한 약속들로 하나님의 새로운 성전을 위한 자세한 계획들을 예상한다(40~43장). 이런 문자 그대로의 정확한 성전의 구조가, 백성 중에 하나님이 임재하심을 이스라엘과 여러 나라에게 눈으로 볼 수 있게 하는 중요한 교훈의 역할을 할 것이다.

6. 곡의 공격을 격퇴함(38~39장)

이스라엘은 그의 적들에 의해 짓밟혀 왔다. 그러나 미래에는 그의 안전을 보장하기 위해 하나님이 개입하실 것이다. 하나님이 그의 백성을 방어하고 먼 거리에 떨어져 있는 나라의 적들을 심판하실 것이다(가까이에 있는 나라들에 대한 심판은 25~32장에서 이미 언급했다).

에스겔 38, 39장에 언급된 몇 개의 나라들은 두로와의 무역 대상자들로 이미 동일시되었다. 에스겔 38장 2~6절에서 언급된 지역의 위치를 알기 위해 예레미야 서론에 있는 '예레미야와 에스겔 시대의 세계' 지도를 보라.

그러한 지역 이름들 이외에 또 다른 가능한 이름이 고려되고 있는 것이 분명하다. NIV는 38장 2절의 로쉬(ראש)를 '대장'으로 번역한다. 하지만 다른 번역에서는 그 단어를 고유 명사로 받아들여 그것을 '로쉬'로 번역했다. '머리'라는 뜻의 히브리어를 형용사로 받아들여야 하는가('대장', 즉 '왕') 고유 명사('로쉬')로 받아들여야 하는가? 증거 자료를 보아서는 형용사로 받아들이는 것이 좋을 것 같다. '로쉬'는 어떤 성경의 지명 목록에도 나온 적이 없다. 반면 그 밖의 모든 이름들은 잘 입증되고 있다(참조, 창 10:1~7; 대상 1:5~7; 겔 27:13~24; 32:26). 한 가지 가능한 예외로는 이사야 66장 19절(NASB)이 있다. 그러나 이것 역시 모호하다(NIV를 보라).

이 이름들이 러시아(구 소비에트 연방)와 연결될까? 먼저 에스겔이 대항하여 예언한 지역을 확인하고, 다음으로 현재 그 지역을 점령하고 있는 나라들을 결정해야 한다. 에스겔이 말한 로쉬(ראש)는 그 단어의 발음이 비슷한 이유로 단순히 러시아를 가리키는 것은 아니다. '메섹'을 '모스크바'로 '두발'을 '토볼스크'와 동일시해서는 안 된다. 에스겔은 역사적인 지역을 염두에 두었다(현대의 이름들이 아니다). 그리고 이 지역들은 에스겔 시대에 위치해 있던 것이 분명하다. 독선적인 주장을 피해야 하는 반면에, 세 가지 이유들이 에스겔의 예언 안에 러시아 지역이 포함되어 있다는 사실을 암시한다. (1) 에스겔에 의해 언급된 나라들 중 어떤 것은 지금의 러시아에 위치해 있었다. (2) 그 군대들은 '극한 북방에서부터' 온다고 언급됐다(38:6, 15; 39:2). 이것은 십중팔구 흑해와 카스피 해 사이의 교량지역, 지금의 러시아 일부 지역을 포함한다. (3) 에스겔은 몇 개의 나라가 연합할 것에 대해 말했다. 그 중 다수는 현재 러시아와 제휴되고 있거나, 혹은 그의 영향 하에 있다. 여기에는 이란('바사'), 수단 그리고 북에디오피아('구스'), 리비아('붓'), 그리고 터키('메섹', '두발', '고멜', '도갈마 족속')가 포함되어 있다. 이러한 모든 나라는(38:2~3, 5~6절을 보라) 분명 러시아(구 소비에트 연방)의 지도 아래 이스라엘을 공격하기 위해 연합할 것이다.

이 예언은 언제 성취될 것인가? 이 예언에 맞는 어떤 과거의 역사적 사건도 없었다. 그래서 그것은 여전히 미래의 성취를 기다리고 있다. 혹자는 이스라엘에 대한 이 공격을 그리스도의 천년왕국 마지막에 있을 곡과 마곡의 공격과 동일할 것이라고 생각한다(계 20:7~9). 그러나 이런 동일시에는 몇 가지 결점이 있다. (1)에스겔의 전쟁 결과는 계시록 20장의 전쟁에 따른 사건들과 일치하지 않는다. 그 다음의 예언적 사건이 구원받지 못하고 죽은 자의 부활이라면(계 20:11~13) 왜 전쟁 이후 7개월 후에 매장하는가? 즉시 영원 속에 들어가는(계 21:1~4) 대신에 왜 7년 동안 전쟁 무기를 불태우기 위해 전쟁 이후 지상에 사람들이 남아있어야 하는가(39:9~10)? 각 전쟁 이후의 사건들이 너무 달라서 두 개의 분리된 전쟁으로 추정되는 것이 분명하다(참조, 계 20:7~9 주해). (2)사람들에 미친 영향이 다르다. 에스겔에 나온 전쟁은 하나님이 이스라엘을 자기에게 이끌기 위하여(참조, 39:7, 22~29), 그리고 그의 노예 생활을 끝내기 위하여 사용하실 촉매이다. 그러나 계시록 20장의 전쟁은 이스라엘이 하나님께 충성하고 천 년 동안 그의 축복을 누린 이후에 일어날 것이다.

만약 에스겔 38~39장의 전쟁이 천년왕국 끝에 있지 않다면 천년왕국 시작 때에 있을 것인가? 이것 또한 그렇게 확실치 않다. 천년왕국에 들어가는 모든 사람은 믿음을 가진 자일 것이다(요 3:3). 그리고 하나님의 선민을 보호한 것에 의해 그의 믿음을 증거한 자일 것이다(참조, 마 25:31~46 주해). 천년왕국이 시작되는 때에 모든 전쟁 무기는 없어질 것이다(미 4:1~4). 그래서 구원받지 못한 군인들이 제거되고 그들의 무기가 소멸되면 전쟁이 일어나는 것을 보기 어려울 것 같다.

에스겔의 곡과 마곡의 전쟁을 환난 기간에 두는 것이 가장 좋을 것 같다. 또 다른 면밀한 관찰자들은 7년 기간 중에 앞의 3년 반에 두어야 한다고 말한다. 그 공격은 이스라엘이 화평할 때 올 것이다(38:8, 11). 이스라엘이 적그리스도와 맺은 언약이 다니엘의 70번째 주(週)(한 이레, 단 9:27절상) 초기에 효력이 있는 동안 이스라엘은 화평할 것이다. 그러나 7년 기간의 중간에 그 언약이 깨어진 후에 그 나라는 무시무시한 박해를 받게 될 것이다(단 9:27절하; 마 24:15~22). 이때에 죽은 자들을 장사하고(39:12~13) 전쟁 무기를 불태우는 데(39:9~10) 필요한 시간을 제공할 것이다. 그래서 에스겔에 의하여 묘사된 그 전쟁은 그리스도의 재림 전 7년 기간 중 앞의 3년 반의 언젠가 일어날 것이다. 십중 팔구 그 전쟁은 7년 기간의 중간 지점 바로 앞에 일어날 것이다(참조, 성경에 예언된 말세의 사건들 도표).

에스겔은 이스라엘과 가장 멀리 떨어진 이웃들을 포함하게 될 전쟁을 묘사하고 있었다. 이스라엘이 7년 기간의 초기 어떤 때 적그리스도와 맺은 언약의 헛된 보호 아래 안전하다고 여길 때, 그들은 공격의 기회를 찾을 것이다. 에스겔은 먼저 곡과 그의 동맹국들에 의한 침략을 묘사했다(38:1~16). 그리고 나서 곡과 그의 동맹국들에 대한 심판을 묘사했다(38:17~39:29).

a. 곡의 침략(38:1~16)

38:1~6 이 구절들에 나온 합당한 이름들을 확인하려면 '6. 곡의 공격을 격퇴함(38~39장)'의 제목 아래 계속되는 단락을 보라. 이스라엘에 대한 곡의 공격은 실제로 하나님께서 지휘하시는 대로 이뤄질 것이다. 주 여호와의 말씀에 "내가 너를 대적하여 너를 돌이켜 갈고리로 네 아가리를 꿰고", "너의 말과 기마병 곧 네 온 군대를 끌어내되 완전한 갑옷을 입고 큰 방패와 작은 방패를 가지며 칼을 잡은 큰 무리와", "곧 많은 백성의 무리를 너와 함께 끌어내리라." 말과 무기들이 문자 그대로 인지 아닌지에 관해서는 39장 9절 주해를 보라. 하나님은 이스라엘을 위한 그의 좀 더 큰 계획에서 곡과 그의 동맹국들을 전당물로 사용하실 것이다. 그러나 이스라엘을 공격하려는 생각은 또한 곡에게서 나올 것이다. 곡은 그 자신의 악한 목적을 달성하기 위해 자유롭게 행동할 것이다. 그가 '악한 꾀를 낼' 것이다(38:10).

38:7~9 이 공격은 이스라엘에 대한 것인데, 그 땅 백성은 여러 나라에서부터 모여들어와 다 평안히 거하는 중일 것이다. 곡과 그의 동맹국들은 거대한 세력으로 이스라엘에 대항하여 광풍과 구름처럼 이를 것이다(참조, 16절).

38:10~13 공격하려는 곡의 목적은 성벽도 없고 염려 없이 평안히 거하는 이스라엘을 겁탈하고 노략하는 것이다. 이 백성은 세상 중앙에 거하며 짐승과 재물이 부요할 것이다. 지리적, 정치적, 경제적으로 이스라엘의 중요성이 주목될 것이다. 그는 아시아와 아프리카 사이의 상업을 장악하기 원하는 어떤 세력에게든지 전략상 중요한 목표가 될 것이다.

38:14~16 이스라엘에 대한 곡의 공격은 사방으로부터 올 것이다. 곡은 극한 북쪽에서 올 것이다. 그와 함께 그의 동맹국들이 동쪽(페르시아=이란), 남쪽(구스=수단, 남이집트, 북에디오피아), 그리고 서쪽(붓=리비아)에서부터 올 것이다. 그들은 "구름이 땅을 덮음 같이(참조, 9절) 내 백성 이스라엘을 치러 오리라." 이 무서운 군대는 바다를 건너 항해하는 구름처럼 쉽게 모든 장애물을 뛰어넘을 것이다.

이 공격은 여러 나라에게 하나님의 거룩한 성품과 전능한 힘을 보여 줄 또 다른 수단이 될 것이다. 이방 사람들은 이스라엘을 치러 가서 하나님을 알게 될 것이다. 하나님이 자신의 거룩함을 나타낼 것이기 때문이다(참조, 20:41; 28:22, 25; 36:23; 39:27). 성공하지 못한 공격의 결과로 이스라엘은 구원받을 것이며 하나님을 영화롭게 할 것이다.

b. 곡의 심판(38:17~39:29)

(1) 곡의 패배(38:17~39:8)

38:17~23 곡의 공격은 하나님에 의해 진압될 것이다. 하나님이 곡에게 물으셨다. "내가 옛적에 내 종 이스라엘 선지자들을 통하여 말한 사람이 네가 아니냐." 이것은 성경 해석가들 사이에 몇 가지 혼동을 불러일으켰다. 곡에 대한 어떤 직접적인 언급도 그 이전에 성경을 쓴 선지자들에 의해 이루어지지 않았기 때문이다. 아마 이것은 그 이전의 선지자들이 마지막 때에 이스라엘에 대항할 침략 군대가 오리라고 예언했던 것을 뜻하며, 에스겔이 여기에서 특별히 곡으로 연상했을 것이다(참조, 욜 3:9~14; 습 3:15~20).

그 군대들이 이스라엘에 이르면 그들에 대한 하나님의 분노가 일어날 것이다. 하나님은 곡의 침략 계획을 방해하고 전 침략군들 사이에 공포와 혼란을 번지게 할 큰 지진을 이스라엘 땅에 일으킬 것이다.

대혼란 속에서 네 개의 침략 군대들 사이에 의사소통이 깨어지고 서로 서로 공격하기 시작할 것이다. 각 사람의 칼이 그 형제를 칠 것이다(38:21). 불안과 공포가 전 군대를 휩쓸고 그래서 각 군대가 닥치는 대로 상대편을 쓸 것이다.

군대의 살육은 폭우, 큰 우박덩이와 불과 유황을 포함한 부가된 '자연적인' 재난에 의해 더 증가될 것이다(22절). 지진에서 비롯된 먼지와 파편들이 비와 섞여 거대한 진흙 사태와 홍수를 가져올 것이다. 거대한 우박덩이가 생존자들에게 쏟아져 많은 사람을 죽게 할 것이다(참조, 수 10:11). 불과 유황은 화산재일 것이다.

39:1~8 침략 군대들은 전적으로 하나님에 의해 멸망당할 것이다. 하나님은 그들을 이스라엘 산 위에 이르게 하여(2절. 참조, 38:8), 그들을 약하게 하고(39:3) 그들을 이스라엘 산 위에 엎드러지게 할 것이다. 한때는 강력했던 이 군대가 그때에는 움키는 새와 들짐승의 먹이가 될 것이다.

하나님은 또한 그 침략자들의 고향에도 벌을 내리실 것이다. "내가 또 불을 마곡과 및 섬에 평안히 거주하는 자에게 내리리니." 불을 보낸다는 것은 멸망과 군대의 파괴가 함축되어 있다(30:8, 14, 16. 참조, 호 8:14; 암 1:4, 7, 10, 14; 2:2, 5). 침략을 일으킨 나라는 스스로 멸망될 것이다. '섬'은 에스겔에 의해 이미 여러 번 언급 되었는데(참조, 26:15, 18; 27:3, 6~7, 15, 35) 알려진 세계 중에서 가장 멀리 떨어진 지역을 뜻한다. 이러한 모든 것을 통하여 하나님은 자신이 거룩하다는 것과 죄로 인해 더럽혀지지 않는다는 것을 이스라엘에게 가르치실 것이다(참조, 36:22). 또한 여러 나라가 그를 이스라엘의 거룩한 자인 줄 알 것이다.

(2) 전쟁의 영향(39:9~20)

39:9~11 이스라엘을 약탈하러 올 자들은(38:12) 그들 자신이 약탈당할 것이다. 이스라엘 사람들은 7년 동안 쓰러진 군인들의 병기를 불 피워 사를 것이다. 그 전쟁 무기들(말, 칼, 방패, 활, 화살, 몽둥이, 창 [38:4~5; 39:9])은 말 그대로 이해해야 하는가, 그렇지 않으면 현대의 무기를 상징적으로 언급하고 있는가? 본문 그 자체로 보아서는 두 가지 해석이 모두 될 수 있다. 그러나 그 단어들의 보통 의미는 에스겔이 말한 문자 그대로의 말로 보인다. 또 다른 다니엘이 말한 한 이레의 전 3년 반 동안의 세계적인 대재난의 사건에서는(마 24:6~8; 계 6장) 전쟁이

좀 더 원시적인 방법으로 회귀할 가능성도 있을 것 같다.

환난 기간에 살아남은 자와 천년왕국의 시작에 들어가는 자에 이르기까지 이스라엘은 그 병기들로 불을 피울 것이다. 그러므로 나무를 취할 필요가 없을 것이다. 곡의 운명은 놀랍게 역전될 것이다. "전에 자기에게서 약탈하던 자의 것을 약탈하며 전에 자기에게서 늑탈하던 자의 것을 늑탈하리라."

전쟁 이후에 이스라엘은 곡의 시체도 매장할 것이다. 매장은 바다 동편 사람의 통행하는 골짜기에서 이뤄질 것이다. 이 번역은 번역자에 의해 '쪽'이라는 단어가 삽입되어 다소 혼동스럽다. 그리고 '동'(키드마트[קִדְמַת])은 '동쪽에'로 번역해야 한다(참조, 창 2:14; 삼상 13:5). 곡의 군대가 매장될 골짜기는 현재의 요르단이 있는 사해의 '동쪽'(NIV 난외주)이 될 것이다. '동편 사람의 통행하는 곳'(하요브림[הָעֹבְרִים])이란 구절이 고유명사로 채택된 것 같다. 이것은 이스라엘이 약속된 땅으로 가는 도중에 통과했던 사해의 동쪽 '아바림 산'(하야바림[הָעֲבָרִים])을 말할 것이다(참조, 민 33:48). 만약 그렇다면 곡의 매장지는 이스라엘 본토에서 사해를 바로 건너 모압 땅에 있는 아바림 골짜기가 될 것이다. 그렇지만 매장은 이스라엘에서 될 것이다. 이스라엘이 역사상 특정 기간에 그 지역을 다스렸기 때문이다(참조, 삼하 8:2; 시 60:8).

시체의 수가 아주 많아서 통행하던 것이 막힐 것이다. '통행하던 길'은 다시 '아바림'으로 번역할 수 있다. 그 골짜기는 군인들의 시체로 메워질 것이다. 골짜기의 이름이 '곡의 무리들의 골짜기'라는 의미인 하몬곡의 골짜기로 바뀌게 될 것이다.

39:12~16 죽은 군인의 수가 너무 많아서 이스라엘 족속이 일곱 달

동안에 그들을 장사할 것이다. 심지어 처음의 정화 작업이 끝난 후에도 추가될 시체들을 위한 땅을 찾기 위해 일정 사람들이 고용될 것이다. 순행하는 자가 그 땅으로 통행하다가 사람의 뼈를 보면 그 곁에 표를 세울 것이다. 그러면 장사하는 자가 그 표를 보고 그 시체들을 매장하기 위해 하몬곡 골짜기로 가져갈 것이다. 그 작업이 아주 방대하여서 그 땅을 정결케 할 사람들을 수용하기 위해 매장지 골짜기에 한 성이 세워질 것이다. 이곳을 ('무리들'이란 단어의 어형인) 하모나라 부를 것이다.

39:17~20 곡이 패배한 또 다른 결과로 들짐승을 위한 잔치가 있을 것이다(이 절들은 패배한 자들의 시체를 새와 들짐승에게 넘겨 먹게 하겠다고 하나님이 선포했던 4절로 확대된다). 하나님은 동물과 사람의 역할을 바꿀 것이다. 보통 사람이 희생 동물을 살육하고 먹었다. 하지만 여기에서는 곡의 군대의 사람들이 희생 제물이 될 것이다. 그들이 동물에게 먹힐 것이다. 하나님이 새와 들짐승에게 이르기를, 이 큰 잔치에서 그들이 고기를 먹으며 피를 마시기를 바산의 살찐 짐승을 먹듯 할 것이라고 말씀하셨다. 바산은 긴네렛 바다(후에 갈릴리 바다)의 동쪽과 북동쪽인데 옥토와 살찐 암소들로 유명했다(참조, 암 4:1). 하나님의 상에서 짐승들은 말과 기병과 용사와 모든 군사를 배불리 먹을 것이다.

(3) 이스라엘에 미친 전쟁의 영향(39:21~29)

39:21~24 그 전쟁에서 두 가지 결과가 비롯될 것이다. (a)여러 나라가 하나님의 영광을 볼 것이다(참조, 1:28 주해). (b)이스라엘이 자기 하나님께로 되돌아올 것이다(39:22. 참조, 7절). 하나님께서 놀랍게 곡을 타파하심으로 이스라엘에게 하나님의 권능을 알게 할 것이다.

39:25~29 곡의 패배는 또한 다른 나라들 중에 남은 이스라엘 사람들을 회복시키려는 하나님의 계획을 촉진시켜줄 것이다. 25~29절은 환난 기간의 끝을 내다보고 있다. 그때는 하나님이 마지막으로 흩어진 그 나라를 회복시킬 것이다. 하나님은 야곱의 사로잡힌 자를 돌아오게 하며 이스라엘 온 족속에게 긍휼을 베푸실 것이다. 하나님은 그들로 인하여 자신의 거룩함을 나타낼 것이며(참조, 20:41; 28:22, 25; 36:23; 38:16) 그들을 자기 백성으로 인정할 것이다. 또한 하나님은 그의 영을 이스라엘 족속에게 쏟으실 것이다(참조, 36:27; 37:14; 욜 2:28). 곡과의 전쟁의 궁극적인 결과는 이스라엘의 국가적 회개와 영적 회복이 될 것이다. 이 일은 천년왕국에서 이루어질 것이다.

B. 이스라엘을 위한 새 질서(40~48장)

33~39장에서는 이스라엘이 그의 땅에 다시 모아지고 하나님과의 관계를 회복했을 때 그가 경험하게 될 새 생활을 다루었다. 이 책의 마지막 아홉 장에서는 이스라엘의 새 질서가 어떻게 수립될 것인가를 설명한다. 하나님이 그의 백성 중에 거하심의 상징으로 새 성전이 건축될 것이다(40~43장). 그리고 새로운 예배 의식이 확립되어서 그 백성은 그들의 하나님께 나아갈 것이다(44~46장). 그 다음 그 백성을 위하여 땅의 새로운 분배가 이루어질 것이다(47~48장).

1. 새 성전(40~43장)

하나님은 그의 백성 중에 자신의 성소를 재건하겠다고 약속하셨다(37:26~28). 44~46장에서는 재건될 성전을 위한 계획을 준다. 40~43장에 관한 세 가지 해석이 성경 연구가들에 의해 제기된다. (1) 에스겔은 바벨론 유수 이후 솔로몬 성전의 재건을 예언했다. (2) 에스겔은 상징적인 의미에서 교회를 예언하고 있었다. 그는 문자 그대로의 성전을 염두에 두지 않았다. (3) 먼 미래에 문자 그대로의 성전이 천년왕국 기간에 재건될 것이다. 첫 번째 의견은 무시해야 한다. 왜냐하면 에스겔이 기록했을 때의 실수이기 때문이다. 하나님의 권위 아래 어떤 선지자의 말도 거짓 예언된 적이 없다(신 18:21~22. 참조, 마 5:17~18). 또한 유수 이후 이스라엘로 되돌아온 남은 자들은 에스겔의 설계도를 따르지 않았다. 두 번째 의견도 또한 무시해야 한다. 왜냐하면 에스겔의 말의 정상적인 의미를 모독했기 때문이다. 이 의견을 제시한 사람들은 비논리적이다. 그들은 에스겔의 이전과 지금 성취된 예언은 문자 그대로 해석하고 반면에 아직 성취되지 않은 예언은 상징적으로 해석하기 때문이다.

왜 에스겔은 천년왕국의 성전을 묘사하기 위해 그렇게 많은 지면을 할애했는가? 여기에 두 가지 이유가 있다. (1) 성소는 백성들 가운데 하나님이 거하심에 대한 뚜렷한 상징이다. 하나님의 영광이 예루살렘에 있는 솔로몬 성전에서 떠났을 때 이스라엘의 심판의 서곡이 시작되었다(8~11장). 하나님의 영광이 이스라엘의 새 성전에 다시 들어올 때 한 국가로서의 회복이 절정에 이를 것이다(43:1~5). (2) 새 성전은 하나님의 새 언약에 의하여 하나님과 이스라엘과의 관계를 뚜렷이 생각나게 해주는 것이 될 것이다. 하나님은 모세의 언약이 시작되는 때에 성막을 짓기 위한 자세한 지시를 함께 주셨다(참조, 출 25~40장). 그래서 새 언약이 시작되는 때에 새로운 예배 장소를 위한 자세한 계획을 제시하는 것은 이상한 일이 아니다. 이 성전은 이스라엘과 그의 하나님과의 새로운 관계를 뚜렷이 명시해주는 중추적 역할을 할 것이다.

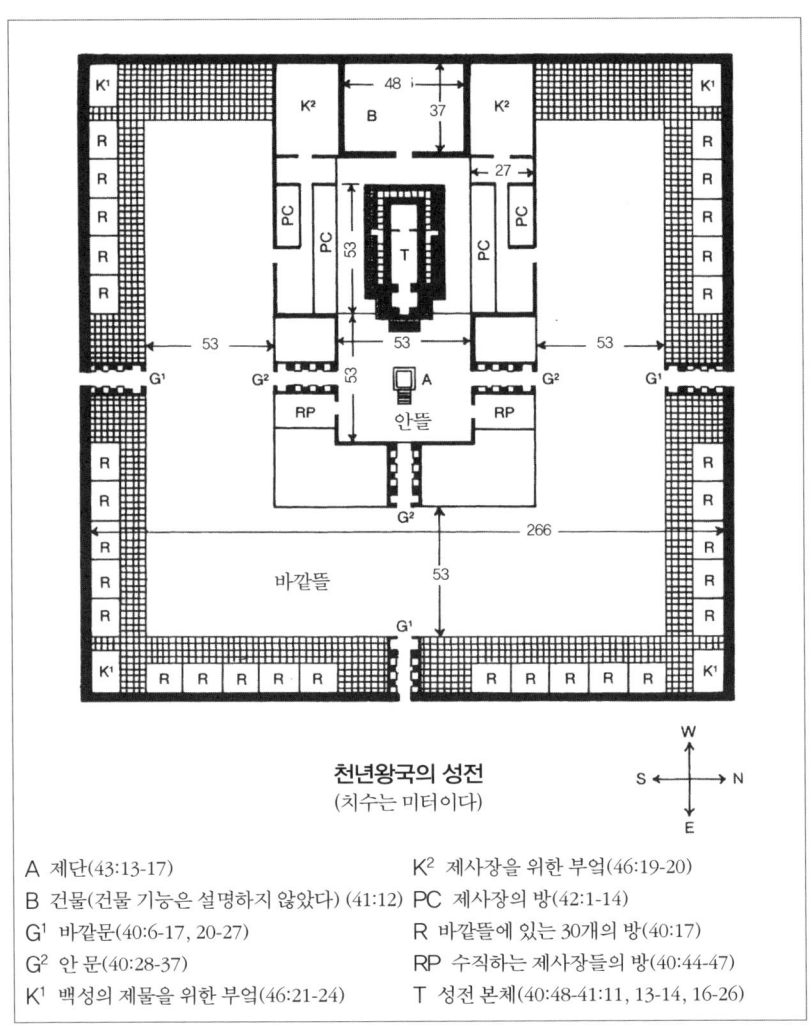

천년왕국의 성전
(치수는 미터이다)

A 제단(43:13-17)
B 건물(건물 기능은 설명하지 않았다)(41:12)
G¹ 바깥문(40:6-17, 20-27)
G² 안 문(40:28-37)
K¹ 백성의 제물을 위한 부엌(46:21-24)
K² 제사장을 위한 부엌(46:19-20)
PC 제사장의 방(42:1-14)
R 바깥뜰에 있는 30개의 방(40:17)
RP 수직하는 제사장들의 방(40:44-47)
T 성전 본체(40:48-41:11, 13-14, 16-26)

a. 서론(40:1~4)

40:1~4 새 성전에 대한 하나님의 이상이 에스겔에게 임한 때는 "사로잡힌지 스물다섯째 해, 성이 함락된 후 열넷째 해 첫째 달 열째 날"이었다. 그 날은 BC 573년 어느 때였다. '첫째 달'이란 구절은 다소간의 문제점을 제시한다. 이스라엘의 종교적 신년은 니산(4~5월)에 시작되었다. 이것은 출애굽 때에 확립되었다(출 12:1~2). 하지만 이스라엘 후기 역사에서는 일곱 번째 달, 티쉬리(10~11월)가 이스라엘의 민간이나 왕국에서 한 해의 첫 달로 확정되었다. 그래서 그 날은 BC 573년 4월 28일이거나, BC 573년 10월 22일이 될 것이다. 10월 그 날은 또한 속죄일이었다(참조, 레 23:27).

그날에 하나님이 이상 중에 에스겔을 예루살렘으로 데리고 갔다(참조, 8:1~3). 예루살렘은 당시에 이전의 모습과 굉장히 달랐다. 에스겔은 그가 놀랄 만큼 상세히 기록한 미래의 성전을 '둘러보도록' 인도되었다(참조, '천년왕국 성전'의 스케치). 이곳을 둘러보는 것은 모양이 놋같이 빛난 사람(분명 천사)에 의해 인도되었다.

b. 바깥뜰(40:5~27)

40:5 에스겔과 함께한 그 천사적 존재는 손에 측량하는 장대를 잡았는데, 한 손바닥 너비가 더한 자로 여섯 척이었다. 보통 한 척은 약 45센티미터이며 긴 척은(아마 에스겔에서 사용된 것) 약 53센티미터였다. 그래서 그 측량하는 장대는 약 3.2미터 길이였다. 성전을 둘러싼 벽의 두께가 3.2미터(한 장대)이고 높이도 3.2미터였다.

40:6~16 에스겔은 동향한 문을 통하여 바깥뜰로 들어갔다. 이것은 바깥뜰로 들어가는 세 문 중 하나였다. 그것은 동쪽을 향해 있기 때문에 가장 중요한 문이었다(참조, 44:1~3 주해). 그는 그 문을 상세히 묘사했다. 층계, 문간, 문지기 방, 성전을 향한 현관이 있고 각 문 벽 위에는 종려나무(40:16)를 새겼다(참조, '천년왕국 성전의 문' 그림).

40:17~19 바깥뜰로 들어가면서 에스겔은 박석 깔린 땅이 있고, 박석 깔린 땅 위에 여러 방이 있는데 모두 삼십 개인 것을 보았다. 이 방들은 분명 북, 동, 남쪽의 성전 벽을 따라 같은 수로 일정한 간격을 두고 있었다(참조, '천년왕국 성전' 그림). 이 방들의 사용은 설명하지 않지만, 아마 저장하는 방이거나 절기를 기념할 때 사람들을 위한 모임 공간이었을 것이다(참조, 렘 35:2). 아래 문간 앞에서부터(즉, 동문) 안뜰 바깥 문간 앞까지(즉, 안뜰로 들어가는 문간까지) 길이가 53미터였다.

40:20~27 그리고 나서 에스겔은 바깥뜰의 동문에서 북문(20~23절)으로 그리고 남문으로(24~27절) 인도되었다. 두 문의 디자인과 치수는 동향한 문의 것과 동일했다.

c. 안뜰(40:28~47)

40:28~37 바깥뜰을 측량한 후에 그 천사는 안뜰을 측량했다. 그는 바깥뜰의 남문에서 안뜰의 남문을 통과하여 들어갔다. 이 문은 먼저 측량한 것과 같았다. 안뜰의 남문(28~31절), 동문(32~34절), 그리고 북문(35~37절)은 동일했다. 그리고 또한 안뜰의 현관이 바깥뜰로 향한

것을 제외하고 바깥뜰의 세 문과 같았다. 이 문들의 현관은 거꾸로 되어 있다(참조, '천년왕국 성전' 그림).

40:38~43 안쪽 문의 곁에는 희생을 잡기 위해 사용되는 상(table)이 있었다. 문 곁 이편에 상이 넷이 있고 저편에 상이 넷이 있어 합이 여덟이었다. 이 상에서 준비된 희생제물은 안뜰에 있는 제단으로 드려진다.

많은 사람은 천년왕국 기간에 동물 희생이 다시 실시된다는 생각을 반대하고 있다. 이러한 희생은 레위기의 희생 제도로 되돌아가는 것이기 때문에 천년왕국에서는 없어질 것이라고 한다. 이것이 혹자들로 이 구절을 말 그대로보다는 상징적으로 받아들이게 하는 원인이 된다. 하지만 만약 이러한 희생의 올바른 기능을 이해한다면 어려움은 없다. 첫째로, 동물 희생은 결코 인간의 죄를 없앨 수 없다. 단지 그리스도의 희생만이 가능하다(히 10:1~4, 10). 그리고 희생은 신자들과 하나님과의 관계 회복을 도왔다. 둘째로, 심지어 교회가 시작된 이후에도 유대 신자들은 성전의 예배에 참석했다(행 2:46; 3:1; 5:42). 그리고 심지어 희생을 드리는 것도(행 21:26) 주저하지 않았다. 그들이 이 일을 할 수 있었던 것은 희생을 그리스도의 죽음을 기념하는 것으로 보았기 때문이다.

레위기의 희생은 하나님께 대한 이스라엘의 예배와 연결되어 있었다. 하나님의 계획 속에서 교회가 이스라엘을 대신했을 때(참조, 롬 11:11~24) 새로운 섭리가 시작되었다. 레위기의 희생 제도는 그리스도를 기다리는 것이었다. 이 희생 제도는 성찬으로 바뀌었으며 성찬은 그의 죽으심을 되돌아보며 그의 재림을 기다리는 것이다(고전 11:24, 26).

그리스도의 재림 때에는 하나님 왕국의 계획 속에 이스라엘은 다시 가장 높은 위치를 차지하게 될 것이다(참조, 롬 11:25~27). 성찬은 없

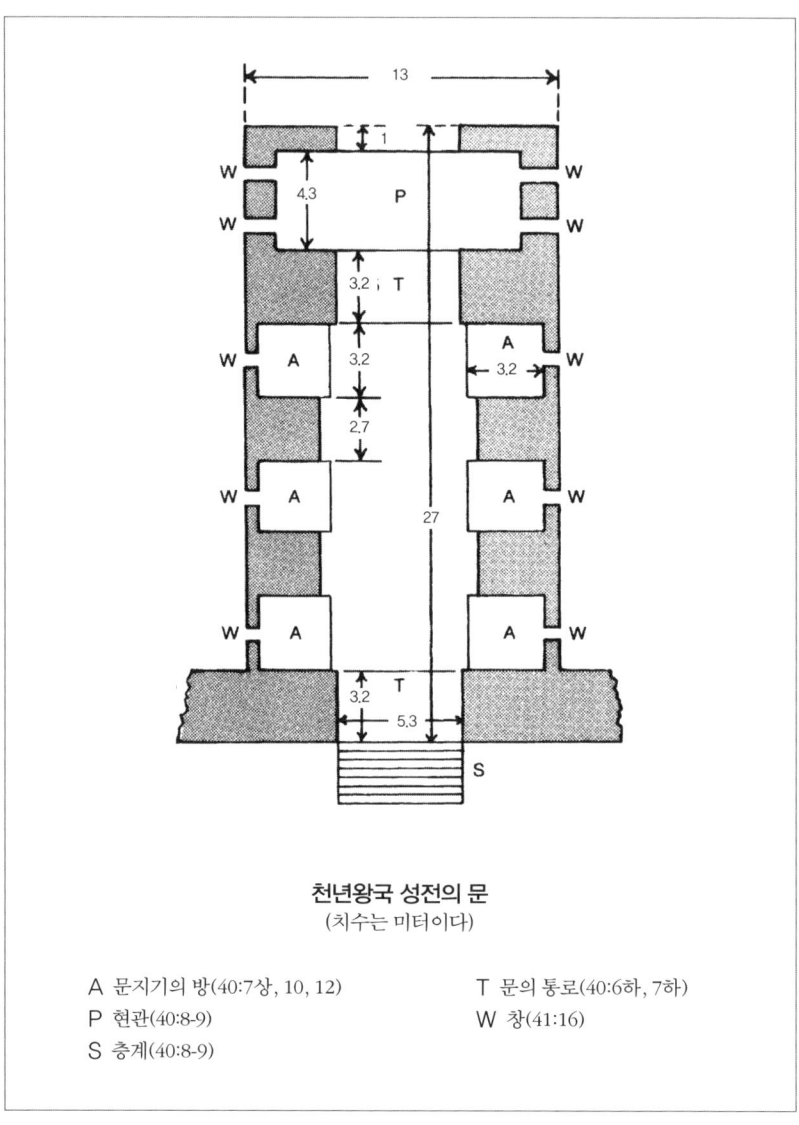

천년왕국 성전의 문
(치수는 미터이다)

A 문지기의 방(40:7상, 10, 12)   T 문의 통로(40:6하, 7하)
P 현관(40:8-9)   W 창(41:16)
S 층계(40:8-9)

어질 것이다. 그리스도가 다시 오시기 때문이다. 그것은 동물 희생으로 바뀔 것이다. 동물 희생은 하나님의 어린 양에 의해 이루어진 최고의 희생을 기념하거나 혹은 중요한 교훈이 될 것이다. 이러한 동물을 잡는 것은 메시야의 고난과 죽음을 생생하게 생각나게 해줄 것이다.

천년왕국의 희생은 레위기의 희생과 약간의 유사점이 있다 할지라도 다를 것이다(참조, 45:18~25 주해). 다른 부분에서도 또한 천년왕국의 희생 제도를 언급하고 있다(사 56:7; 66:20~23; 렘 33:18; 슥 14:16~21; 말 3:3~4).

40:44~47 에스겔이 안뜰로 들어갔을 때 그는 다시 방 둘이 있는 것을 알았다. 북문 곁에 있는 방은 남으로 향하였고 남문 곁에 있는 방은 북으로 향하였다('천년왕국 성전'의 그림에서 RP라고 적힌 방을 보라). 북쪽에 있는 방이 남향한 방이었다(즉, 그 출구가 안뜰 안으로 남쪽으로 열려 있다). 이 방은 성전을 지키는 제사장들을 위한 것이었다. 그리고 남쪽에 있는 방은 제단을 지키는 제사장들을 위한 것이었다. 이 방들은 아마 허드렛일 방으로 수직 중인 제사장들을 위한 휴식 공간으로 이용되었을 것이다. 이 제사장들은 솔로몬 시대의 대제사장(왕상 1:26~27) 사독의 자손이 될 것이다(참조, 43:19; 44:15; 48:11).

d. 성전 건물(40:48~41:26)

40:48~41:4 에스겔은 안뜰에 서서 성전 건물로 눈을 돌렸다(참조, '천년왕국 성전 본체' 그림). 그는 이끌림 받는 대로 아주 자세히 구조를 묘사했다. 에스겔은 먼저 성전 현관으로 갔다(40:48~49). 이것은 성전

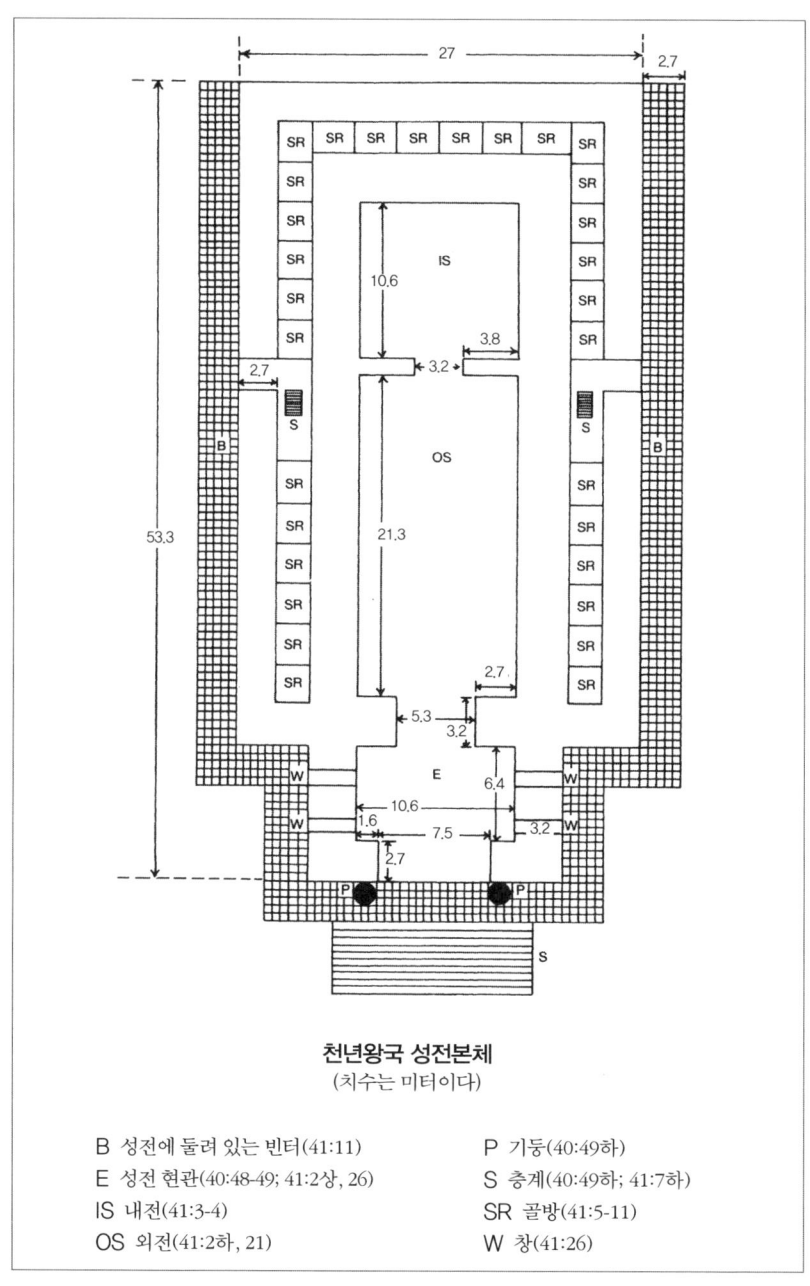

천년왕국 성전본체
(치수는 미터이다)

B 성전에 둘려 있는 빈터(41:11)   P 기둥(40:49하)
E 성전 현관(40:48-49; 41:2상, 26)   S 층계(40:49하; 41:7하)
IS 내전(41:3-4)   SR 골방(41:5-11)
OS 외전(41:2하, 21)   W 창(41:26)

앞에 있는 입구 같은 현관이다. 문간으로 올라가는 층계가 있고 문 벽 곁에는 기둥이 있었다.

에스겔은 층계를 올라 현관을 통해 외전으로 들어갔다(41:1). 건물 안으로 들어가면, 문 혹은 출입구가 앞의 것보다 더 좁다. 아마 이것은 하나님이 거하시는 거룩한 곳에 사람의 접근을 하나님이 제한하는 것을 나타낼 것이다. 에스겔은 외전에는 들어가나, 지성소와 내전에는 들어가지 않았다. 대신에 천사가 내전에 들어가서 그것을 측량했다. 제사장으로서(1:3), 에스겔은 외전 안으로 들어갈 수 있었지만 지성소는 금지되었다(참조, 레 16장; 히 9:6~7).

41:5~11 성전 주위에 삼 층으로 된 골방이 있는데, "골방 위에 골방이 있어 모두 서른이라"('천년왕국 성전 본체'의 그림에 나온 'SR' 방을 보라). 이 방들은 분명 성전의 장비를 보관하는 광이며 그 백성의 십일조와 제물을 저장하는 방이었을 것이다(참조, 말 3:8~10). 이 방들은 솔로몬 성전의 방과 비슷했다(참조, 왕상 6:5~10).

41:12~26 에스겔은 그 다음 성전 본체의 전체 치수를 기록하고(12~15절) 그리고 내부 장식과 식양을 묘사했다(16~26절). 바로 성전의 서쪽에는 서편 뜰 뒤에 건물(12절)이라고 묘사된 건축물이 있었다. 이 건물의 기능은 설명하지 않았다('천년왕국 성전'의 그림에서 'B'라고 적힌 것). 그 성전의 너비는 27미터이고 길이는 53미터였다.

성전 건물의 내부를 덮는 널판에는 그룹들과 종려나무가 새겨졌다. 새겨진 그룹들은 하나님이 거하시는 처소를 지키는 자로 나타난다(참조, 1:4~28; 10장). 아마 종려나무는 하나님에 의해 주어진 풍요와 축복을 나타낼 것이다. 이러한 장식들은 솔로몬 성전 안에 있는 것과 비슷하다(참조, 왕상 6:29).

에스겔에 의해 묘사된 성전 본체 안에 있는 유일한 가구는 나무 제단이었다. 이것은 높이가 1.6미터이고 너비가 1미터이며 여호와의 앞의 상이라 불렀다(41:22). 이것은 성소에 있는 분향단인가(참조, 출 30:1~3; 왕상 7:48) 아니면 진설병을 두는 상인가(출 25:23~30). 이 가구는 분향단에 더 가깝다(참조, 출 25:23; 30:1~2). 성전의 외전과 내전에 각기 두 문짝이 있다. 외전 문에는 그룹과 종려나무가 새겨져 있었다(참조, 41:17~20).

e. 안뜰에 있는 방들(42:1~14)

42:1~12 성전 본체를 떠나면서, 에스겔은 그 다음 제사장들이 사용하는 몇 개의 인접해 있는 건물들을 묘사했다(40:1~4 근처의 '천년왕국 성전' 그림의 'PC'라고 적힌 방을 보라). 이 복잡한 방들은 안뜰과 바깥뜰에서 들어오는 입구와 연결되었다. 북편에 있는 두 방 사이에 통한 길의 너비가 5.3미터였다(4절). 바깥뜰로 향한 방의 길이가 27미터였다. 성전 앞을 향한 방은 53미터(일백 척, 8절)로 두 배의 길이였다. 이 방들은 삼층으로 되어있는데, 삼층 방이 일층과 이층 방보다 더 좁았다(3~6절). 성전의 남편에 같은 종류의 방들이 있었다(10~12절).

42:13~14 그 방들은 거룩한 방이어서 여호와를 가까이하는 제사장들이 거기서 지성물을 먹으며(참조, 46:20) 의복을 그 방에 둘 것이다(44:19). 모세의 율법에 의하면 제사장들이 제물의 일부를 받았다(레

2:3, 10; 6:16, 26~30; 7:7~10). 비슷한 지급 분량이 천년왕국의 제사장들에게 주어질 것이다.

f. 성전의 바깥 담(42:15~20)

42:15~20 천사는 안에 있는 전의 전부를 측량한 후에 성전 외부의 치수를 기록하기 위해 에스겔을 밖으로 데려갔다. 전체가 각 면이 267미터(오백 척)로 측량되는 정사각형이었다. 이 성전이 차지하는 총 면적은 약 71,128평방미터였다. 13개의 축구 경기장보다 훨씬 더 큰 넓이이다.

g. 하나님의 영광이 되돌아 옴(43:1~12)

43:1~5 여호와의 영광이 떠났던 것이(10~11장) 극적으로 역전되어 에스겔은 하나님의 영광이 다시 한 번 그의 나라에 거하기 위하여 동편에서부터 되돌아오는 것을 보았다. 여호와의 영광(참조, 1:28 주해)이 동문을 통해 성전으로 들어갔다. 하나님의 영이 에스겔을 들어(참조, 3:14; 8:3; 11:1, 24; 37:1) 성전 본체의 앞에 있는 안뜰로 데리고 들어갔다. 그가 보니 여호와의 영광이 전에 가득했다.

43:6~9 새 성전은 하나님의 보좌의 처소, 그가 이스라엘 족속 가운데 영원히 거할 곳이라고 하나님은 말씀하셨다(7절. 참조, 9절). 그 성전은 하나님이 그의 백성들 가운데 거하시는 지상의 처소가 될 것이다. 하나님은 이 집이 영원할 것이라고 에스겔에게 보장하셨다. 이스라엘은 다시는 그 나라에 멸망을 가져올 죽은 우상을 섬김으로써 하나님의 거룩

한 이름을 더럽히지 아니할 것이다(참조, 20:39; 39:7; 43:7~8).

43:10~12 에스겔 옆에 서 있는 사람(천사, 6절. 참조, 40:3)이 에스겔에게 말했다. "이 성전을 이스라엘 족속에게 보여서 그들이 자기의 죄악을 부끄러워하고." 하나님의 이상적인 설계도의 뚜렷한 환상이 그 백성으로 하여금 옛 성전을 파멸로 이끌었던 죄를 생각나게 할 것이다. 그 형상을 그 나라에게 보여주었던 또 다른 이유는, 그 백성이 하나님께 돌아와 성전을 재건하도록 자극하려는 것이었다. 즉 그들이 그 형상을 충실히 따르며 그 모든 규례를 지켜 행하게 하려는 것이다. 이 예언이 바벨론 유수에서 돌아온 후에 성취되지 않았지만(그래서 미래의 성취를 기다린다) 성취의 가능성이 남아있었다.

h. 번제단(43:13~27)

천년왕국 성전이 세워지고 하나님이 그 안에 거하시면 매일의 예배가 시작될 것이다. 에스겔은 제단의 묘사(13~17절)와 그것을 신성하게 할 규례(18~27절)를 받았다.

43:13~17 제단의 높이는 5.8미터(십일 척. 참조, '천년왕국 제단'의 그림)였다. 그러나 이것은 땅 아래 부분까지 포함했다. 땅 위의 제단의 높이(십 척)는 솔로몬에 의해 건축된 제단(대하 4:1)과 일치한다. 하지만, 솔로몬은 더 짧은 5.3미터를 사용했기 때문에(대하 3:3), 그의 제단의 총 높이는 천년왕국 제단이 땅 위 높이가 5.3미터인 것에 비해 단지 4.6미터였다. 번제하는 바닥은 6.4미터로 네모반듯하고 동을 향한 층계

에 의해 도달할 수 있었다.

43:18~27 칠일의 의식이 사독의 제사장에 의해(참조, 40:46) 집행되어 여호와의 제단을 정결케 할 것이다. 이 정결 의식은 하나님께 예배드리는 집을 신성하게 하기 위하여 모세와(출 40:10, 29) 솔로몬에 의해 행해진 의식(대하 7:8~9)과 어떤 점에서는 비슷할 것이다. 수송아지, 숫염소와 숫양으로 칠일 동안의 제물을 드린 후에 제사장이 제단 위에서 그 백성의 번제와 감사제를 드릴 것이다. 이 절차는 하나님과 그의 백성과의 관계를 완전히 회복하는 표가 될 것이다. 그래서 하나님은 그들을 받으실 것이다. 이러한 희생 제물을 바치는 행위는 이스라엘 사람들을 아버지께 나아가게 해줄 그리스도를 그들에게 가르쳐줄 것이다(히 10:19~25).

2. 새 예배(44~46장)

성전이 묘사된 후에, 성전의 매일의 활동이 에스겔에게 설명되었다. 새로운 생활과 예배 방법이 천년왕국 기간에 그 백성들에 의해 실행될 것이다. 그러나 이스라엘의 미래 예배의 신성한 기준을 묘사하면서, 에스겔은 그 당시의 백성들에게 그들 현재의 예배 의식을 재평가해보도록 요청했다. 그는 성전 제사장의 의무를 설명하고(44장), 성전 제사장을 위한 땅의 할당을 묘사했다(45:1~12). 그리고 나서 여호와께 드려질 제물에 관하여 이야기했다(45:13~46:24).

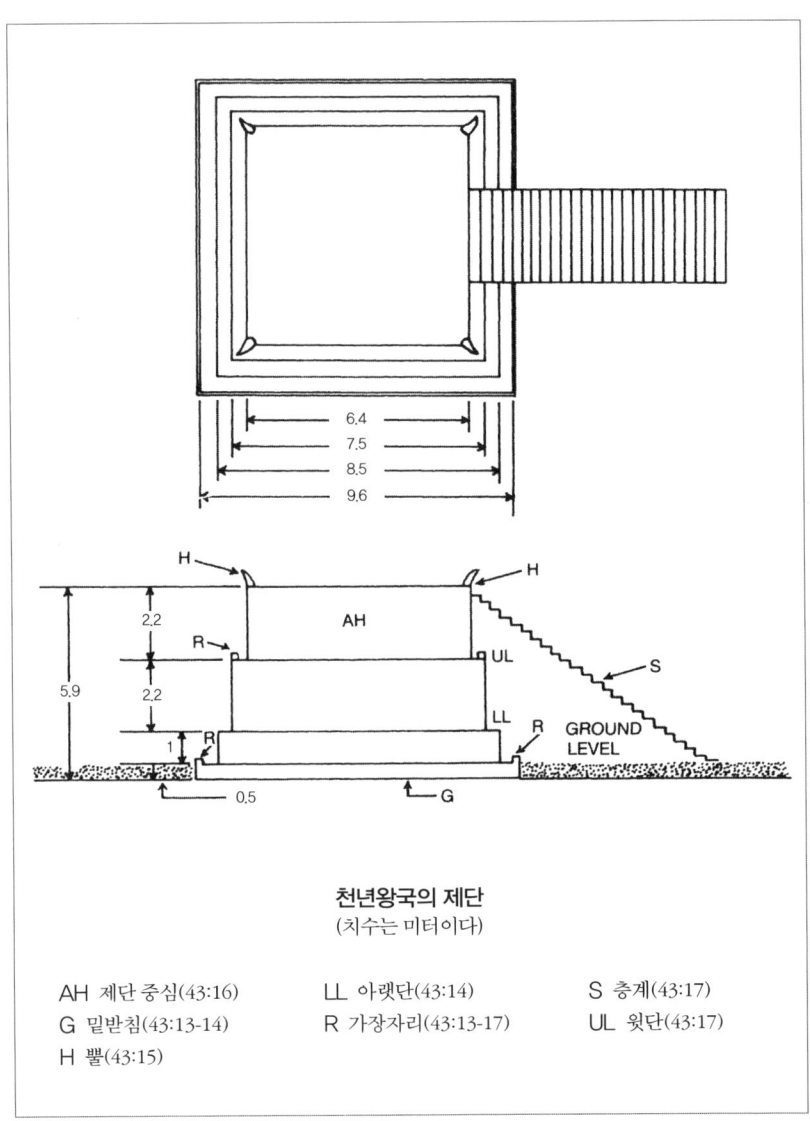

천년왕국의 제단
(치수는 미터이다)

AH 제단 중심(43:16)   LL 아랫단(43:14)   S 층계(43:17)
G 밑받침(43:13-14)   R 가장자리(43:13-17)   UL 윗단(43:17)
H 뿔(43:15)

a. 성전 제사장(44장)

44:1~3 에스겔은 성전 안뜰에 서서 거기 있는 제단에 관한 지시를 받고 있었다(43:5). 이제 그가 안뜰에서 나와 바깥뜰의 동문으로 인도되었다. 그러자 그 문이 닫혔다. 바깥뜰에 있는 이 문은 기드론 골짜기와 감람 산을 향해 열려 있었다. 에스겔은 여호와가 그의 성전에 되돌아올 때 그곳으로 들어오는 것을 막 보았다(43:4). 하나님의 임재가 그 문을 거룩하게 했다. 그러므로 이스라엘 하나님 여호와가 그리로 들어왔으므로 닫아두어야 했다. 어떤 사람도 하나님 자신이 들어왔던 그 문으로 지나갈 수 없을 것이다.

혹자는 지금은 닫혀있는 예루살렘의 '황금문'이 여기서 말하는 그 문이라고 생각하고 있다. 하지만 '황금문'의 치수가 에스겔의 문과 일치하지 않는다. 이 문은 먼 미래에 있을 것이다.

단지 한 사람만이 그 동문을 통하여 들어갈 수 있을 것이다. '왕 자신'(참조, 46:2). 이 '왕'은 이미 다윗 왕과 동일시 되었다(참조, 34:24; 37:24~25). 그는 그 문에서 먹을 수 있을 것이다. 아마 이것은 예배자들이 여호와께 제물을 드린 후에 먹는 화목 제물을 말할 것이다(참조, 레 7:15~21). 현관(출입구)은 바깥뜰을 향하고 있다('천년왕국 성전의 그림에 있는 동쪽의 G1을 보라). 그래서 다윗은 동쪽으로 가 바깥뜰에서 그 문으로 들어갈 것이다.

44:4~9 에스겔이 북문을 통하여 안뜰로 다시 들어갔을 때 그는 여호와의 영광이(참조, 1:28 주해) 여호와의 전에 가득한 것을 보았다. 하나님의 거룩함 때문에 에스겔은 "이스라엘 족속아 너희의 모든 가증

한 일이 족하니라"고 하신 하나님 말씀을 그 나라와 패역한 족속(참조, 2:5~6, 8; 3:9, 26~27; 12:3, 9, 25; 17:12; 24:3)에게 말했다. 하나님은 그의 백성에게 거룩함을 요구하셨다. 그리고 할례 받지 아니한 이방인들은 성소에 들어오지 못하게 하셨다(44:9. 참조, 7절). 바벨론 유수에서 돌아온 유대인들은 이 금지를 강조했다(참조, 스 4:1~3; 느 13:1~9. 참조, 행 21:27~32).

44:10~14 새 성전에서 일할 레위 사람의 의무를 에스겔이 설명했다. 이스라엘이 바벨론에 몰락하기 전에 그들이 행한 죄악 때문에 새 성전에서 그들의 지위가 제사장에서 종으로 격하될 것이다. 그들은 문지기로, 희생을 잡는 자로, 그리고 예배자를 돕는 자로서 수종을 들게 될 것이다. 하지만 그들은 제사장의 직분을 행하지 못하며 여호와의 성물, 곧 지성물에 가까이 가지 못하게 될 것이다. 솔로몬 성전에서 레위 사람이 한 일은 좀 더 광범위했다(참조, 대상 15:16; 16:4; 23:28~31).

44:15~19 그리고 나서 에스겔은 사독의 자손 제사장들의 의무를 설명했다. 사독 계열은 레위 사람의 제한된 집단인 제사장 계열의 한 지파였다. 사독은 솔로몬의 통치 기간 동안 (그리고 최초의 성전까지) 대제사장으로 임명되었다. 그는 솔로몬을 왕으로 충실하게 섬겼기 때문이었다(참조, 왕상 1:32~35; 2:26~27, 35). 그 백성이 범죄했지만 사독 계열의 제사장들은 여전히 하나님께 충성했다. 그래서 그들의 명예로운 위치가 회복될 것이다. 그들은 기름과 피를 드릴 것이다(44:15). 그리고 그들만이 성소에 들어오며 거기서 수종들 것이다. 이 제사장들은 구약시대에 제사장들이 했던 것과 상당히 같은 방법으로 이스라엘과

그의 하나님과의 중개자로 섬길 것이다.

제사장을 다스리는 몇 개의 모세 율법이 하나님에 의해 반복되어졌다. 제사장의 의복은 가는 베옷으로 만들어진 것이어야 한다(참조, 출 28:39~41). 베옷은 양모보다 가벼운데 양모는 입을 수 없었다. 제사장들은 땀나게 하는 것은 입어서는 안 되었기 때문이다. 제사장들은 바깥뜰 백성에게 나가기 전에 여호와 앞에서 수종들 때 입은 옷을 바꿔 입어야 할 것이다. 이것은 백성들이 거룩한 것과 속된 것을 구별하도록 도와준다.

44:20~23 제사장은 머리털을 밀지도 말고 머리털을 길게 자라게도 말아야 한다. 머리를 완전히 밀어 버리거나 머리를 손질하지 않고 내버려 두는 것은 애도의 상징이었다(참조, 레 10:6; 21:5, 10). 제사장은 수종 들기 전에 포도주 마시는 것이 금지될 것이다. 술에 취하여 그들의 임무를 완전히 수행하지 못하면 안 되기 때문이다(참조, 레 10:8~9). 또한 결혼할 수 있는 사람도 한정될 것이다(참조, 레 21:7, 13~15). 거룩함을 더하기 위하여 정해진 이러한 행위들은 그 백성에게 거룩한 것과 속된 것을 구별하도록 도울 것이다.

44:24~27 제사장은 하나님의 규례대로 재판할 것이며 정한 절기와 안식일에 관해서는 하나님의 율례를 따를 것이다. 또한 제사장은 시체를 가까이 하지 않음으로 예배 의식의 부정을 피할 것이다(참조, 레 21:1~4). 천년왕국 동안에는 죽음이 흔하지 않겠지만(참조, 사 65:20) 죽음이 발생할 경우를 위한 준비가 되었다. 가까운 가족에게는 예외가 있겠지만, 제사장은 7일을 기다려야 하며 성소에 수종 들기 위해 다시

들어가기 전에 속죄제를 드려야 할 것이다.

44:28~31 여호와의 사역자로서 제사장의 위치를 강조하기 위해서, 하나님은 성전 주위에 할당된 토지 이외에 이스라엘에서 그들이 땅을 소유하지 못하게 할 것이다(참조, 45:4). 그 이유는 하나님이 곧 제사장의 기업이 되기 때문이다. 하나님이 그들의 산업이 될 것이다. 그 백성이 성전에 가져오는 제물을 그들이 먹고 살게 함으로써 하나님은 자기 앞에 수종드는 자를 돌볼 것이다(참조, 신 18:1~5).

b. 제사장의 땅(45:1~12)

에스겔은 제사장과 레위 사람에 관해서 광범위하게 이야기해 왔었기 때문에(44:10~31) 거기에서 그들의 땅의 기업을 포함했다(참조, 48:9~12). 그들은 다른 지파 사람처럼 기업을 얻지 못할 것이다(44:28).

45:1~6 땅을 분배할 때에 이스라엘은 한 구역을 거룩한 땅으로 삼아 여호와께 예물로 드리되, 그 길이는 이만 오천 척이고(약 13.3킬로미터) 너비는 이만 척이다(약 10.6킬로미터). 이 땅의 구역 안에 에스겔이 앞에서 묘사했던 성전 전체가 들어있다(40~43장). 이 직사각형 땅은 각각 길이 13.3킬로미터와 너비 5.3킬로미터로 이등분으로 나뉠 것이다. 첫째 구역은 그 안에 성소가 위치할 것이다. 그리고 제사장에게 할당되어 그 집을 위하여 있는 곳이 되게 하며 성소를 위하여 있는 거룩한 곳이 되게 할 것이다. 두 번째 구역은 전에서 수종드는 레위 사람

에게 할당되어, 그들의 산업을 삼아 마을 이십을 세우게 할 것이다. 제사장과 레위 사람은 이전처럼 이스라엘 전역에 흩어지는 대신에(수 21:1~42), 그들이 수종드는 곳 근처에 거주하게 될 것이다.

제사장과 레위 사람의 구역으로 이루어진 직사각형은 예루살렘 성을 위한 땅을 추가함으로 정사각형으로 바뀌었다. 구별한 거룩한 구역 옆에 너비 오천 척(약 2.8킬로미터)과 길이 이만 오천 척(약 13.3킬로미터)이 성읍의 기지가 된다. 그리고 이곳은 성읍 본토, 방목지, 농장지로 나뉘게 될 것이다(참조, 48:15~18).

45:7~8 사면의 치수가 각각 13.3킬로미터인, 이 정사각형 땅은 현재의 예루살렘 터에 위치할 것이다. 띠 모양의 땅은 성읍에서 동서로 확대된다. 거룩한 구역의 옆과 성읍의 기지 옆의 땅은 왕(즉 다윗. 참조, 34:24 주해)에게 돌릴 것이다. 이 좁고 긴 토지는 동쪽으로는 요단강에, 서쪽으로는 지중해로 확장된다.

45:9~12 에스겔은 하나님의 약속된 미래의 축복을 그 당시 왕들을 회개하도록 권고하기 위한 발판으로 삼았다. "이스라엘의 통치자들아 너희에게 만족하니라(참조, 44:6) 너희는 포악과 겁탈을 제거하여 버리고 정의와 공의를 행하여." 이스라엘의 통치자들은 그들이 보호해야 할 사람들의 권리를 예사로 무시했었다(참조, 19:1~9; 22:25; 34:1~10). 그들의 근본 문제는 탐욕이었다. 그래서 에스겔은 그들에게 권했다. "너희는 공정한 저울과 공정한 에바와 공정한 밧을 쓸지니." 에바는 고체를 재는 단위이고, 밧은 액체를 재는 단위였다. 그들은 거의 19리터로 서로 대등했다. 이들은 각각 한 호멜의 십분지 일이었다. 한 호멜은

거의 190리터였다. 히브리말로 호멜(חֹמֶר)은 아마 하모르('당나귀')와 관련이 있을 것이다. 이것은 '당나귀가 지는 짐'이었음을 암시한다.

에스겔은 또한 (용량 단위에 추가하여) 중량 단위를 분명히 밝혔다. 한 세겔은 이십 게라이다. 한 '세겔'은 11½그램 조금 못되거나 약 2/5온스 무게였다. '게라'는 이스라엘의 가장 작은 중량 단위였다. 이십 게라로 한 세겔을 만들었다(참조, 출 30:13; 레 27:25; 민 3:47). 에스겔은 60세겔이 한 마네라고 설명했다. 혹자는 이것이 우가리트 교재(Ugaritic Text)에 나온 대로 50세겔을 한 마네로 하는 보통의 기준에서 벗어났다고 주장한다. 하지만 적어도 바벨론에서 60세겔을 한 마네로 기준했던 증거가 있다. 마네는 약 24온스이거나 700그램이 될 것이다.

중량은 구약시대부터 어떤 지역에서 가지각색이었던 것을 볼 수 있다. 분명 사람들은 다른 사람을 속이기 위하여 다른 크기의 중량을 사용했을 것이다. 에스겔은 모든 이스라엘 사람을 위하여 정직한 기준을 세우라고 이스라엘 지도자들에게 권고하고 있다.

c. 예물(45:13~46:24)

부당한 용량을 사용한 것에 대해 이스라엘 지도자들을 징계한 다음에 에스겔은 천년왕국의 논의로 되돌아갔다. 천년왕국에서 미래의 왕은 공정한 중량을 사용하고 받으며 또한 하나님께 예물을 드릴 것이다(45:13~17). 예물에 대해 언급하였기에 땅의 분배에 관한 주제로 돌아가기에 앞서 미래의 희생 제도에 대해 에스겔은 간단하게 설명하게 되었다(45:18~46:24).

45:13~17 에스겔은 백성이 왕(다윗. 34:24에 관한 주해를 보라)에게 드릴 생산물의 구체적인 양을 나열했다. 드릴 예물은 각 개인의 부와 빈곤에 비례된다. 그들은 각기 '밀과…보리의 육십분의 일'을(45:13), 올리브 기름은 일 퍼센트를(14절), 그리고 그들의 양떼 중 이백 마리에서 한 어린 양을(15절) 드려야 한다. 이 십일조와 세금은 이스라엘 왕의 소용을 위해 모든 백성에게 요구될 것이다. 그 백성의 대표자로서 왕은 그들의 예물을 거두어 번제와 소제와 전제를 절기와 월삭과 안식일에 드릴 것을 포함하여, 성전의 희생 제물로 사용할 것이다(천년왕국 동안의 희생 제물의 사용에 관해서는 40:38~43에 관한 주해를 보라).

45:18~25 예물이 드려질 절기는 첫째 달 초하룻날(18~20절), 유월절/무교절(21~24절), 그리고 초막절(25절)이 포함될 것이다. 니산 1월(4월 중순)의, 첫째 달 초하룻날의 의식은 성소를 정결케 하려는 것이다. 부지중에 범죄한 자가 있다면 그 달 7일에 두 번째 속죄제를 드려야 한다(20절). 이 예물과 정결 의식은 아마 속죄일(7월에 있다. 레 23:26~32)을 대신할 것이다.

이 정결의 시간 다음에 유월절(45:21~24)/무교절의 의식이 따를 것이다. 유월절은 7일 동안 계속되는데, 이 기간 동안에 사람들은 누룩 없는 떡을 먹을 것이다. 왕은 그 기간을 위하여 희생 제물을 갖출 것이다(22~24절). 왕이 자기를 위하여 속죄제를 드린다는 사실은 그가 그리스도가 아님을 보여준다.

세 번째 절기는 일곱째 달 열다섯째 날에 시작될 것이다. 이것은 초막절로, 7일 동안의 의식이며(레 23:33~44), 이스라엘의 매년 달력에서 마지막 절기이다.

왜 에스겔은 이스라엘의 다른 국가적인 절기, 오순절, 나팔절, 속죄일을 빠뜨렸는가? 두 가지 설명이 나올 수 있다. 첫째, 그는 이스라엘을 위한 하나님의 계획 중에서 한 가지 변화를 암시하고 있는지 모른다. 새로운 언약의 시작과 이스라엘 왕국의 약속이 성취되는 것에는 이 세 가지 절기가 불필요한지 모른다. 그래서 레위기의 제도 아래 있는 여섯 가지 절기(참조, 레 23:4~44) 중 세 가지만 지키게 될 것이다. 국가적 정결을 기념하는 두 절기는(유월절과 무교절이 하나의 절기로 합해졌다. 민 28:1~8 근처의 '연례의 제물' 도표를 보라) 그리스도의 죽음을 가리키며, 초막절은 하나님의 천년왕국에서 이스라엘의 새로운 지위를 상징할 것이다. 둘째로, 에스겔은 모든 절기를 포함하는 메리즘(merism)으로 알려진 수사학적인 말을 사용했을 것이다. 에스겔은 이스라엘의 절기 달력 중에서 처음 두 절기(유월절과 무교절)와 마지막 것(초막절)을 말함으로써 이스라엘의 모든 절기가 다시 시행될 것을 함축했다.

46:1~10 이스라엘의 연례 절기 중 골라낸 몇 가지 절기에 대해 말한 다음, 에스겔은 이스라엘이 매일 드릴 제사에 관한 정보를 제공했다. 그는 안식일과 초하루의 제사와(1~10절) 성전에서의 사람의 행동과 제물에 관한 규례를 주었다(11~15절).

바깥뜰에서 안뜰로 들어가는 동향한 문은 한 주의 육일 동안은 닫혀 있을 것이다. 그러나 안식일에는 열며 초하루에도 열릴 것이다. 왕인 다윗은 이 날들 동안 동문의 문 벽 곁에 서게 될 것이다. 그리고 그가 백성을 대신하여 가져온 희생제물이 드려질 것이다(참조, 44:3). 그는 또한 중요한 절기일 뿐만 아니라 안식일과 초하루에도 백성을 위하여 희생제물을 제공할 것이다.

성전의 예배자들은 여호와 앞에서의 질서 있는 집회를 돕기 위한 규례를 받게 된다. 성전의 서쪽에는 출입구가 없다. 그리고 동문은 영원히 닫히게 될 것이다(참조, 44:1~2). 그래서 성전 출입은 남쪽과 북쪽이 될 것이다. 혼란을 피하기 위하여 예배자들은 미래 예정된 경로를 따라 성전을 통할 길을 지시받게 될 것이다. 즉, 북문으로 들어와서 경배하는 자는 남문으로 나가고 남문으로 들어오는 자는 북문으로 나갈 것이다. 하나님은 질서의 하나님이시다. 그리고 그는 예배 때 질서정연할 것을 원하신다.

46:11~15 만일 왕이 자원하여 제사를 드리기 원한다면 그를 위하여 동향한 문이 열릴 것이다. 안뜰로 들어가는 동문의 닫힘에 관한 규례는 이 특별한 제사를 위해 일시 보류될 것이다. 그러나 왕이 떠난 후에 그 문은 다시 닫힐 것이다. 에스겔은 아침 번제에 관해 언급했으나 저녁 번제에 관해서는 말하지 않았다(참조, 출 29:38~41). 이러한 생략은 그가 제사 제도 중 중요한 것만을 말하고 있다는 사실로 설명할 수 있다. 아침 번제를 기록함으로써 에스겔은 그의 독자들이 저녁 번제에도 같은 규례를 적용할 것을 추정했을 것이다.

46:16~18 선물과 관련된 또 다른 주제는 희년이다. 매 오십년 때에는 재산이 본래 주인에게로 되돌아가야 한다(레 25:10~13). 에스겔은 희년이 천년왕국 기간에 시행될 것을 보여주기 위하여 왕의 관대함을 근거로 하는 두 가지 가정의 경우를 제시했다. 왕이 만일 한 아들에게 그의 재산의 일부를 준즉 그의 기업이 되어 그 자손에게 속하게 된다. 가족에게 준 재산은 희년에 되돌려 받지 않을 것이다. 하지만 종에

게 준 선물은 영원하지 않을 것이다. 그 종에게 속하여 희년까지 이르고 그 후에는 왕에게로 돌아갈 것이다. 땅은 하나님께 속한 것이기 때문에, 하나님이 그의 청지기로서 이스라엘에게 땅을 분배할 것이다. 이 규례를 통하여 어떤 개인도 땅을 영원히 통치할 권리를 얻을 수 없다는 것을 확실하게 보여준다.

왕은 자기에게 배당된 기업 외에 어떤 땅도 권리를 주장할 수 없을 것이다. 에스겔 시대의 악한 왕에 비하여(45:8~9) 천년왕국 동안의 왕은 백성을 억압하거나 그의 산업을 취하지 않을 것이다.

46:19~24 안내하는 천사가 에스겔을 성전의 부엌으로 데려갔다. 그는 먼저 제사장의 부엌을 묘사하고(19~20절) 그 다음 백성의 희생제물을 위한 부엌을 설명했다(21~24절).

제사장을 위한 부엌은 성전 본체에 인접한 제사장의 방의 서쪽 끝에 있다(참조, '천년왕국 성전' 그림). 거기에서 제사장이 속건제와 속죄제 희생을 삼으며 이 성물을 가지고 바깥뜰로 나간다. 제사장은 성전으로 가져온 희생 제물의 일부를 먹을 수 있게 될 것이다.

백성의 희생 제물을 위한 부엌은 바깥뜰의 네 구석에 있다. 백성이 여호와께 화목제 희생을 드릴 때 그들은 화목제 고기에서 제물의 일부를 먹을 수 있을 것이다(참조, 레 7:15~18). 분명히 이 네 부엌에서 제사장은 백성의 제물을 삶을 것이다. 이 웅장한 성전은 예배뿐 아니라 화목의 장소도 될 것이다.

3. 새 땅(47~48장)

a. 성전에서 흘러나오는 강(47:1~12)

천년왕국의 한 가지 특징은 성전에서 흘러나오는 생명을 주는 강이다. 많은 사람은 이것이 단지 하나님의 현존에서 흘러나오는 축복을 상징적으로 언급하고 있다고 생각한다. 그러나 그 구절에는 에스겔이 문자 그대로의 강 이상의 어떤 다른 것을 염두에 두고 있다는 증거가 드러나지 않는다. 어부(10절)와 진펄과 개펄(11절)과 같은 세부 사항이 포함되어 그 구절에 사실적 감각을 더하고 있다. 만약 그 구절이 단지 영적 축복만을 상징하고 있다면 이러한 세부 사항은 무의미하게 된다. 요엘은 에스겔 시대 이전에 이 강을 언급했었다(참조, 욜 3:18). 그리고 스가랴는 이스라엘이 바벨론 포로에서 돌아온 이후에 그것에 대해 이야기했다(참조, 슥 14:8). 천년왕국에서 이 강은 하나님의 현존과 축복을 생생하게 생각나게 하는 또 다른 매개체가 될 것이다.

47:1~6상 에스겔은 성전 바깥뜰에 있는 부엌에서 안뜰의 성전 본체의 문으로 인도되었다. 거기에서 그는 동을 향한 전의 전면 문지방 밑에서 물이 흘러나오는 것을 보았다. 그 물줄기는 하나님이 거하신 곳에서 흘러나와, 동으로 흐르다가 제단 남편으로 흘러내렸다. 에스겔은 북문을 통하여 성전을 나왔다. 그리고 그 물이 성전 동문의 남쪽에서 나와 기드론 골짜기로 흘러가는 것을 보았다.

스가랴는 예루살렘에서 흘러나온 그 물이 나뉘어져, 반은 사해를 향해 동쪽으로 흐르고 반은 지중해를 향해 서쪽으로 흐를 것이라고 기록했다. 에스겔은 단지 동으로 향해가는 줄기만을 따라갔다.

천사는 강둑을 따라 동쪽으로 에스겔을 데려갔다. 533미터(일천 척)를 지나니, 그 물이 발목까지 차올랐다. 또 다시 533미터를 나아가니 강은 무릎까지 차올랐다. 천사는 다시 533미터를 측량했다. 그러자 물이 에스겔의 허리에 이르렀다. 네 번째 동쪽으로 533미터를 더 측량하니 그 물이 가득하여 헤엄칠 만한 물이요, 사람이 능히 건너지 못할 강인 것이 드러났다. 물이 이렇게 차오른 것은, 에스겔이 언급하지 않았지만 아마도 또 다른 물들이 이 강으로 흘러들어왔기 때문일 것이다.

47:6하~12 에스겔은 강가로 돌아갔다. 그리고 강 좌우편에 나무가 심히 많은 것을 보았다. 이 물은 강가를 따라 아름다운 식물을 생기게 할 것이다.

천년왕국의 강은 동방을 향하여 흘러 아라바로 내려가서 바다에 이를 것이다. '아라바'는 갈릴리 바다에서 사해까지 그리고 결국 아카바만까지 남쪽으로 흐르는 요단 골짜기이다. 천년왕국의 강은 사해의 북쪽 강 어귀에 있는 요단강으로 수렴될 것이다.

이 새 강이 사해로 들어가면 그 바다의 물이 소성될 것이다. 지금은 대양보다 여섯 배나 염분이 더 많은 사해가 완전히 소금기 없이 된다는 것은 진정으로 하나님의 기적이다. 지금은 죽어 있는 이 물이 그때는 소생하여 이 강이 흐르는 각 처에 모든 것이 살 것이다. 엔게디에서부터 에네글라임까지(참조, '천년왕국 기간의 땅의 분배' 지도) 그 해안에 각기 종류를 따라 많은 고기를 잡기 위하여 어부들로 붐빌 것이다. '엔게디'는 사해의 서쪽 해안 약 중간 아래에 있는 거주지이다. 에네글라임(문자 그대로 '두 송아지의 샘')의 위치는 불확실하다. 암시된 위치는 소말 근처 사해의 남서 해안과 키르베트 쿰란의 남쪽 북서 해안 지역을 포함하고 있다. 에스겔은 그 물이 사해 북쪽 끝으로 들어간다는 것에 초점을 맞추었기 때문에 쿰란 근처 지역이 가능성이 있는 것 같다.

사해 자체는 소생되는 반면, 그 진펄과 개펄은 소성되지 못하고 소금 땅이 될 것이다. 사해 근처의 저지대는 소금 지각이 되어 남아있을 것이다. 소금은 생활의 필수품이다. 그리고 사해 지역은 이스라엘의 중요한 소금 출처이다. 하나님은 이스라엘이 필요로 하는 모든 것을 공급하실 것이다.

하나님이 이스라엘에게 공급할 또 다른 방법은 일 년 내내 열매를 맺을 강가의 나무들에 의해서이다. 열매는 먹을 것을 제공하고 그 잎사귀는 약 재료가 될 것이다. 잎사귀에서 어떻게 약재료가 나올지 분명하지 않지만 병은 사실상 없어질 것이다. 하나님은 이 나무들을 사람들의 육체에 필요한 것을 채우는 데 사용하실 것이다.

b. 땅의 경계선(47:13~23)

47:13~14 하나님은 아브라함(참조, 창 13:14~17; 15:17~21)과 그의 후손들에게 팔레스타인 땅을 약속하셨다. 그리고 그 약속은 결코 철회되지 않았다. 이스라엘이 그 땅에서 경험할 축복은 순종을 조건으로 삼았다(신 28장). 그러나 그 땅을 소유할 권리는 결코 취소되지 않았다. 미래에 하나님이 이스라엘과 맺은 그의 새 언약이 시작되면 이스라엘은 그 땅의 축복의 장소로 회복될 것이다(참조, 36~37장). 이 새로 거주할 백성을 준비하기 위하여 하나님은 그 땅의 경계선을 정하셨다. 하나님은 말씀하셨다. "내가 옛적에 내 손을 들어 맹세하여(맹세의 뜻으로

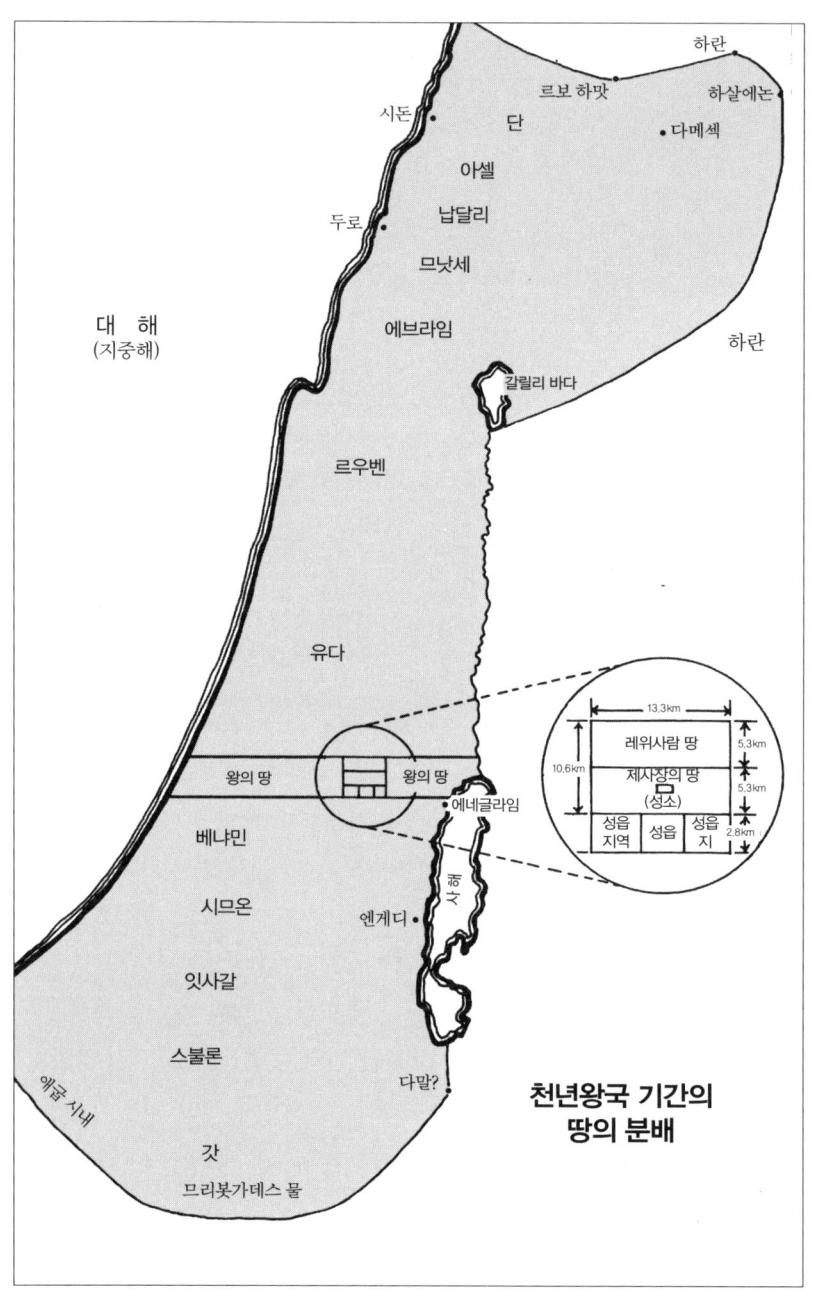

가끔 손을 든 몸짓을 한다. 참조, 출 6:8; 느 9:15; 시 106:26; 겔 20:5, 15, 23, 42; 36:7; 44:12) 이 땅을 너희 조상들에게 주겠다고 하였나니", "이 땅이 너희의 기업이 되리라." 천년왕국 기간의 이스라엘의 국경은 모세시대 동안에 이스라엘에게 약속한 것과 비슷할 것이다(참조, 민 34:1~12).

47:15~17 북방 경계선은 두로와 시돈의 북쪽 어디(좀 더 정확히 하면 '호르산' 민 34:7)에서 시작하여 대해, 지중해에서 동쪽으로 결정된다. 그 경계선은 "헤들론 길을 거쳐 스닷 어귀까지니 곧 하맛과 브로다며", "시브라임과 하우란 경계선 곁에 있는 하셀핫디곤이라." 헤들론의 위치는 알려져 있지 않지만, 많은 사람은 그것을 현재 레바논에 있는 트리폴리의 북동, 현재의 헤이텔라 시로 연상한다. 르보 하맛은 종종 현재의 시리아에 있는 오론테스 강가의 하맛 시와 동일시된다. '르보'라는 단어는 고유명사라기보다는 '경유하여'라는 의미로 받아들여진다. 하지만 이렇게 생각하는 것은 문제가 있다. 왜냐하면 하맛은 에스겔에 의해 언급된 다른 도시들보다 북쪽으로 약 160킬로미터 더 떨어져 있기 때문이다. '르보'를 고유 명사로 받아들이고 르보 하맛은 현재의 비카 골짜기에 있는 알라브와 시로 간주하는 것이 더 좋다.

스닷은 다메섹 북쪽으로 약 40킬로미터 떨어진 사닷 시와 동일시되어야 할 것이다. 브로다와 시브라임의 위치는 알려져 있지 않다. 그러나 다메섹 경계선과 하맛 경계선 사이에 있다고 한다. 하맛(르보 하맛과 같지 않다)은 다메섹 북쪽이다. 그래서 이 도시들은 분명 스닷 근처의 다메섹과 하맛에 의해 지켜지는 영토 사이의 다메섹 북쪽 국경에 있다.

하셀핫디곤(47:16)은 아마 하살에논(17절)의 다른 이름일 것이다.

이것은 시리아 다메섹과 하우란 지방 사이의 국경에 위치해 있다. 하우란은 아마 갈릴리 바다의 동쪽 야르무크(Yarmuk) 강의 북쪽 지역과 동일시 될 것이다. 혹자는 하살에논이 다메섹 북동의 중요한 사막 오아시스인 현재의 알카리야탄(Alqaryatayn)이라고 한다. 그래서 북쪽 국경은 지중해에서 동쪽으로 현재 트리폴리시의 북쪽까지 뻗게 될 것이다. 그리고 그 당시 시리아의 북쪽 국경이었던 지역을 포함하게 될 것이다.

47:18 동쪽 국경은 하우란과 다메섹 사이로 펼쳐질 것이다. 이스라엘 영토의 가장자리는 하살에논에서부터 시리아의 남쪽 국경을 따라 아치 모양을 이룰 것이다. 그리고 더 나아가 갈릴리 바다의 남쪽 요단강에 이를 것이다. 거기에서부터 길르앗과 이스라엘 땅 사이에 있는 요단강을 따라 동해와 다말까지가 될 것이다. 동쪽 국경은 요단강과 사해가 될 것이다. 길르앗과 요단 동쪽으로 요단을 건넌 지역은 이스라엘 미래의 기업에 포함되지 않을 것이다. 동쪽 경계가 다말까지 계속되는데 다말의 정확한 위치는 불확실하다. 그러나 아마 사해의 남쪽에 있을 것이다.

47:19 이스라엘의 천년왕국의 남쪽 국경은 다말에서부터 므리봇 가데스 물에 이르고 애굽 시내를 따라 대해에 이를 것이다. '므리봇 가데스 물'은 가데스 바네아에 있었기 때문에(참조, 민 27:14), 남쪽 국경은 다말에서 남서쪽으로 가데스 바네아까지 뻗을 것이다. 거기에서부터 '애굽 시내'까지 가게 된다. 이것은 분명 나일 강이 아니라 엘아리시 시내이다(참조, 민 34:5). '애굽'이란 단어는 히브리어에 있는 것이 아니고 설명적으로 첨가된 단어이다.

47:20 약속된 땅의 서쪽 국경은 대해, 지중해가 될 것이다. 국경은 남쪽의 엘아리시 시내에서부터 해안선을 따라 북쪽의 맞은편 르보 하맛 어귀까지가 될 것이다.

47:21~23 그 땅은 이스라엘의 지파대로 분배될 것이다. 이것은 땅의 분배에 대한 서론이다(48장). 에스겔은 또한 이스라엘과 연합하기 원하는 외인이 거주할 땅의 분배에 관한 규례를 포함했다. 그 외국인을 본토에서 난 이스라엘 족속같이 여기고 그들로 이스라엘 지파 중에서 너희와 함께 기업을 얻게 해야 한다. 이방인들은 이스라엘에서 살도록 항상 허용되었지만(참조, 레 24:22; 민 15:29), 천년왕국에서 그들은 이전에 이스라엘 사람에게만 허용되었던 다른 특권들을 누릴 수 있게 될 것이다(참조, 사 56:3~8). 천년왕국 시대는 믿는 이스라엘을 위한 축복의 시간이 될 것이지만, 또한 믿는 이방인들도 하나님의 축복을 누리게 될 것이다.

c. 땅의 분배(48:1~29)

48:1~7 천년왕국의 땅을 그 백성에게 분배할 때, 그 땅의 북쪽 지역을 일곱 지파에게 줄 것이다. 북쪽에서부터 시작하여 단(1절), 아셀(2절), 납달리(3절), 므낫세(4절), 에브라임(5절), 르우벤(6절), 그리고 유다(7절)가 될 것이다.

48:8~22 중앙의 띠 모양의 땅은 왕(다윗, 21절. 참조, 34:24), 제사장, 그리고 레위 사람(참조, 45:1~8 주해)에게 할당될 것이다. 그 중심

지역에는 또한 예루살렘 성과 그 교외가 포함될 것이다. 그 성은 각 면이 2.4킬로미터(사천 오백 척)인 정사각형으로 펼쳐질 것이다. 그리고 거의 3.5평방킬로미터에 이를 것이다(48:16). 예루살렘은 133미터(이백 오십 척) 너비의 띠 모양의 땅으로 둘러싸일 것이다. 이 땅은 성에 사는 사람들의 소유인 양과 소를 위한 들로 이용될 것이다(17절). 성의 양 옆에는 길이 5.3킬로미터(일만 척), 넓이 2.6킬로미터(오천 척)의 두 지역이 있을 것이다. 이 농장은 성읍에서 역사하는 자의 양식을 삼기 위해 경작될 것이다.

48:23~29 그 땅의 아래 지역은 남은 다섯 지파에게 분배될 것이다. 남쪽으로 내려가면서 베냐민(23절), 시므온(24절), 잇사갈(25절), 스불론(26절) 그리고 갓(27절)이 될 것이다. 열두 지파 모두의 경계선은 여호수아 시대의 경계선(수 13~19장)과 다를 것이다.

d. 성읍의 출입구(48:30~35)

새 예루살렘 성의 문을 묘사하면서 에스겔은 그의 책을 시작했을 때의 예루살렘의 모습에서 한 바퀴 완전히 돌려놓았다. 멸망할 운명에 놓여있던 그 성이 영광스럽게 회복될 것이다.

48:30~31 새 예루살렘 성에는 각 면에 세 개씩 열두 문이 있을 것이다. 이 문들이 왜 그렇게 짝지어 있는지는 애매모호하다. "북쪽으로 문이 셋이라(성소와 가장 가까운 곳) 하나는 르우벤 문이요 하나는 유다 문이요 하나는 레위 문이며." 이 셋이 먼저 열거된 것은 아마 각 지파 중

에서 그들이 가장 뛰어난 위치에 있기 때문일 것이다. 르우벤은 야곱의 열두 아들 중 장자였다. 유다는 왕의 지파였으며, 레위는 제사장 지파였다. 또한 이들 셋은 모두 야곱의 첫째 부인인 레아의 아들들이었다(참조, 창 29:31~35).

48:32 예루살렘 동편의 문은 요셉, 베냐민, 그리고 단이라는 이름으로 불릴 것이다. 레위에게 한 문이 주어졌기 때문에(31절) 에브라임과 므낫세 지파는 요셉의 한 지파로 합해졌다(참조, 창 48:1). 요셉과 베냐민은 둘 다 라헬의 아들이었다(창 30:22~24; 35:16~18). 그리고 단은 라헬의 종이며 야곱의 첩이 되었던 빌하의 장자였다(창30:4~6).

48:33 남쪽의 문은 시므온, 잇사갈, 스불론이라는 이름을 따서 명명되었다. 이 셋도 또한 레아에게서 태어났다(창 29:33; 30:17~20). 이 지파는 각기 그 땅의 남쪽 지역에 재배치되었기 때문에(참조, 48:24~26) 그 문들은 그들의 기업을 향했다.

48:34 서쪽에 있는 문은 갓, 아셀, 납달리라는 이름을 따서 명명되었다. 이 세 지파는 야곱의 첩들의 아들의 후손이었다. 갓과 아셀은 실바에게 태어났고(창 30:9~13), 납달리는 빌하에게 태어났다(창 30:7~8).

48:35 새 예루살렘 성에서 가장 주목할 만한 사실은 여호와의 임재일 것이다. 하나님의 영광이 그 성에서 떠난 것이 심판의 전주곡이었다(참조, 10~11장). 그리고 하나님이 되돌아오는 것은 이스라엘의 축복의 신호가 될 것이다. 그 사실이 에스겔에게 아주 감동적이었기에 그는 그

성에 새 이름이 주어졌다고 썼다. "여호와 삼마라"(여호와께서 거기 계신다). 선지자로서 에스겔은 반복하여 말했다. 하나님이 그의 백성과 함께 거하기 위하여 되돌아오실 것이다. 더 이상 죽은 우상을 섬기지도 않을 것이며 가증한 일을 행하지도 않을 것이다. 이스라엘은 천년왕국에서 하나님의 거룩한 임재하심을 누리게 될 것이다.

성경에 예언된 말세의 사건

I. 말세의 7년 전후의 사건들 (이 7년 기간은 다니엘의 70번째 "이레", 단 9:27)

A. 7년 기간 직전의 사건
   1. 교회의 기쁨(요 14:1~3; 고전 15:51~52; 살전 4:16~18; 계 3:10)
   2. 막는 자가 옮겨짐(살후 2:7)
   3. 그리스도의 심판대(천국에서, 고전 3:12~15; 고후 5:10)

B. 7년 기간 시작 시의 사건
   1. 적그리스도(올 '한 왕')가 이스라엘과 언약을 정함(단 9:26~27)
   2. 두 증인이 그 사역을 시작함(계 11:3)[1]

C. 7년 기간의 전반부의 사건
   1. 적그리스도가 일어나 로마제국을 지배함(단 7:20, 24)[2]
   2. 이스라엘이 그 땅에 평안히 거함(겔 38:8)
   3. 성전 희생예배가 시작됨(계 11:1~2)
   4. 세계 교회가 종교와 적그리스도를 지배함(계 17장)

D. 7년 기간의 중간 직전의 사건
   1. 곡과 그의 동맹국들이 북쪽에서부터 팔레스타인을 침입함(겔 38:2, 5~6, 22)[3]
   2. 곡과 그의 동맹국들이 하나님에 의해 멸망당함(겔 38:17~23)[3]

E. 7년 기간 중 중간의 사건
  1. 사탄이 하늘에서 떨어져 적그리스도에게 힘을 줌(계 12:12~17)
  2. 적그리스도가 이스라엘과의 언약을 깨고 희생예배를 멈추게 함(단 9:27)
  3. 적그리스도 아래의 열 왕이 세계 교회를 파괴함
  4. 144,000명의 이스라엘 사람이 구원받고 인 맞음(계 17:16~18)[4]

F. 7년 기간 후반의 사건
  이 3년 반을 '대환란'이라 부름(계 7:14; 참조. '큰 환란', 마 24:21; '큰 환란', 단 12:1; 그리고 '야곱의 환란의 때', 렘 30:7)
  1. 공공연히 교회 안에서 진리에 대해 반역(배도)함 (마24:12; 살후 2:3)[5]
  2. 서방 연합국의 지지로(계 13:5, 7; 17:12~13) 적그리스도가 세계의 지도자가 됨(첫째 인[6], 계 6:1~2)
  3. 적그리스도가 '불법의 사람', '불법한 자'로 드러남(살후 2:3, 8~9)
  4. 전쟁, 기근과 죽음(둘째, 셋째, 그리고 넷째 인[6], 계 6:3~8)
  5. 각 나라에서 구속함을 입은 자들이 순교 당함(다섯째 인[6], 계 6:9~11; 7:9~14; 마 24:9)
  6. 거룩한 이의 진노로 인하여 자연의 대변동과 전 세계적인 두려움(여섯째 인[6], 계 6:12~17)
  7. 적그리스도의 우상(가증한 것)이 경배 받도록 세워짐(단 9:27; 마 24:15; 살후 2:4; 계 13:14~15)
  8. 거짓 선지자들이 나라들과 믿지 않는 이스라엘에게 적그리스

도를 경배하게 함(마 24:11~12; 살후 2:11; 계 13:4, 11~15)
9. 짐승의 표가 적그리스도에게 경배하는 데 이용됨(계 13:16~18)
10. 두 증인이 적그리스도에 의해 살해됨(계 11:7)[7]
11. 두 증인이 부활함(계 11:11~12)[7]
12. 이스라엘이 사탄의 진노 때문에(계 12:6, 13~17) 그리고 성전의 '가증한 것'(적그리스도의 우상) 때문에 흩어짐(마 24:15~26)
13. 예루살렘이 이방인들에게 짓밟힘(눅 21:24; 계 11:2)
14. 적그리스도와 거짓 선지자들이 많은 사람을 속임(마 24:11; 살후 2:9~11)
15. 천국 복음이 선포됨(마 24:14)
16. 이스라엘이 적그리스도에게 박해를 받음(렘 30:5~7; 단 12:1; 슥 13:8; 마 24:21~22)
17. 나팔 심판(계 8~9장)과 대접 심판(계 16장)이 하나님에 의해 적그리스도 제국에 쏟아짐
18. 심판이 가중될수록 신성모독이 증가됨(계 16:8~11)

G. 7년 기간 결말의 사건
1. 남방 왕(애굽)과 북방 왕이 적그리스도와 싸움(단 11:40상)[8]
2. 적그리스도가 팔레스타인에 들어가 애굽, 리비아와 에디오피아를 패배시킴(단 11:40상~43)[8]
3. 동과 북에서 온 군대가 팔레스타인으로 진군함(단 11:44; 계 16:12)
4. 예루살렘이 파괴됨(슥 14:1~4)

5. 상업의 바벨론이 멸망됨(계 16:19; 18:1~3, 21~24)
6. 징조가 땅과 하늘에 나타남(사 13:10; 욜 2:10,30~31; 3:15; 마 24:29)
7. 그리스도가 하늘의 군대와 함께 다시 오심(마 24:27~31; 계 19:11~16)
8. 지각 변동으로 인하여 유대인들이 예루살렘에서 도망침(슥 14:5)
9. 그리스도와 하늘의 군대에 대항하기 위해 군대들이 아마겟돈에서 합함(욜 3:9~11; 계 16:16; 19:17~19)
10. 군대들이 그리스도에 의해 패망됨(계 19:19,21)
11. '짐승'(적그리스도)과 거짓 선지자가 불못에 던져짐(계 19:20)

H. 7년 기간 이후의 사건

1. 이스라엘이 마지막으로 다시 모아짐(사 11:11~12; 렘 30:3; 겔 36:24; 37:1~14; 암 9:14~15; 미 4:6~7; 마 24:31)
2. 이스라엘의 남은 자가 여호와께로 돌아와 용서 받고 정결함을 입음(호 14:1~5; 슥 12:10; 13:1)
3. 적그리스도로부터 이스라엘의 국가적 구원(단 12:1하; 슥 12:10; 13:1; 롬 11:26~27)
4. 살아있는 이스라엘에 대한 심판(겔 20:33~38; 마 25:1~30)
5. 살아있는 이방인들에 대한 심판(마 25:31~46)
6. 사탄이 무저갱에 던져짐(계 20:1~3)
7. 구약의 성자들이 부활됨(사 26:19; 단 12:1~3)
8. 환난을 겪은 성자들의 부활(계 20:4~6)

9. 다니엘서 9장 24절이 성취됨
10. 어린양의 혼인 잔치(계 19:7~9)
11. 그리스도의 지상 통치가 시작됨(시 72:8; 사 9:6~7; 단 2:14~35, 44; 7:13~14; 슥 9:10; 계 20:4)

II. 천년왕국의 특징과 사건

A. 물리적인 특징
  1. 땅의 지형과 지리가 변화됨(사 2:2; 겔 47:1~12; 48:8~20; 슥 14:4, 8, 10)
  2. 야생 동물이 순해짐(사 11:6~9; 35:9; 겔 34:25)
  3. 곡물이 풍성함(사 27:6; 35:1~2, 6~7; 암 9:13; 슥 14:8)
  4. 인간의 수명이 연장됨(사 65:20~23)

B. 영적, 종교적 특징과 사건
  1. 사탄이 무저갱에 갇힘(계 20:1~3)
  2. 천년왕국 성전이 건축됨(겔 40:5~43:27)
  3. 그리스도의 죽음을 기념하기 위해 동물 희생이 드려짐(사 56:7; 66:20~23; 렘 33:17~18; 겔 43:18~27; 45:13~46:24; 말 3:3~4)
  4. 정월 초하루, 유월절, 그리고 초막절의 절기가 다시 시행됨(겔 45:18~25; 슥 14:16~21)
  5. 나라들이 예루살렘에서 예배함(사 2:2~4; 미 4:2; 7:12; 슥 8:20~23; 14:16~21)

6. 온 세상이 하나님을 알게 됨(사 11:9; 렘 31:34; 미 4:5; 합 2:14)

7. 이스라엘에 성령이 더할나위 없이 충만해지며 새 힘을 얻게 됨
(사 32:15; 44:3; 겔 36:24~29; 39:29; 욜 2:28~29)

8. 이스라엘과 맺은 새 언약이 성취됨(렘 31:31~34; 겔 11:19~20; 36:25~32)

9. 공의와 정의가 편만함(사 9:7; 11:4; 42:1~4; 렘 23:5)

C. 정치적인 특징과 사건

1. 이스라엘이 한 국가로서 재결합됨(렘 3:18; 겔 37:15~23)

2. 이스라엘이 땅에 평안히 거함(신 30:1~10; 사 32:18; 호 14:5,7; 암 9:15; 미 4:4; 5:4~5상; 슥 3:10; 14:11)

3. 아브라함에게 언약된 땅의 경계가 확립됨(창 15:18~21; 겔 47:13~48:8, 23~27)

4. 예루살렘에서 그리스도가 이스라엘을 다스림(사 40:11; 미 4:7; 5:2하)

5. 다윗의 언약이 성취됨(다윗의 위에 앉은 그리스도, 삼하 7:11~16; 사 9:6~7; 렘 33:17~26; 암 9:11~12; 눅 1:32~33)

6. 그리스도가 나라들을 다스리며 심판하심(사 11:3~5; 미 4:2~3상; 슥 14:9; 계 19:15)

7. 부활한 성인들이 그리스도와 함께 다스림(마 19:28; 딤후 2:12; 계 5:10; 20:6)

8. 우주적 평화가 가득함(사 2:4; 32:17~18; 60:18; 호 2:18; 미 4:2~4; 5:4; 슥 9:10)

9. 예루살렘이 세계의 수도가 됨(렘 3:17; 겔 48:30~35; 욜

3:16~17; 미 4:1,6~8; 슥 8:2~3)
10. 이스라엘이 이방인들 중에 뛰어남(사 14:1~2; 49:22~23; 60:14~17; 61:5~9)
11. 세계가 이스라엘을 인하여 축복 받음(미 5:7)

D. 천년왕국 이후의 사건
　1. 사탄이 무저갱에서 놓여짐(계 20:7)
　2. 사탄이 여러 나라를 미혹함(계 20:8)
　3. 전 세계적인 군대가 예루살렘을 에워쌈(계 20:9상)
　4. 전 세계적인 군대가 불로 멸망됨(계 20:9하)
　5. 사탄이 불못에 던져짐(계 20:10)
　6. 악한 천사들이 심판 받음(고전 6:3)
　7. 악한 일을 행한 자들이 부활함(단 12:2하; 요 5:29하)
　8. 악한 자들이 백보좌 심판을 받음(계 20:11~14)
　9. 악한 자들이 불못에 던져짐(계 20:14~15; 21:8)

III. 영원

A. 그리스도가 하나님 아버지께 천년왕국을 바침(고전 15:24)
B. 처음 하늘과 처음 땅이 없어짐(계 21:1)
C. 새 하늘과 새 땅이 창조됨(벧후 3:10; 계 21:1)
D. 새 예루살렘이 새 땅에 내려옴(계 21:2,10~27)
E. 그리스도가 영원한 왕국에서 영원히 다스림(사 9:6~7; 겔 37:24~28; 단 7:13~14; 눅 1:32~33; 계 11:15)

주

1. 어떤 성경 학자들은 두 증인의 일이 7년 기간의 후반에 있을 것이라고 한다.
2. 혹자는 적그리스도가 처음으로 일어난 때를 첫째 인의 심판으로 세력을 얻은 때와 동일시한다(계 6:1~2).
3. 혹자는 곡과 그의 동맹국들의 전쟁을 7년 기간의 한가운데 둔다. 또 다른 사람들은 그 후에 둔다.
4. 혹자는 144,000명이 7년 기간의 전반에 구원 받고 인침 받는다고 한다.
5. 어떤 사람들은 배도하는 일이 7년 기간의 전반에 시작될 것이라고 한다.
6. 천년왕국이 그 이전에 올 것이라고 믿는 많은 사람은 인의 심판을 7년 기간의 전반에 둔다.
7. 다른 사람들은 두 증인이 7년 기간의 전반에 살해되고 부활할 것이라고 한다.
8. 혹자는 이 사건들을 곡과 그의 동맹국들과의 전쟁과 같다고 본다.

참고문헌

- Alexander, Ralph. *Ezekiel*. Everyman's Bible Commentary. Chicago: Moody Press, 1976.

- Cooke, G.A. *A Critical and Exegetical Commentary on the Book of Ezekiel*. The International Critical Commentary. Edinburgh: T. & T. Clark, 1936.

- Craigie, Peter C. *Ezekiel*. The Daily Study Bible (Old Testament). Philadelphia: Westminster Press, 1983.

- Eichrodt, Walther. *Ezekiel*. The Old Testament Library. Philadelphia: Westminster Press, 1970.

- Feinberg, Charles Lee. *The Prophecy of Ezekiel*. Chicago: Moody Press, 1969.

- Fisch, S. *Ezekiel*. London: Soncino Press, 1950.

- Greenberg, Moshe. *Ezekiel 1-20*. The Anchor Bible. Garden City, N.Y.: Doubleday & Co., 1983.

- Hengstenberg, E.W. *The Prophecies of the Prophet Ezekiel Elucidated*. Translated by A.C. Murphy and J.G. Murphy. Edinburgh: T. & T. Clark, 1869. Reprint. Minneapolis: James Publications, 1976.

- Keil, C.F. "*Ezekiel.*" In *Commentary on the Old Testament in Ten Volumes*. Vol. 9. Reprint(25 vols. in 10). Grand Rapids: Wm. B. Eerdmans Publishing Co., 1982.

- Tatford, Frederick A. *Dead Bones Live: An Exposition of the Prophecy of Ezekiel.* Eastbourne, East Sussex: Prophetic Witness Publishing House, 1977.

- Taylor, John B. *Ezekiel: An Introduction and Commentary.* The Tyndale Old Testament Commentaries. Downers Grove, Ill.: InterVarsity Press, 1969.

- Wevers, John W. *Ezekiel.* The New Century Bible Commentary. Grand Rapids: Wm. B. Eerdmans Publishing Co., 1969.

- Zimmerli, Walther. *Ezekiel 1.* Translated by Ronald E. Clements. Philadelphia: Fortress Press, 1979.

- Zimmerli, Walther. *Ezekiel 2.* Translated by James D. Martin. Philadelphia: Fortress Press, 1983.